Gebrauchsanweisung für Südkorea

Martin Hyun

Gebrauchsanweisung für Südkorea

PIPER

Mehr über unsere Autorinnen, Autoren und Bücher:
www.piper.de

Wenn Ihnen dieses Buch gefallen hat, schreiben Sie uns unter Nennung des Titels »Gebrauchsanweisung für Südkorea« an *empfehlungen@piper.de*, und wir empfehlen Ihnen gerne vergleichbare Bücher.

When in Korea, do like the Koreans!
At the end of hardship comes happiness!

Inhalte fremder Webseiten, auf die in diesem Buch (etwa durch Links) hingewiesen wird, macht sich der Verlag nicht zu eigen. Eine Haftung dafür übernimmt der Verlag nicht.

Unser Versprechen für mehr Nachhaltigkeit
• Klimaneutrales Produkt
• FSC®-zertifiziertes Papier
• Hergestellt in Europa

FSC www.fsc.org MIX Papier | Fördert gute Waldnutzung FSC® C083411

ISBN 978-3-492-27724-2
4. Auflage 2022

Redaktion: Ulrike Gallwitz, Freiburg
Karte: cartomedia, Karlsruhe
Satz: Fotosatz Amann, Memmingen
Herstellung: Sieveking · Agentur für Kommunikation, München
Druck und Bindung: CPI books GmbH, Leck
Printed in the EU

Inhalt

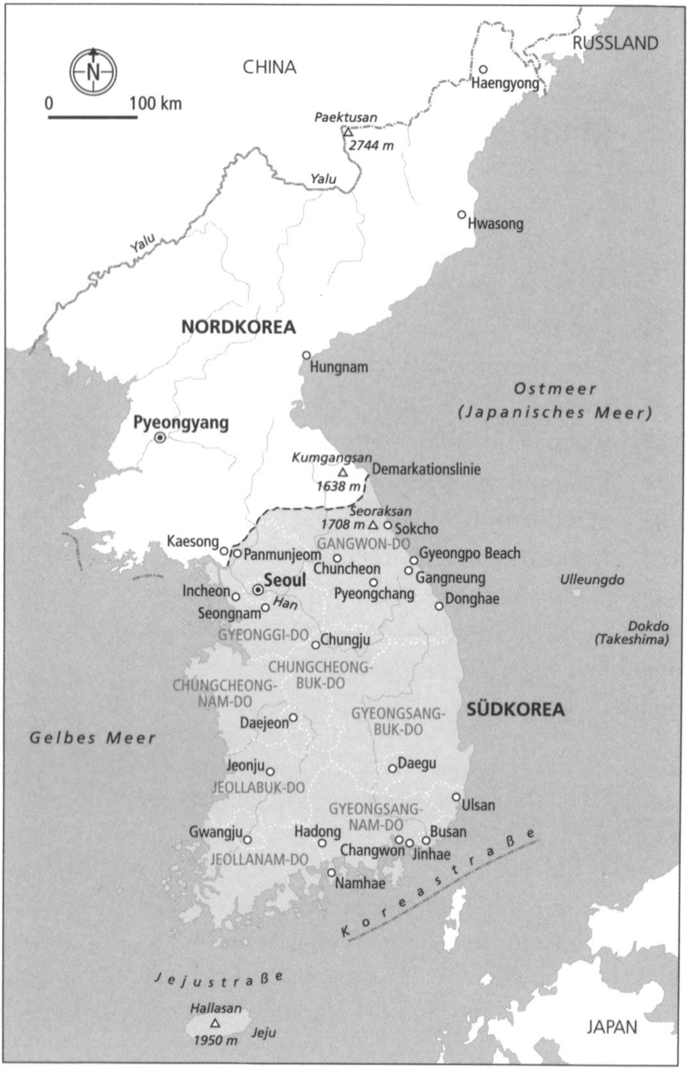

CHINA
RUSSLAND
0
100 km
Haengyong
Paektusan
2744 m
Yalu
Yalu
Hwasong
NORDKOREA
Hungnam
Ostmeer
(Japanisches Meer)
Pyeongyang
Kumgangsan
1638 m
Demarkationslinie
Seoraksan
1708 m
Sokcho
Kaesong
Panmunjeom
GANGWON-DO
Gyeongpo Beach
Chuncheon
Gangneung
Ulleungdo
Incheon
Seoul
Pyeongchang
Donghae
Seongnam
Han
Dokdo
(Takeshima)
GYEONGGI-DO
Chungju
CHUNGCHEONG-
BUK-DO
CHUNGCHEONG-
NAM-DO
SÜDKOREA
Daejeon
GYEONGSANG-
BUK-DO
Gelbes Meer
Jeonju
Daegu
JEOLLABUK-DO
Ulsan
GYEONGSANG-
NAM-DO
Gwangju
Hadong
Busan
Changwon
Jinhae
JEOLLANAM-DO
Namhae
Koreastraße
Jejustraße
Hallasan
1950 m
Jeju
JAPAN

Als Alien in Korea

Marzahn mit Bergen

Im Januar 2015 landete ich mit zehn Gepäckstücken und einem Gesamtgewicht von über 150 Kilogramm im Heimatland meiner Eltern. Von Frankfurt war es nonstop nach Seoul Incheon gegangen. Elf Stunden in einem Flugzeug voller Landsleute und mit einem Piloten namens Kim Jong-un – bei seiner Ansprache war allerdings scheinbar nur ich kurzzeitig irritiert gewesen. Bald sollte ich also, als einer der wenigen Eishockeyspieler mit koreanischen Wurzeln weltweit, meine Stelle als Deputy Sport Manager für Eishockey und Para-Eishockey beim koreanischen Organisationskomitee der Olympischen und Paralympischen Spiele antreten. Denn nach langem Ringen war es den Koreanern endlich geglückt, die Winterspiele in ihr Land zu holen. Bis zu deren Eröffnung 2018 lag aber noch ein langer Weg vor mir.

Meine Eltern hatten 1969 und 1971 den entgegengesetzten Weg auf sich genommen und kamen als Gastarbeiter nach Deutschland. Im Zuge eines Anwerbeabkommens zwischen Deutschland und Südkorea wurden damals koreanische Bergarbeiter und Krankenschwestern in das Land der Dichter und Denker entsandt. Mein Vater wuchs in Daegu auf, einer Stadt in der Provinz Gyeongsangbuk-do. Geburtsstadt der koreanischen Folk-Rock-Legende Kim Kwang-seok. Meine Mutter verbrachte ihr Leben bis 1971 in Hadong, einer Stadt in der Provinz Gyeongsangnam-do.

Mein neuer Arbeitsplatz lag zweieinhalb Stunden von Seoul entfernt im Landkreis Pyeongchang in der Provinz Gangwon-do. Ich hatte mich für eine Wohnung in Gangneung entschieden. Dort sieht es in etwa so aus wie in Berlin-Marzahn, nur dass die Plattenbauten sich zwischen Bergen in die Lüfte recken. Meine Frau Dani, eine Berliner Pflanze, und ich lebten also fortan in einem solchen sozialistischen Architekturwunder inmitten malerischer Gebirgshänge. Zudem liegt Gangneung direkt am Japanischen Meer, das die Koreaner aber lieber Ostmeer nennen. Schuld ist die koloniale Vergangenheit Japans in Korea (1910–1945), eine Zeit, in der die Koreaner unter den Japanern sehr leiden mussten. Der Namensstreit um das Japanische Meer beziehungsweise Ostmeer dauert seit 1992 an. Die Nordkoreaner plädieren sogar für den Namen Koreanisches Ostmeer, geben sich aber auch mit Ostmeer zufrieden.

In Gangneung leben rund 230 000 Einwohner. Es gibt hier keine nennenswerte Industrie, dafür aber die Fußballmanschaft Gangwon FC, die in der K-League, der südkoreanischen Profiliga, spielt. Seit der Saison 2017 trägt die Mannschaft ihre Spiele auf dem Rasen aus, der bei den Olympischen Winterspielen 2018 als Auslauf der Skisprungschanze dienen sollte. Die meisten Menschen in dieser Gegend arbeiten als Landwirte, Fischer oder Taxifahrer. Ein recht beschaulicher Ort also, obwohl es durchaus vorkommen kann, dass an der Küste nordkoreanische U-Boote auf

Grund laufen, die sich bei ihrer Spionagemission zu weit in feindliche Gewässer vorgewagt haben, wie es im Jahr 1996 geschah. Das betreffende nordkoreanische U-Boot ist im »Gangneung Unification Park« ausgestellt.

Anfänglich lag unser Büro im »Alpensia Resort«, dessen Name für Alpen in Asien (Alps in Asia) steht, in der Nähe findet sich auch das Restaurant »Alpenliebe«. Die Koreaner sind verrückt nach »Made in Germany«-Produkten und lieben den deutschen Wortschatz. Wenn ich mich Koreanern vorstelle, dann sage ich meist: »Ich heiße Martin. Ihr könnt es nicht sehen, aber ich bin ›Made in Germany‹ mit Korean engineering.« Damit löse ich eine Lawine an Komplimenten aus. Alle deutschen Automarken werden mir genannt, so als würde ich die Autos selbst bauen, und mir wird der Wunsch vorgetragen, man wolle so gern einmal auf der deutschen Autobahn fahren. Wie aus der Kanone geschossen wird zudem der gesamte Kader der deutschen Fußballnationalmannschaft aufgesagt. In gebrochenem Deutsch ruft man mir entgegen: »Iche liebe diche!«, deutsche Personalpronomen werden mir aufgesagt und Passagen eines Rammstein-Songs vorgesungen. Das deutsche Bier wird für sein Reinheitsgebot und seine Qualität in höchsten Tönen gelobt.

Deutsches Bier gilt als das Nonplusultra in Korea. Bei der koreanischen Biermarke OB Premier Pilsner wird auf den Bierdosen mit »Rich Taste with German Noble Hop« geworben, womit man dem Konsumenten ein koreanisches Bier mit deutscher Qualität offerieren will. Auch die koreanische Biermarke Kloud wirbt damit, deutsche Technik und Qualitätshopfen zu verwenden.

Manchmal bin ich verblüfft, wenn ich Menschen in T-Shirts mit deutscher Aufschrift wie »Bundeseigentum« sehe oder sich Firmen deutsche Namen geben wie »Klarwind«, »Autobahn« oder »Karl Max«. In unserer Wohngegend in Gangneung gab es Kneipen mit den Namen »Einen Heben« oder »Zum Wohl«, und fast alle Bierkneipen in Südkorea tragen den Beinamen »Hof« (koreanisch ausgesprochen »hopeu«), abgeleitet von »Hofbräuhaus«. Bei einem Abendessen im »Seoji Chogadael«-Restaurant in Gangneung sang die Besitzerin einmal für meine Frau und mich in bestem Deutsch »Am Brunnen vor dem Tore«, als sie erfuhr, dass wir aus Deutschland kamen. Wir waren peinlich berührt, weil wir nur die erste Zeile in der ersten Strophe wiedergeben konnten.

Als ich 2015 für dreieinhalb Jahre nach Korea kam, ahnte ich bereits, worauf ich mich in der nächsten Zeit würde einstellen müssen – denn 2005 hatte ich bereits ein Jahr im koreanischen Parlament gearbeitet und viele merkwürdige Arbeitssitten kennengelernt. Zum Beispiel die Kampftrinkabende mit Arbeitskollegen (*Haeshik*). Und nicht nur das, auch unzählige Überstunden würden wieder auf mich zukommen. Meine Frau sollte in der nächsten Zeit besser lernen, auf mich zu verzichten. Denn laut einer Studie der OECD arbeiten die Koreaner mit 2113 Stunden im Jahr (Stand: 2015) nach den Mexikanern (2246 Stunden) und Costa Ricanern (2230 Stunden) am meisten. Die Deutschen gelten dagegen fast als faul – mit ihren mickrigen 1371 Stunden arbeiten sie ganze 742 Stunden weniger als die Koreaner. Während die Italiener das Wort *domani* kultivieren, was übersetzt »morgen« bedeutet, nutzen die Koreaner ständig ihr *bballi, bballi* (schnell, schnell). Und trotzdem gelten die Koreaner als die Italiener Asiens, vor allem wegen ihres fast südländischen Temperaments. Laut Weltglücksberichts 2017 belegt Südkorea den 55. Platz von insgesamt 155 aufgelisteten Ländern. Deutschland liegt hier auf Platz 16.

Wenn man es einmal geschafft hat, das Gemüt eines Koreaners zum Kochen zu bringen, dann kann man sich auf ein Feuerwerk gefasst machen. Da kann es schon mal vorkommen, dass sich Demonstranten mit Benzin übergießen und selbst anzünden, um ihren politischen Standpunkt zu zementieren. Oder sich den kleinen Finger mit einem Messer abschneiden, wie es einmal zwanzig junge koreanische Männer vor der japanischen Botschaft in Seoul gemacht haben, um auf das Schicksal der koreanischen Trostfrauen, die von der japanischen Armee als Zwangsprostituierte missbraucht wurden, aufmerksam zu machen. Ein anderer versuchte, die japanische Flagge mit seinen Zähnen zu zerreißen. Und nachdem die südkoreanische Fußballnationalmannschaft bei der Fußball-WM in Deutschland in der letzten Runde der Gruppenphase unglücklich 2:0 gegen die Schweiz verloren hatte, legten aufgeregte koreanische Fans die World-Cup-Webseite lahm, indem sie über drei Millionen E-Mails schrieben.

Was bedeutet das also? Ein Koreaner sollte immer bei guter Laune gehalten und seine Wünsche sollten stets erfüllt werden. Ich erinnere mich, wie meine Arbeitskollegen im koreanischen Parlament jeweils aufstanden und sich verbeugten, wenn der Abgeordnete das Büro betrat, und sich erst dann wieder aus der Verbeugung lösten, wenn er die Tür hinter sich schloss. Solch eine fast schon dienerhafte Huldigung eines Volksvertreters wäre im Deutschen Bundestag undenkbar. Auch hatte ich erlebt, wie unser Sekretär im Monsunregen auf die Ankunft des Abgeordneten wartete, nur um ihm den Regenschirm zu halten, während er selbst bis auf die Knochen durchnässt war. In Deutschland wäre das ein Skandal und der Abgeordnete wohl die längste Zeit Abgeordneter gewesen. Und generell galt im koreanischen Parlament: Meine Kollegen und ich konnten erst dann nach Hause gehen, wenn der Abgeordnete selbst Feierabend machte. Und das geschah meist nicht vor 23 Uhr. Immerhin: Mit gutem Beispiel geht das koreanische Gesundheitsministerium mittlerweile voran. Nachdem eine Studie der Oxford University prophezeit hat, dass die Südkoreaner das erste Volk sein werden, das vom Aussterben bedroht ist, sind die Mitarbeiter der Regierung nun dazu verpflichtet, zumindest einmal im Monat frühzeitig nach Hause zu gehen – um was zu tun? Genau: um Nachwuchs zu zeugen und der niedrigen Geburtenrate entgegenzuwirken. Das nenne ich einmal eine ausgewogene Work-Sex-Balance. Aber vielleicht hilft nur ein Stromausfall wie damals 1965 in New York.

1987: Meine erste Reise nach Korea

Im Jahr 1987, ein Jahr vor den Olympischen Sommerspielen in Seoul, besuchte ich gemeinsam mit meinen Eltern Korea. 1987 gilt in Südkorea als bedeutender Meilenstein auf dem Weg zur Demokratie. Im Juni kam es zu landesweiten prodemokratischen Massenprotesten, die in Südkorea als »6.10 Minju Hwangjaeng« (Juni-Demokratie-Bewegung) bekannt sind. Aufgrund der Vorbereitungen auf die Olympischen Spiele stand Korea im Fokus der Aufmerksamkeit der gesamten Welt. Der Zeitpunkt war also günstig, den Diktator Chun Doo-hwan vor den Augen der Öffentlichkeit in die Knie zu zwingen. Er galt als »Schlächter von Gwangju«, seitdem er im Mai 1980 den Gwangju-Aufstand blutig niedergeschlagen hatte. Nun verlangten die Menschen erstmals freie und faire Wahlen.

Den Protesten vorausgegangen war der Tod Park Chong-chols im Januar 1987. Der Linguistikstudent der Seoul National University starb an den Folgen der schweren Folter, der er bei einem polizeilichen Verhör ausgesetzt war. Sein Tod goss Öl ins bereits entfachte Feuer der protestierenden Menschen. Die Stimmung war extrem aufgeheizt und hochexplosiv. Die Todesursache sollte vertuscht werden. Lokale Autoritäten waren darauf bedacht, den Leichnam Park Chong-chols wenige Stunden nach seinem Tod einzuäschern, um alle Spuren zu verwischen, doch die Wahrheit kam trotzdem ans Licht. Schlüsselfiguren des Prozesses waren der Staatsanwalt Hwan Choi und der Pathologe Hwang Juck-joon, die sich den Befehlen ihrer Vorgesetzten widersetzten und für die Aufklärung des Falles kämpften. Der Pathologe Hwang sah es als seine moralische und berufliche Pflicht, die wahre Todesursache Park Chong-chols der Öffentlichkeit mitzuteilen.

Nach dem Tod des Studenten Park, waren die öffentlichen Proteste gegen die Herrschaft Chun Doo-hwans kaum mehr einzudämmen. Es kam zu Straßenschlachten zwischen Demonstranten und Polizei und zahlreichen gewalttätigen Auseinandersetzungen. Im Juni 1987 verunglückte schließlich der 21-jährige Lee Han-yeol, Student der Yonsei University, als er bei einer Straßenschlacht mit der Polizei von einem Tränengaskanister tödlich am Kopf getroffen wurde. Lee war nur einer unter vielen Tausenden Demonstranten, doch er wurde zum Symbol und Märtyrer der prodemokratischen Juni-Bewegung in Südkorea. Das Bild Lees, der blutend in den Armen seines Freundes liegt, hat sich in die Köpfe der Koreaner eingebrannt.

In dieses politisch aufgerüttelte Korea reiste ich also mit meinen Eltern. Ich war acht Jahre alt, und es war die erste Reise in das Land ihrer Herkunft, die ich bewusst wahrnahm. Wir landeten am Gimpo Flughafen, jenem Ort, der im Dezember 1963 die ersten 247 koreanischen Bergarbeiter nach Westdeutschland verabschiedete. Mit einem Hyundai-Pony-Taxi der zweiten Generation fuhren wir weiter nach Seoul. Ich erinnere mich an die weißen Handschuhe des Taxifahrers, die heute kaum noch einer trägt. Die Reise vom Gimpo Flughafen bis Seoul fühlte sich an wie eine halbe Ewigkeit. Bei unserer Ankunft in Seoul am Abend waren die Straßen wie leer gefegt. Die Gegend wirkte komplett verlassen, und keine Menschenseele war zu sehen. Selbst meine Eltern waren darüber verwundert, war die Ausgangssperre zwischen Mitternacht und vier Uhr morgens doch bereits im Januar 1982 gelockert worden.

Die ersten Nächte verbrachten wir in der kleinen Wohnung meiner Tante und meiner beiden Cousins Huni und Seung-hun. Der Vater war früh verstorben, und so zog meine Tante meine beiden Cousins allein groß. Mit Huni hyung (*hyung* steht für »älterer Bruder«) erkundete ich die Gegend und besuchte das Kino in der Nachbarschaft. Ich war überrascht, als kurz vor Filmbeginn alle Kinobesucher im Saal aufstanden und die Nationalhymne (»Aegukga«) ertönte. Dieses Ritual wurde über die sogenannten Daehan News verbreitet, die von der Regierung gezielt zu Propagandazwecken genutzt wurden. Erst im Jahr 1994 wurde die Serie eingestellt. Die Menschen waren der Propaganda müde.

Wenn ich an den Besuch bei meiner Tante zurückdenke, erinnere ich mich vor allem an die sehr ärmlichen Verhältnisse und eine viel zu kleine, abgewohnte Wohnung, die wegen ihrer Feuchtigkeit mehr an eine Tropfsteinhöhle erinnerte. Mein Vater liebte seine ältere Schwester. Sie hatte zugunsten meines Vaters auf ihre eigene Schulbildung und ihr berufliches Fortkommen verzichtet. Mein Großvater war früh verstorben, das Geld war stets knapp, und beide Kinder zur Schule gehen zu lassen hätte die Familie in den Ruin getrieben. Meine Tante hatte deshalb immer in ärmlichen Verhältnissen gelebt. Von dem Besuch bei ihr ist mir allerdings nicht nur die prekäre Wohnsituation in Erinnerung geblieben. Ich weiß noch genau, wie sie auf einem Mini-Butan-Gaskocher liebevoll »Arme Ritter« für uns zubereitete. Dazu nahm sie weißen Toast, tauchte ihn in eine Schüssel mit geschlagenem Ei, legte ihn in die Pfanne und bestreute ihn danach mit Zucker. Es waren die besten »Armen Ritter«, die ich je gegessen habe.

Für den Korea-Aufenthalt hatten meine Eltern sechs Wochen eingeplant. In den sechs Wochen haben wir jedes einzelne Familienmitglied besucht und sind für mindestens eine Nacht geblieben. Ansonsten hätten sich manche Familienmitglieder nicht genug wertgeschätzt gefühlt und wären sicherlich gekränkt gewesen. Sich ein Hotel zu nehmen kam deshalb gar nicht infrage. Es war vollkommen in Ordnung, mit zehn Personen in einem Zimmer zu schlafen – wie in einem Jugendlager. Familie ist eben Familie.

Im Gepäck hatten meine Eltern für jedes Familienmitglied ein passendes Geschenk. »Made in Germany«-Produkte sind nach wie vor sehr begehrt in Korea, insbesondere deutsche Medikamente, Multivitamintabletten und Haribo Goldbären, die mittlerweile auch viele koreanische Kinder und Erwachsene froh machen. Meine Familie liebt Gummibärchen oder *Jelly*, wie man hier sagt. Es war Liebe auf den ersten Biss zu einer Zeit, als man in Korea noch nicht wusste, was es mit Gummibärchen auf sich hat. Ich ärgere mich noch heute, dass ich nicht den Geschäftssinn besaß und tonnenweise Gummibärchen nach Korea exportiert habe. Sie wurden dort schnell zu einem Verkaufsschlager und sind mittlerweile in allen Kiosken und Supermärkten erhältlich. Auch deutsche Produkte wie Handcremes, Sportartikel, Schokolade und Kinderspielzeug stehen als Gastgeschenk hoch im Kurs.

2002: Meine zweite Reise nach Korea

Nach 1987 besuchte ich Korea erst wieder 15 Jahre später, im Jahr 2002. Immer wenn ich das Olympiastadion in Seoul sehe, weckt es in mir Erinnerungen von meinem ersten Koreabesuch als Achtjähriger. Innerhalb der 15 Jahre hat sich das Land rasant entwickelt und ist durch Höhen und Tiefen gegangen. Ich erinnere mich daran, dass der sympathische Eierverkäufer, der mit seinem Karren durch die Nachbarschaft zog und in bester Marktschreier-Manier seine Ware verkaufte, durch einen mobilen Transporter mit Lautsprecher ersetzt worden war. Eine riesige, nicht zu bändigende Blechlawine rollte durch die Straßen. Seoul-Onkel – so nennen meine Geschwister und ich den Onkel aus Seoul unter uns – hatte Karriere in seiner Baufirma gemacht und Preise für seine Bauten erhalten. Heute lebt Seoul-Onkel in einer der teuersten Gegenden von Gangnam in Seoul, in Daechi-dong. Nach seiner erfolgreichen Karriere bei Ssangyong Construction hat er sich mit einer eigenen Firma selbstständig gemacht. Daechi-dong eilt der Ruf voraus, Hauptstadt der Nachhilfeschulen (*Hagwons*) zu sein. Die Gegend gilt als Hauptproduzent zukünftiger Elitestudenten der begehrten SKY-Universitäten (Seoul National University, Korea University und Yonsei University), dem Pendant zu den amerikanischen IVY-League-Hochschulen. Unserer Familie ging es gut. Alle hatten die IMF-Krise – wie die Wirtschaftskrise von 1997 in Südkorea genannt wird – gut überstanden.

Im Dezember 1992 war Kim Young-sam in einer freien demokratischen Wahl zum neuen Präsidenten gewählt worden, womit die 32-jährige Militärherrschaft endete. Kim wurde im Februar 1993 feierlich in sein Amt eingeführt und versprach eine saubere und ehrliche Politik. Der Schlächter von Gwangju, Chun Doo-hwan, wurde drei Jahre nach Kims Amtseinführung an einem regnerischen Morgen im August für seine Rolle im Coup d'État von 1979, dem Gwangju-Massaker und der Geldannahme in Millionenhöhe von Geschäftsleuten wegen Hochverrats, Meuterei und Korruption zum Tode verurteilt. Neben

Chun erhielt auch der gefallene Präsident und Mitstreiter Roh Tae-woo eine Gefängnisstrafe von 22,5 Jahren. Chuns Urteil wurde später vom obersten Gerichtshof in eine lebenslange Haftstrafe umgewandelt und Rohs Strafe auf 17 Jahre Gefängnis herabgesetzt. Mitgegangen, mitgefangen. Das Bild der beiden gefallenen Präsidenten in Gefängniskluft, zusammenstehend und händchenhaltend, werde ich nie vergessen. Nach nur zwei Jahren in Haft wurden der Insasse Chun mit der Nummer 3124 und Roh mit der Insassennummer 1042 im Einvernehmen mit dem scheidenden Präsidenten Kim Young-sam und dem neugewählten Kim Dae-jung begnadigt und freigelassen.

Wie schnell sich das Blatt wenden kann, erfuhr Chun Doo-hwan am eigenen Leib. Hatte Chun 1980 noch den unbeugsamen Oppositionspolitiker und Rivalen Kim Dae-jung wegen Landesverrats zum Tode verurteilt, so wurde Kim auf internationalen Druck begnadigt und seine Todesstrafe in zwanzig Jahre Haft umgewandelt, von denen Kim dann nur zwei Jahre verbüßte. Chun konnte sicherlich nicht erahnen, dass sein Feind Kim Dae-jung im Jahr 1997 das oberste politische Amt bekleiden würde. Der gefallene Präsident Chun lebt heute isoliert in einer gut überwachten Backsteinvilla, in der er seine lebenslange Freiheitsstrafe verbüßt. Seine Aussage während einer Gerichtsverhandlung im Jahr 2003, in deren Verlauf der Ex-Diktator zu seinem Privatvermögen befragt wurde, brachte ihm viel Spott ein. Er sagte: »Ich habe nur 290 000 Won (etwa 239 Euro) auf meinem Konto!«

Als ich Ende Juni 2002 in das Land meiner Eltern flog, neigte sich die Fußballweltmeisterschaft dem Ende zu, die Korea gemeinsam mit Japan austrug. Die koreanische Nationalelf, »Taeguk Warriors« genannt, schaffte es unter der Regie des Holländers Guus Hiddink bis ins Halbfinale. Es war das Wunder von Seoul. Der Erfolg löste einen unglaublichen Freudentaumel in der Bevölkerung aus. Am Ende belegte die Mannschaft einen unerwarteten vierten Platz, und Hiddink wurde zum Volksheld, den man mit Geschenken, wie zum Beispiel lebenslange Freiflüge und kostenlose Taxifahrten, überhäufte. Der Holländer wurde gefeiert wie ein Messias. Er durchbrach die strikte Hierarchie, die in einem Teamsport sehr hinderlich und doch im koreanischen Alltag tief verwurzelt ist.

»Die Hierarchie in Korea ist extrem vertikal!«, hatte mein Arbeitskollege Seung-ho vom Organisationskomitee für die Olympischen Winterspiele gesagt, als er versuchte, mir sämtliche Beamtenpositionen zu erklären. In Korea ist das Senioritätsprinzip Gesetz. Die ältere Person hat immer recht. Die jüngere Person hat den Anweisungen der älteren Person Folge zu leisten. Mein etwa zehn Jahre älterer Arbeitskollege im Parlament, der mir von der Position her unterstellt war, redete anfangs in der Höflichkeitssprache Jeondaemal mit mir, die dem deutschen Siezen entspricht. Er sprach mich dabei mit meinem Vornamen und Berufstitel an. Doch nach einigen Monaten sagte er zu mir: »Ich würde gern unsere Beziehung noch freundschaftlicher und enger gestalten. Zurzeit ist es ziemlich formell zwischen uns. Wenn du erlaubst, würde ich gern nicht so förmlich, sondern bequem mit dir reden wollen. Was hältst du davon?« Mit dieser Frage hatte der ältere Kollege mich völlig überrumpelt. Die Frage empfand ich als unaufrichtig und hinterhältig. Der Kollege wollte den Spieß umdrehen, sein Alter sollte die berufliche Hierarchie und Stellung nichtig machen. Eigentlich hätte ich wissen müssen, dass dies nicht in Ordnung war. Doch um das gute Arbeitsklima nicht zu beeinträchtigen, stimmte ich dem Kollegen zu. Fortan sprach er mit mir in der Banmal-Sprache, einer Art Duzform. Als jüngere Person war ich weiterhin verpflichtet, den Kollegen in der Jeondaemal beziehungsweise in der höflichen Sie-Form anzureden. Im Arbeitsumfeld spielt der Altersunterschied sonst eigentlich keine Rolle, so habe ich es später im Olympischen Komitee erfahren. Unabhängig von Alter und Position siezten wir uns dort alle. Duzen können sich in der Regel nur Freunde gleichen Alters.

Die strikte Hierarchie in Korea, so realisierte der holländische Fußballtrainer Guus Hiddink sehr schnell, war ein erhebliches Hindernis für die Weiterentwicklung seiner Mannschaft. Die jüngeren Spieler hatten den Anweisungen der älteren Folge zu leisten wie Soldaten beim Militär. Torchancen wurden vergeben, nur um den Ball an den Seniorspieler zu passen, der oft schlechter positioniert war. Auch ich habe beim Eishockeyspielen in Korea erlebt, wie ein älterer Spieler einen jüngeren inmitten des Spiels in die Kabine zitierte, weil dieser ihm den Puck nicht zugespielt hatte. Der jüngere Spieler nahm dies wortlos hin. Ihm blieb nichts anderes übrig. Widerworte gegenüber dem älteren Spieler wären ein Zeichen von Respektlosigkeit gewesen. Der Erfolg der koreanischen Fußballnationalmannschaft kam mit dem Aufbrechen der hierarchischen Strukturen. Hiddink brachte den Spielern bei, die mentale Barriere fallen zu lassen und das Senioritätsprinzip auf dem Feld nicht anzuwenden.

Im Jahr dieser für Korea so bedeutenden Fußballweltmeisterschaft erfüllte ich mir nun endlich den Wunsch, das Land allein zu bereisen und zu erkunden – eine Idee, von der meine Eltern nicht sonderlich begeistert waren. Sie machten sich Sorgen, dass ich durch meine deutsche und westliche Sozialisierung gegen wichtige Etiketten verstoßen und so das Gesicht meiner Eltern in Verruf bringen könnte. Zudem muss bei so einer Reise für jedes Familienmitglied zumindest ein kleines Geschenk mitgebracht werden. Was eine besondere Herausforderung ist. Denn dass ich die Familie mit leeren Händen besuche, kam für meine Eltern nicht infrage.

Ich war zu dieser Zeit Student am St. Michael's College in Vermont und lebte bereits seit vier Jahren in Amerika. Aufgrund der gestiegenen Lohnkosten hatte der amerikanische Schuhhersteller Nike seine Produktion in Südkorea mittlerweile so gut wie eingestellt. Das Land der Morgenstille hatte sich innerhalb kürzester Zeit von einem Auswanderungs- zu einem Einwanderungsland, von einem Land, das Finanzhilfe beanspruchte, um internationale Standards zu entwickeln, zu einem Staat, der heute nach Normen einer Weltwirtschaftsmacht beurteilt wird, entwickelt. In weniger als drei Jahrzehnten hatte es die Autoindustrie aus dem Nichts unter die größten Autoproduzenten der Welt gebracht. Eine ähnliche Entwicklung vollzog die Stahlindustrie, die es sogar schaffte, zu den größten Produzenten ihrer Zunft zu gehören – Ähnliches gilt für die Schiffsindustrie.

Einunddreißig Jahre nachdem meine Mutter Korea den Rücken gekehrt hatte, hatten es meine Tanten und Onkel alle durch ihre Hilfe zu einem gewissen Wohlstand gebracht. Als Erstgeborene hatte meine Mutter sich in der Pflicht gesehen, der Familie zu helfen. Meine Oma hatte als Lehrerin gearbeitet, doch das Geld reichte nicht, um die Träume ihrer Kinder zu finanzieren. Erst mit den Rücküberweisungen meiner Mutter, die in Deutschland bis zu ihrer Pensionierung als Krankenschwester arbeitete, konnten meine Onkel und Tanten in Korea studieren und einen Teil ihrer Träume verwirklichen. Während meiner Reise im Jahr 2002 verging kein Tag, an dem mein Seoul-Onkel und meine Tante sich nicht dankbar zeigten, dass sie durch die finanzielle Hilfe meiner Mutter hatten studieren können. »Wir haben immer sehnsüchtig auf den blauen Umschlag aus Deutschland gewartet, den der Postbote uns regelmäßig zustellte. Dieser hat uns immer gerettet«, sagte Seoul-Onkel einmal zu mir.

Unter der Führung von Seoul-Onkel lernte ich einen wichtigen Teil meiner Familiengeschichte kennen. Wir reisten gemeinsam nach Hadong in der Provinz Gyeongsangnam-do, wo die Familie meiner Mutter ihre Kindheit und Jugend verbracht hatte. Hadong ist berühmt für seine Teeplantagen, und als wir den Seomjingang, den viertgrößten Fluss Koreas, entlangfuhren, erzählte Seoul-Onkel, wie meine Mutter und meine Tante als Kinder dort gespielt hatten. Er erzählte es so lebhaft, dass ich mir richtig vorstellen konnte, wie friedvoll und freudig beide am Fluss gespielt und Körbchenmuscheln gesammelt hatten. Das Familienhaus existiert noch heute und ist nicht Opfer der Sanierungswut geworden, die in den Neunzigerjahren in Südkorea um sich griff. Nur das Haus der Großmutter ist abgerissen worden.

Es war ein immenser Kontrast zwischen den Jahren 1987 und 2002. Die Spuren der Straßenkämpfe waren längst beseitigt. Doch wenn ich mir das Lied »Achimiseul« (»Morgentau«), geschrieben von dem Folk-Rock-Musiker Kim Min-gi und gesungen von Yang Hee-eun, anhörte und durch die Straßen von Seoul wanderte, dann kamen die Erinnerungen wieder hoch. Jeder Koreaner kennt dieses Lied. Selbst in Nordkorea, wo es auch heute noch verboten ist. Es war die Hymne der Menschen der prodemokratischen Bewegung.

Heute sind die Straßen so selbstverständlich mit Menschen belebt, als hätte es die vom Militär verhängte Ausgangssperre nie gegeben. Und die alte Frau, die bei meinem ersten Korea-Besuch die Kleider ihres verstorbenen Mannes in einem Ölfass auf einer leeren Straße verbrannte, hätte beim heutigen dichten Verkehr gar nicht mehr die Möglichkeit dazu.

Der Anfang ist die Hälfte des Wegs

Wie es ein koreanisches Sprichwort so schön besagt: »Schidschaki Banida«, was so viel bedeutet wie: »Der Anfang ist die Hälfte des Wegs.« Nach meinen Aufenthalten im Jahr 1987, 2002 und 2005 – wo ich im Parlament arbeitete – führte mich mein Weg im Januar 2015 wieder in das Land meiner Eltern. Diesmal mit einem olympischen Auftrag im Gepäck.

Die Region Pyeongchang, in der die Olympischen Winterspiele ausgetragen werden sollten, wird fast so geschrieben wie die nordkoreanische Hauptstadt Pyeongyang. Dazu gibt es eine nette Anekdote: So flog einmal ein Kenianer, der eine Konferenz der Vereinten Nationen in Pyeongchang besuchen sollte, aufgrund eines Buchungsfehlers seines Reisebüros nach Pyeongyang. Bei seiner Ankunft in Pyeongyang beschlich ihn das mulmige Gefühl, dass irgendetwas nicht stimmte. Natürlich dauerte es nicht lang, bis sich herausstellte, dass er nicht wie geplant in Süd-, sondern in Nordkorea gelandet war. Dies führte sowohl für den Kenianer als auch für die nordkoreanischen Einreisebehörden zu enormer Verwirrung. Glücklicherweise konnte der Kenianer letztendlich wohlbehalten in seine Heimat zurückfliegen. Mein Arbeitgeber machte aufgrund dieser Verwechslungsgefahr vorsorglich aus dem kleinen »c« in Pyeongchang ein großes. So wurde fortan mit »PyeongChang« für die Olympischen Spiele geworben.

Meine vorübergehende Unterkunft in Pyeongchang war eine Einzimmerwohnung (*One-Room*, wie eine solche in Korea genannt wird) in einem heruntergekommenen tristen Plattenbau mit verdreckter Außenfassade in der Nähe meines zukünftigen Büros. Ich fand heraus, dass die meisten meiner Kollegen hier lebten – und eine ganze Armee chinesischer Gastarbeiter. In der Wohnung kam die Tapete von den Wänden, es gab kein Bett, und statt Vorhängen klebte Noppenfolie an den Fenstern – dass dies in koreanischen Wohnungen nicht unüblich ist, lernte ich erst bei diesem Aufenthalt. Das Badezimmer war eine asiatische *All-in-one*-Variante, das heißt, der Duschkopf war über dem Waschbecken installiert, eine separate Kabine gab es nicht. Nach einer Dusche im asiatischen Badezimmer ohne Duschkabine kann man sicher sein, dass alles klitschnass ist, bis hin zum Toilettenpapier. Die luftdurchlässigen Badesandalen, die häufig in asiatischen Badezimmern vorzufinden sind und die die Füße vor Keimen schützen sollen, helfen da auch nicht mehr weiter. Einen positiven Aspekt hat die koreanische Dusche allerdings: Man muss das Bad nicht noch einmal gesondert sauber machen.

Da es kein Bett gab, schlief ich auf dem Boden, was zu starken Kopfschmerzen führte. Diese Wohnung, auch wenn sie mir kostenfrei zur Verfügung gestellt wurde, war selbst im Vergleich zu meinen Studentenzeiten ein eindeutiger Abstieg. Zum Glück wollte meine Frau Dani erst einen Monat später nachkommen, sie wäre bei diesem Anblick wohl direkt wieder zurückgeflogen. Dani und ich bekamen letztendlich eine schöne Wohnung in einem Hochhauskomplex nach westlichen Standards, obwohl wir gar nicht abgeneigt gewesen wären, in einer *Villa* zu wohnen. Eine *Villa* ist nach koreanischer Vorstellung ein Mehrfamilienhaus. Doch die *Villas*, die ich besucht hatte, hatten allesamt ein Feuchtigkeitsproblem, und die Wände waren voller Schimmel. Schließlich heuerte ich einen Immobilienmakler an, der dann auch schnell ein Apartment fand, das Dani und mir gefiel. Doch die Wohnung hatte einen Haken: Sie war unmöbliert. In Seoul eine möblierte Wohnung zu finden ist in der Regel kein Problem, aber in der Provinz ist es fast aussichtslos. Daher bat ich das Olympische Organisationskomitee, das Apartment trotz dieser Einschränkung bis zu meinem Vertragsende zu mieten.

Für Koreaner ist das Wohnen in einem Hochhaus-Apartment Traum und Statussymbol, ganz anders als in Deutschland. Wenn ich Koreanern erzähle, dass viele meiner deutschen Freunde das Wohnen in einer *Villa*, also einem kleineren Mehrfamilienhaus, bevorzugen, sind sie fassungslos.

Als ich zehn Jahre zuvor, im Jahr 2005, für eine Weile in Korea lebte, wohnte ich in einer Einzimmerwohnung in Seoul. Dafür musste ich eine Kaution von fast zwanzig Monatsmieten hinterlegen und zudem noch die monatliche Miete zahlen. Dieses System nennt sich *Wolse*. Es gibt auch noch die *Jeonse*-Variante, bei der man einen prozentualen Anteil des Verkaufswerts der Wohnung als Kaution hinterlegt und der Vermieter den Zinsertrag der Kaution einbehält, wobei man dann keine zusätzliche monatliche Miete zahlen muss. Die Summe, die man eingezahlt hat, bekommt man wieder zurück, wenn man aus der Wohnung auszieht. Leider stehen kaum noch *Jeonse*-Wohnungen zur Verfügung. Die regulär zu bezahlende monatliche Miete, also das *Wolse*-System, wird immer beliebter. Das hängt natürlich auch mit der niedrigen Zinsrate zusammen, die das System für Wohnungseigentümer unattraktiv macht.

»Weißt du, dass ein normaler Arbeiter für ein rund 109 Quadratmeter großes Apartment im Luxusviertel Gangnam fast 22 Jahre arbeiten muss, um sich dieses leisten zu können?«, fragte mich einmal ein Bekannter.

»Nein, das wusste ich nicht«, antwortete ich und dachte an meinen Onkel, der im Nobelviertel Daechi-dong in Gangnam ein eigenes Apartment besitzt. Für das Geld, das er für die Wohnung bezahlt hat, hätte man sich in Deutschland ein Museum kaufen können.

Das Apartment, in das Dani und ich nun einzogen, war von den Vorgängern völlig verdreckt hinterlassen worden. Das war nicht weiter verwunderlich, denn in Korea ist es üblicherweise die Aufgabe des Nachmieters, die Wohnung besenrein zu machen. Statt eines Wohnungsschlüssels wurde mir beim Einzug die vierstellige Geheimnummer für das digitale Schloss der Eingangstür mitgeteilt, und schon war ich offiziell eingezogen. »Ändern Sie das Passwort, um Unannehmlichkeiten zu vermeiden!«, sagte die Vermieterin noch und verschwand schnell im Aufzug.

Während ich also erst einmal damit beschäftigt war, alle Böden gründlich zu fegen und zu wischen, klingelte bald auch schon der Hausmeister (*Gyeongbi-shil Ajeoshi*) an meiner Tür. Ein etwa sechzig Jahre alter Mann in dunkelblauer Uniform und Mütze stand vor mir. Er schaute mich prüfend an, bevor sein Blick durch meine Wohnung schweifte. »Sie sind also der neue Bewohner des Apartments?«, fragte er dann. Er machte auf mich einen sehr vertrauenswürdigen Eindruck. *Gyeongbi-shil Ajeoshis* verkörpern die Rolle des Hausmeisters, Teilzeit-Postboten, Verkehrsleiters, der Müllabfuhr und des Schneediensts in einer Person.

»Ja!«, erwiderte ich.

Er notierte sich meinen Namen, bedankte sich und verabschiedete sich mit den Worten: »Sagen Sie Bescheid, wenn Sie Hilfe benötigen! Sie wissen ja, wo Sie mich finden!«

In Korea ist es eigentlich Tradition, am Umzugstag *Jjajangmyeon* (schwarze Nudeln) zu bestellen und diese mit seinen Freunden, die beim Kistenschleppen tatkräftig mitgeholfen haben, gemeinsam zu essen. Doch den Umzug in das neue Apartment in Gangneung hatte ich ohne die Unterstützung meiner Berliner Freunde durchziehen müssen, die mir aber sicherlich im Geiste beistanden.

Als ich 2005 in einer voll möblierten Einzimmerwohnung in Daebang-dong lebte, war ich ebenfalls auf mich allein gestellt. Wie es in Korea üblich ist, schenkte mir meine Tante, die in Mapo lebte, zur Einweihung Toilettenpapier, Bettbezüge, eine Schlafdecke, eine Toilettenbürste und Kochutensilien. Besonders das Toilettenpapier hat symbolische Bedeutung: Man wünscht dem Bewohner der neuen Wohnung damit, er möge alles im Leben »gut aufwickeln«, dass also alles glattlaufen möge. Als ich die Geschenke meiner Tante entgegennahm, schmunzelte ich in mich hinein. In Deutschland wäre mir bestimmt die Freundschaft gekündigt worden, hätte ich einem Freund freudestrahlend ein Riesenpaket Toilettenpapier überreicht. Andere Länder, andere Sitten.

Da ich außer meinen zwei Koffern nichts weiter dabeihatte, benötigte ich keine Hilfe beim Umzug und musste auch in diesem Fall keine *Jjajangmyeon* bestellen. Es dauerte aber nicht lange, bis an meiner Wohnungstür kleine Magnettafeln mit Kontaktinformationen der Lieferservices nahe liegender Restaurants hingen.

Korea ist ein Serviceparadies und Deutschland in dieser Hinsicht um Längen voraus. Es gibt sogar einen Lieferservice von der Fast-Food-Kette mit den goldenen Bögen. Fast alles kann frei Haus geliefert werden – ganz nach koreanischer *Bballi-bballi*-Kultur. Selbst ein Abholservice für das *Jjajangmyeon*-Geschirr ist mit inbegriffen. Das benutzte Geschirr steckt man einfach in die mitgelieferte Plastiktüte und stellt es vor die Tür. Bestellen ist eigentlich auch nicht schwer, und schon bald war ich Profi darin. Es muss bloß Folgendes auswendig gelernt und runtergerasselt werden:

Restaurant: »Annyeonghaseyo! Otokae dowha chul soh isseo?« (»Guten Tag! Wie kann ich Ihnen behilflich sein?«)

Besteller: »Annyeonghaseyo! Baedal dschumun imnida.« (»Guten Tag! Ich möchte gern eine Lieferbestellung aufgeben.«)

Restaurant: »Gogaeknim, dschusoh hagin hageseumnida.« (»Verehrter Kunde, gern möchte ich Ihre Anschrift verifizieren.«)

Dann ist es am Besteller, die Anschrift aufzusagen und speziell auf die Zusätze *dong* (für den Hochhauskomplex) und *ho* (für die Apartmentnummer) zu achten – »Apartmenthochhaus 113« wäre beispielsweise »Baek-shib-sam-dong«, und »Apartmentnummer 1102« wäre »Chon-baek-ih-ho«.

Restaurant: »Gamsahamnida Gogaeknim! Otokae dowha chul soh isseo?« (»Vielen Dank, verehrter Kunde! Wie kann ich Ihnen behilflich sein?«)

Besteller: »Jjajangmyeon gopbaegi hana, Mul-Mandu hana.« (»Eine doppelte Portion Jjajangmyeon und eine Portion gedämpfter Mandus.«)

Restaurant: »10 000 Mahn Won imnida.« (»Das macht dann 10 000 KRW.«)

Besteller: »Algaesimnida.« (»Hab verstanden.«)

Restaurant: »Gamsahamnida.« (»Dankeschön.«)

Besteller: »Gamsahamnida.« (»Dankeschön.«)

Und schon bald, so der koreanische Nudelgott will, werden die *Jjajangmyeon* geliefert.

Die Unwissenheit ist eine Nacht ohne Mond und Sterne

Auch nach meinem Einzug in die Wohnung in Gangneung ließ es nicht lange auf sich warten, bis Ulsan- und Incheon-Tante mir Carepakete schickten, die Töpfe, Bettdecken und andere Haushaltsutensilien enthielten. Meine Geschwister und ich identifizieren unsere Tanten anhand ihres Wohnorts, um sie auseinanderzuhalten. Unsere Tante, die in Incheon lebt, nennen wir also »Incheon-Tante«.

Incheon-Tante hatte uns auch regelmäßig Fernostpakete gen Westen geschickt. Dani, die im Osten Berlins aufwuchs, erinnert sich noch an den Duft der Westpakete, die ihre Westverwandtschaft an ihre Familie schickten. »Der Duft des Westens hatte einen eigenen und speziellen Geruch. Für mich war es eine Mischung aus Waschpulver, Kaffee, Schokolade und anderen schmackhaften Leckereien«, erzählte sie mir. »Nach der Wende haben wir diesen Westgeruch wahrscheinlich so angenommen, dass wir ihn überhaupt nicht mehr wahrgenommen haben«, fügte Dani hinzu.

Die Fernostpakete von Incheon-Tante hingegen dufteten nach getrocknetem Tintenfisch, Sardellen, Seetang und Chilipulver (*Gochugaru*). Meine Geschwister und ich verbanden mit diesem Geruch das Land unserer Eltern. Und diese Gerüche fand ich dann auch auf den traditionellen koreanischen Märkten.

»Die Unwissenheit ist eine Nacht des Geistes, eine Nacht ohne Mond und Sterne.« In diesem Sinne fanden Dani und ich täglich neue Dinge heraus, die unser Leben in Korea bereicherten. Auf der Arbeit klingelte eines Tages mein Telefon. Dani war am anderen Ende der Leitung und erklärte aufgeregt. »Ich habe soeben eine männliche Stimme in unserer Wohnung gehört!«

»Du hörst Stimmen?«, fragte ich besorgt.

»Ja, und zwar eine männliche Stimme aus unserem Wohnzimmer! Ich kann nicht klar verstehen, was gesagt wird. Ich habe mich im Schlafzimmer eingeschlossen«, erwiderte Dani.

Ich ließ alles stehen und liegen und fuhr sofort nach Hause, um nach dem Rechten zu sehen. Als ich zu Hause ankam, versicherte ich mich, dass es Dani gut ging. Danach überprüfte ich sorgfältig die Wohnungstür und andere Räume nach Einbruchsspuren. Doch es war keine Einbruchsspur zu sehen und auch kein Mann, der im Wohnzimmer stand. Als ich Dani nach den Stimmen fragen wollte, die sie hörte, vernahm ich plötzlich ebenfalls etwas. Es war sicherlich nicht die Stimme Gottes. Die Stimme war maskulin, sachlich und rau.

»Das ist die Stimme!«, sagte Dani und runzelte die Stirn. Die Stimme kam aus einem an der Decke installierten Lautsprechersystem, das mir beim Einzug nicht aufgefallen war. Sie bat alle Mitbewohner, deren Fahrräder im Hausflur am Treppengelände angekettet standen, diese zu entfernen.

Kurze Zeit später rief mich mein russischer Kollege und Freund Nikolay an. Er wirkte aufgeregt und sagte: »Martin, ich habe mir vor Angst fast in die Hosen gemacht!«

»Du bist noch nicht in dem Alter!«, antwortete ich.

»Nein. Ich habe aus dem Nichts eine laute und aggressive Stimme aus unserem Wohnzimmer gehört. Ich hatte das Gefühl, Nordkorea steht vor den Toren und ist bereit zur Attacke, und wir müssen das Land evakuieren!«, sagte Nikolay.

Ich beruhigte ihn, aber erlaubte mir dann einen kleinen Scherz, bevor ich ihn aufklärte: »Kim Jong-un wollte nur sein neuestes selbst verfasstes Gedicht vortragen!«

Wenig später schickte mir Nikolay ein Bild über den koreanischen Messenger-Dienst »KakaoTalk«. Auf dem Bild war ein zerlegtes Lautsprechersystem zu sehen und die Kurznachricht: »No more Kim Jong-un!«

Dani und ich entschieden uns dazu, die Sprechanlage zu behalten. Und mit dieser Entscheidung waren wir den weiteren Ansagen des Hausmeisters auch an den Wochenenden um acht Uhr morgens ausgeliefert.

In der näheren Umgebung unseres Apartments gab es zwei Kioske, einige Kneipen, eine Wäscherei, einen Immobilienmakler, einen 24-Stunden-Bankautomat, einen Kinderspielplatz und einen Mobilfunkanbieter. Überall waren sogenannte CCTV-Überwachungskameras installiert, deren Bilder mit zwanzigminütiger Verzögerung sogar in die eigene Wohnung übertragen wurden. Unser Hausmeister überwachte den Apartmentkomplex 24 Stunden am Tag. Dem *Gyeongbi-shil Ajeoshi* entgeht nichts, er ist besser als jede Alarmanlage und Überwachungskamera.

Nachdem Dani und ich eines Tages von unserem Samstagsspaziergang am Gyeongpo Beach zurückgekommen waren, rief mich Nikolay am späten Nachmittag an. »Ich werde seit einiger Zeit von meinem Hausmeister gestalked«, sagte er.

»Ich glaube, er mag dich – so wie du bist«, scherzte ich munter.

»Meinst du? Ich bin der Meinung, der Funke ist noch nicht richtig übergesprungen zwischen uns«, entgegnete Nikolay sarkastisch. »Ich wollte nur meine zwei Müllsäcke rausbringen. Plötzlich verfolgte mich der Hausmeister auf Schritt und Tritt und beobachtete mich, wie ich den Müll abstellte. Er sprach die ganze Zeit auf Koreanisch. Ich verstand nichts von dem, was er sagte.«

»In welche Tüten hast du deinen Müll denn eingepackt? Trennst du deinen Müll?«, fragte ich.

»Ich habe unseren Müll in normale weiße Tüten gesteckt«, antwortete Nikolay.

»Verstehe. Kein Wunder, dass der Hausmeister dich verfolgt hat. Sei froh, dass du die Lautsprechanlage in deiner Wohnung funktionsuntauglich gemacht hast. Ich bin mir sicher, dass er deine liberale Einstellung zum Wegwerfen deines Mülls bereits kommentiert hat.«

Dann klärte ich Nikolay auf und erzählte ihm, dass er die Mülltüten für Essensreste (*Eumshik-mul Saeraegi-Bongtu*) und Hausmüll (*Saeraegi-Bongtu*) in fast jedem Supermarkt oder in der Kommunalverwaltung kaufen kann. Es gab Zeiten, in denen Korea die Mülltrennung nicht so ernst nahm. Aber diese Zeiten sind vorbei. Wer den Müll nicht ordnungsgemäß trennt, dem drohen nicht nur die bösen Blicke des *Gyeongbi-shil Ajeoshis*, sondern auch eine saftige Geldstrafe.

So erklärte ich Nikolay, dass Dani und ich fast alles trennen – der allgemeine Abfall und Essensreste kommen in die kleine gelbe Plastiktüte, die speziell dafür vorgesehen ist. Der Biomüll wird an die Tiere verfüttert. Und deshalb gilt die goldene Regel, keine Eierschalen, Krustentierschalen, Tierknochen, Teebeutel, Zwiebel- und Knoblauchblätter in die gelbe Tüte zu werfen. Diese gehören in den allgemeinen Müll. Plastik, Dosen, Glasflaschen, Papier, Glühbirnen, Batterien und Kleidung kommen in die im Hof platzierten und markierten Recyclingtonnen. Für den Sperrmüll gibt es spezielle Sticker, die im örtlichen Bezirksamt gekauft werden können. Dort gibt es eine Preisliste, die sich nach Art und Größe des Mülls ausrichtet. Zuvor muss man ein Formular (*Waste-Discharge*-Antrag) ausfüllen und die genauen Objekte auflisten, die man wegwerfen möchte und mit einem gewünschten Abholdatum vermerken.

»Habe verstanden!«, sagte Nikolay am Ende meiner Ausführungen. »Ich bin Russe und mache es auf russische Art. Du bist Deutscher! Ordnung!«, fügte er hinzu.

»Verscherz es dir nicht mit deinem Hausmeister!«, ermahnte ich ihn. Denn wer nicht hören will, muss fühlen. Oder wie Konfuzius schon sagte: »Die Unwissenheit ist eine Nacht ohne Mond und Sterne«, und würde er heute noch leben, dann käme sicher noch der Zusatz: »Unwissenheit schützt vor Strafe nicht.«

Waegook Saram – I am an alien

Eines ist sicher, ob bei der Ankunft oder bei der Abreise aus dem Land der Morgenstille – Sie kommen als Alien und werden das Land als unheimliches Wesen eines anderen Planeten verlassen. Wer sich über neunzig Tage in Korea aufhalten möchte, ist dazu verpflichtet, eine sogenannte Alien Registration Card (*Waegookin deungnokjeung*) zu beantragen und mit sich zu führen. Die Alien-Karte erinnert ständig daran, nicht vom koreanischen Planeten zu stammen, und wird abhängig vom Wohnort in der zuständigen Ausländerbehörde ausgestellt. Als ich für eine kurze Zeit in Hoenggye (Pyeongchang) lebte, war die etwa zwei Stunden entfernt liegende Ausländerbehörde in Chuncheon (Hauptstadt der Provinz Gangwon-do) für die Ausstellung meiner Alien-Karte zuständig. Als ich dann nach Gangneung zog, war mit einem Mal das Immigration Office in Donghae für die Bearbeitung meiner Alien-Karte verantwortlich. Ein gängiger Spruch lautet: »Ohne Moos nix los.« In Korea gilt: »Ohne Alien-Karte nix los.« Die 13-stellige Alien-Registration-Card-Nummer ist der Zugangscode zum koreanischen Leben: Ohne Alien-Karte funktioniert nichts – kein Bankkonto, kein Handyvertrag, kein Internetanschluss und kein Onlineeinkauf.

Egal, ob man die kulturellen Gepflogenheiten beherrscht, viele Jahrzehnte in Korea gelebt hat, die Sprache perfekt spricht oder gar die koreanische Staatsbürgerschaft besitzt – als Ausländer wird man immer ein *Waegook Saram* oder *Waegookin* (Ausländer) bleiben.

Mein Freund Gary aus Brighton im Vereinigten Königreich lebt seit über einem Jahrzehnt in Korea. Er studierte an der prestigevollen Korea University und hat dort seinen Magister gemacht. Danach arbeitete er als privater Englischlehrer in einer der zahlreichen Nachhilfeschulen in Seoul. Durch seine vielen Liaisons mit koreanischen Frauen lernte er alle Traditionen und kulturellen Gepflogenheiten kennen, die man für ein Leben in Korea benötigt. Gary nennt es »diplomacy under the sheet«. Immer wenn Gary und ich gemeinsam ein Restaurant besuchen und er seine Bestellung in perfektem Koreanisch aufgibt, schaut die Kellnerin plötzlich zu mir und ignoriert ihn. Diese Situation bringt Gary zur Weißglut. Um einen kleinen Beitrag zur Integration von Gary in Korea zu leisten, sage ich der Kellnerin in solchen Fällen in gespielt gebrochenem Koreanisch: »Ich bin Chinese und spreche kein Koreanisch.« Dann zeige ich auf Gary und bedeute der Kellnerin, dass er derjenige von uns beiden sei, der Koreanisch spreche.

In gewissem Maße teile ich das Schicksal mit Gary. Als Deutsch-Koreaner zweiter Generation gilt man in Korea nicht als 100-prozentiger Koreaner, sondern als etwas dazwischen, quasi als Hybrid-Koreaner. Koreaner nehmen dies gern zum Anlass, ihre »westliche Seite« auszuleben und manchmal ihre Etiketten über Bord zu werfen. Hartnäckig glauben Koreaner nämlich, dass in der westlichen Welt keine Altershierarchie existiere.

Doch eines widerfährt Gary häufig, um das ich ihn nun wirklich nicht beneide. Als Weißer oder *Baekin* (wie eine weiße Person auf Koreanisch bezeichnet wird) kommt es oft vor, dass er von Koreanern angestarrt wird wie eine Zirkusattraktion. Schulkinder treten an ihn heran, begrüßen ihn auf Englisch und laufen danach kichernd weg, als sei es eine Mutprobe gewesen. In der strikt geschlechtergetrennten Sauna sind ihm selbst die neugierigen Blicke der koreanischen Männer gewiss. Bis zum Ende seiner Tage in Korea wird sich Gary die Bezeichnungen *Waegookin* oder *Baekin* anhören müssen.

Es hat aber auch seine guten Seiten, ein *Baekin* in Korea zu sein. Und das nenne ich »white privilege« oder den Status eines »Premium Deluxe Alien«. So erhält Gary in Restaurants oft kostenlos eine doppelte Portion verschiedener Leckereien. Als *Service*, wie es in Korea genannt wird. »Ich liebe Korea. Ich kann die Ausländer nicht verstehen, die schon viele Jahre in dem Land leben und sich weigern, Koreanisch zu lernen, und dann noch die Frechheit besitzen, sich über das Land aufzuregen. Koreaner werden Ausländer lieben, wenn sie auch nur ein paar Vokabeln können. Es ist doch in jeder menschlichen Beziehung so, dass man sich dem Land und den Leuten nähert, indem man kleine Schritte aufeinander zugeht«, sagte Gary einmal zu mir.

»So wie du dich mit kleinen Schritten den Frauen genähert hast?«, fragte ich sarkastisch.

»Ich muss nicht von den rund fünfzig Millionen Südkoreanern willkommen geheißen werden. Mir reicht schon mein Freundeskreis«, fügte Gary hinzu.

Unter den Aliens gibt es Abstufungen, die sich nach der Hautfarbe richten. Meine Frau gehört mit ihrer europäischen Erscheinung zu den Premium-Deluxe-Ausländern. Einmal fragte sie eine koreanische Studentin nach der Adresse eines Cafés. Da die Studentin nicht wusste, wo sich das Café befand, setzte sie Himmel und Hölle in Bewegung, um meiner Frau behilflich zu sein, und begleitete sie bis zum Zielort. Ein anderes Mal, als es in Strömen regnete, lief eine Kioskbesitzerin meiner Frau hinterher, nur um ihr einen Regenschirm zu halten. Und wie Gary erhält auch meine Frau häufig Geschenke.

Koreaner sind unglaublich warmherzig, hilfsbereit und gastfreundlich, insbesondere den Premium-Deluxe-Aliens gegenüber. Wenn ein *Waegookin* dann noch einige Brocken Koreanisch auf Lager hat, kann er fast schon Rockstarstatus erhalten. Als Deutsch-Koreaner zweiter Generation werden mir diese Privilegien nicht zuteil.

Als »Ausländer Dritter Klasse« muss man noch ganz andere Erfahrungen machen. Ein Bekannter aus Kanada mit indischen Wurzeln, Shankar, konnte ungefähr drei koreanische Redewendungen, als er nach Seoul kam: »Gamsahamnida« (Dankeschön), »Annyeonghaseyo« (Guten Tag) und »Soju hana, chuseo« (Einen Soju, bitte). Bei einer Bahnfahrt trat Shankar aus Versehen auf den Fuß eines Mitreisenden, wollte sich entschuldigen und sagte: »Gamsahamnida!« Im Glauben, dass Shankar sich für seinen Fußtritt noch bei ihm bedanke, fing der verärgerte Mitreisende an, ihn wüst zu beschimpfen. Und Shankar konnte nichts weiter sagen als »Gamsahamnida«, »Annyeonghaseyo« und »Soju hana, chuseo«. Wäre Shankar ein Premium-Deluxe-Alien, hätte der ältere Mann ihn wohl für seinen Fehltritt angelächelt und ihm wahrscheinlich noch gesagt, dass er ihm jederzeit auf den Fuß treten könne und er gern noch eine Flasche Soju mit ihm leeren würde.

Nach vielen geleerten Soju-Flaschen, bis zur Heiserkeit führenden Besuchen in Karaokebars, Fahrten in überfüllten Bahnen und Bussen in der Hauptverkehrszeit kommt dieser Moment, wenn es einem plötzlich eigenartig vorkommt, dass kein 24-Stunden-Geschäft wie »CU« oder »GS25« in unmittelbarer Nähe liegt. In diesem Moment ist man mitten im koreanischen Leben angekommen. Es wird Tage geben, in denen man vielleicht daran verzweifelt, nicht wirklich dazuzugehören. Wenn der Taxifahrer einen auch beim hundertsten Versuch, auf Koreanisch den Zielort zu nennen, nicht versteht. Doch mit der Entwicklung von Sprach-Apps werden diese Barrieren hoffentlich bald der Vergangenheit angehören. Und wie der Koreaner zu fast allen Gelegenheiten sagen würde: »Verzweifeln Sie nicht, kämpfen Sie weiter! Fighting!«

Integration in Korea

Wenn wir unser Wochenende in Seoul verbrachten, gingen Dani und ich gern ins Nationalmuseum der zeitgenössischen Geschichte Koreas. Der Eintritt in dieses Museum ist meist kostenlos. Mich interessierte dabei besonders die Ausstellung, die den koreanischen Bergarbeitern und Krankenschwestern gewidmet ist. Ich bin stolz, dass das Museum die Geschichte der Generation meiner Eltern dokumentiert und sie als einen wichtigen Teil der koreanischen Historie betrachtet. Korea hat sich innerhalb kürzester Zeit vom Auswanderungs- zum Einwanderungsland entwickelt. Ähnlich wie Deutschland tat sich das Land schwer, sich diese Realität politisch einzugestehen.

Es gibt einen wundervollen südkoreanischen Film: »Ode to My Father« (»Gukjae Shidschang«), in dem der Protagonist Yoon Duck-soo einige der turbulenten historischen Ereignisse der modernen koreanischen Geschichte von den Fünfzigern bis zu den Achtzigern durchlebt. Am Anfang des Filmes sehen wir Yoon Duck-soo im Koreakrieg, dann als Bergarbeiter in der Zeche Duisburg-Hamborn, später als Techniker im Vietnamkrieg und schließlich als Fernsehgast in der Livesendung des öffentlich-rechtlichen Senders KBS (Korean Broadcasting System), in der die im Koreakrieg getrennten Familien wieder zusammengeführt wurden. Am Ende findet Duck-soo seine während der Evakuierung von Hungnam verloren gegangene Schwester.

Bei der Evakuierung von Hungnam in Nordkorea wurden 1950 rund 100 000 Zivilisten nach Busan, eine Stadt ganz im Südosten Koreas, in Sicherheit gebracht. Unter den Zivilisten waren auch die Eltern des südkoreanischen Präsidenten Moon Jae-in. Im Film wird neben den historischen Ereignissen auch die Integrationsthematik kurz angerissen. Korea ist in den vergangenen Jahrzehnten vielfältiger und bunter geworden, auch was die Bevölkerung betrifft, und doch gibt es immer noch Leute, die diese Realität verkennen und verdrängen. So sorgte der Parlamentsabgeordnete der konservativen Jayu-Hanguk-Partei Kim Moo-sung mit seiner rassistischen und dummen Bemerkung einem nigerianischen Austauschstudenten gegenüber für großes Aufsehen, indem er behauptete, dessen Gesicht hätte »die Farbe eines Briketts«. Der Politiker entschuldigte sich zwar später, verteidigte seine Worte jedoch gleichzeitig mit dem Kommentar, er habe nur freundlich sein wollen und sei unwissend darüber gewesen, dass seine Worte verletzend sein könnten.

Als ich 2013 im Rahmen des fünfzigjährigen Jubiläums des Anwerbeabkommens zwischen Deutschland und Korea vom Goethe-Institut in Seoul zu einer Podiumsdiskussion eingeladen wurde, traf ich auch die erste koreanische Abgeordnete mit philippinischen Wurzeln, Jasmine Lee. Sie konnte über die Parteiliste der damaligen konservativen Saenuri-Partei in das Parlament einziehen. Über ihre erste und einzige Legislaturperiode (2012–2016) hinweg wurde sie rassistisch attackiert, so wie es zum Teil auch deutsche Politiker mit Migrationshintergrund erfahren.

Auch meine Frau Dani lernte in Gangneung die Realität des immer bunter werdenden Landes kennen. Mein Arbeitskollege war so nett, uns in das nahe gelegene Multikulti-Zentrum zu fahren. Dort wurden kostenlose Koreanisch-»Adjustierungskurse« (eine Light-Form der Integrationskurse in Deutschland) angeboten, inklusive Unterstützung bei der Geburt und den damit verbundenen Behördengängen sowie Beratung über das Zusammenleben mit den koreanischen Schwiegereltern. Für die Registrierung des Sprachkurses musste Dani ihre Alien-Karte vorzeigen und ein Formular mit ihren Kontaktdaten ausfüllen. In Danis Sprachkurs waren über zwanzig eingeheiratete Vietnamesinnen, die durch *Gukje gyeoron* (internationale Hochzeit) ihren Weg nach Korea gefunden hatten. Zuvor hatte es Bestrebungen der koreanischen Regierung gegeben, einheimische Frauen zur Heirat mit koreanischen Bauern zu motivieren. Doch die Aktion blieb ohne Beachtung. Aus diesem Grund suchten koreanische Bauern aus der Provinz schließlich Frauen jeglicher Nationalität zwecks Familiengründung. Mittlerweile stehen vietnamesische und chinesische Frauen bei einsamen koreanischen Männerherzen hoch im Kurs. Aber das Geschäft mit der Heirat ist keine Garantie für die Liebe. Und so bleiben auf der Ehestrecke auch viele gebrochene Herzen zurück. Mit dem »Zentrum für Opfer internationaler Ehen« gibt es sogar eine Anlaufstelle für gebrochene koreanische Männerherzen.

Noch ist Korea zudem weit davon entfernt, die Normalität einer Patchworkfamilie, wie sie in Deutschland schon ganz selbstverständlich gelebt wird, zu akzeptieren. Obwohl Korea neben einem der vorderen Plätze bei den niedrigsten Geburtenraten im OECD-Raum auch noch den dritten Platz belegt, was die Scheidungsrate anbelangt.

»Die koreanische Gesellschaft befindet sich im Wandel. Einerseits besteht weiterhin die tiefe Verwurzelung im Konfuzianismus. Doch andererseits werden diese alten Strukturen mit westlichen Werten vermischt und langsam aufgebrochen. Meine Generation hat nicht mehr so den Bezug zum Zwangskollektivismus. An vorderster Stelle steht das persönliche Wohlergehen«, erklärte mir mein Cousin Jinhyeok.

»Was mich traurig macht, ist die Unerfahrenheit des Landes im Umgang mit Zuwanderern. Korea war in den Siebzigerjahren ein großer Exporteur von Gastarbeitern ins Ausland. Man könnte vermuten, dass dieses Land Erfahrung in diesem Bereich vorzuweisen hat. Ich hoffe, die

Menschen erinnern sich daran, dass viele Koreaner einst in der gleichen Lage waren wie die Arbeitsmigranten, die in der Hoffnung auf ein besseres Leben nach Korea gekommen sind«, entgegnete ich.

»Ich bin überzeugt, dass die zweite Generation aus den binationalen Ehen in naher Zukunft an den Türen der koreanischen *Chaebol* (mächtige Familienunternehmen) wie Hyundai und Samsung klopfen wird, um ihren Anspruch auf die Übernahme von Führungspositionen zu legitimieren, und sich nicht mehr mit harter körperlicher Arbeit zufriedengeben wird, die von der Elterngeneration ausgeübt wurde«, fügte ich hinzu.

»Wie du weißt, musste sich unser Land historisch gesehen immer gegen benachbarte Aggressoren, Plünderungen oder Invasionen zur Wehr setzen. Fast 500 Jahre hat es in Isolation gelebt. Während dieser Zeit entwickelte man eine eigene Kultur, eigene Gebräuche und ein starkes Nationalgefühl. Ob Annexion, Invasion oder Krieg, unser Land hat seine ethnische und kulturelle Homogenität bewahrt. Generationen von unseren Leuten wurden so indoktriniert. Diese Gedanken sind tief in uns verankert. Aber wie du schon richtig sagst, der Mythos der ethnischen Homogenität und der ›einen Nation‹ (*Danil Minjok*) hinkt im 21. Jahrhundert. Unser Land wird vielfältiger. Wir müssen uns darauf einstellen«, antwortete Jin-hyeok.

Bei seinen Worten musste ich an die vielen Diskussionen denken, die durch die wachsende Migration auf das Land zukommen werden. Doch egal, wie die Debatten ausfallen, es wird mit Sicherheit die Zeit kommen, in der auch diese Generation das Land mit »Uri Nara« (unser Land) ansprechen wird.

Koreanischer Frühling

Korea liegt in der gemäßigten Klimazone. Aufgrund dessen sind die vier Jahreszeiten sehr ausgeprägt. Meine Lieblingsjahreszeit ist der Herbst, dann ist das Wetter mild und sonnig und beschenkt einen mit klarer Luft. Der Winter ist kalt und sonnig. Wenn ich in dieser Zeit von Gangneung nach Pyeongchang reinfuhr, konnte ich Felder mit speziell angefertigten Holzgerüsten sehen, auf denen Fische zum Trocknen aufgehängt wurden. Der getrocknete Seelachs (*Hwangtae*) wird dann später zu Suppe und anderen Köstlichkeiten verarbeitet.

Der koreanische Frühling ist mit seinem milden und sonnigen Wetter sicher eine der schönsten Jahreszeiten. Die Sommermonate sind dagegen extrem schwül, gepaart mit hoher Luftfeuchtigkeit. Ohne Klimaanlage ist der Sommer in Korea kaum auszuhalten. Auch ohne sich zu bewegen, ist man immer total verschwitzt. Der Sommer ist die Zeit, in der die Chilischoten – zumeist auf Parkplätzen – zum Trocknen ausgelegt werden. Auch ist es die Regenzeit.

So schön der Frühling ist, so ist es doch auch die Zeit, in der Koreaner vermehrt mit Atemmasken herumlaufen, um sich vor dem gelben Sand zu schützen. Er stammt aus der Wüste Gobi in China und wird vom Wind ostwärts getragen, bis er Korea erreicht. Der gelbe Sand ist als *Hwangsa* und *Misemeonji* bekannt. An manchen Frühlingstagen sind die Wolkenkratzer nahezu komplett eingehüllt von diesem ultrafeinen Staub, der zudem eine hohe Schadstoffkonzentration aufweist. Meine Cousine Hae-jin machte mich daher auf die »Yellow Dust«-App aufmerksam, die die Staubkonzentrationen in verschiedenen Stadtteilen anzeigt und voraussagt. Doch ich habe einen ganz persönlichen Liveticker, der mich vor hohen Schadstoffkonzentrationen warnt: Meine Tanten senden mir über »KakaoTalk« regelmäßig Nachrichten, in denen sie mich davor warnen, meine Fenster im Apartment zu öffnen. Außerdem fordern sie mich vehement dazu auf, eine Maske zu tragen, sobald ich aus dem Haus gehe, und nach einem längeren Aufenthalt im Freien gründlich zu duschen, die Zähne zu putzen, viel zu trinken und Obst zu essen. Aber bloß nicht im Freien! Meine Tanten sind das effizienteste und schnellste Warnsystem, das ich kenne.

Die gelben Sandkörnchen haben einen Durchmesser von circa 2,5 Mikrometern. Aufgrund ihrer Feinheit gelangen sie mühelos in die menschliche Lunge. Dies stellt ein enormes Gesundheitsrisiko dar und kann erwiesenermaßen zu folgenschweren Erkrankungen der Atemwege bis hin zu Krebs führen. Koreanische Mobilfunkanbieter verschicken automatisch Sicherheitshinweise und Feinstaubwarnungen, sobald die Grenzwerte in der Stadt überschritten werden. Leider sind diese Hinweise meist in koreanischer Sprache verfasst, was meinen ausländischen Freunden lange Zeit nicht so richtig weiterhalf. Glücklicherweise schaffen technologische Errungenschaften mittlerweile Abhilfe, und so sind dank »Google Translate« nun auch Ausländer in der Lage, rechtzeitig auf das Gesundheitsrisiko reagieren zu können.

Von der Stadt Seoul erhielt ich vor Kurzem folgende Nachricht: »Ankündigung betreffend einer Emissionsminderungsmaßnahme in Seoul. Ab morgen sind die öffentlichen Parkplätze geschlossen. Autos mit ungeraden Zahlen auf ihren Kennzeichen ist es gestattet zu fahren.« Am nächsten Tag erhielt ich eine ähnliche Information, ebenfalls per SMS zugeschickt: »Ankündigung betreffend einer Emissionsminderungsmaßnahme in Seoul. Ab morgen sind die öffentlichen Parkplätze geschlossen. Autos mit geraden Zahlen auf ihren Kennzeichen ist es gestattet zu fahren.«

Auch in Gangneung bekamen Dani und ich oft Sicherheitshinweise der Stadt per SMS. Dabei ging es jedoch um andere Probleme als die Feinstaubbelastung, wie zum Beispiel: »Waldbrandwarnung. Die Stadt Gangneung bittet Sie um aktive Kooperation, um Waldbrände zu verhindern, und verbietet das Abbrennen von Reisfeldern, die Verbrennung von Holz etc.«

In Korea gibt es zwei Warnstufen in Bezug auf den gelben Sand. Sie werden über unterschiedlichste Kanäle, etwa Radio, Fernsehen und Handy, verbreitet, um möglichst viele Menschen zu erreichen. Bei der ersten Warnstufe handelt es sich lediglich um eine Empfehlung. Sie wird ausgerufen, wenn die Feinstaubkonzentration in der Luft für mehr als zwei Stunden 400 Mikrogramm pro Quadratmeter übersteigt. Die zweite Warnstufe ist eine konkrete Warnung und wird bei einer Überschreitung des Grenzwertes von 800 Mikrogramm pro Quadratmeter während eines Zeitraums von mehr als zwei Stunden ausgerufen. In diesem Fall sollte man sich nicht mehr ohne Atemmaske im Freien aufhalten. Auf stylishes Aussehen muss man jedoch trotzdem nicht verzichten: Die Masken sind in unzähligen Designs, Größen und Filterklassen erhältlich. Für Kinder gibt es sogar Masken, auf denen beliebte Cartoonfiguren abgebildet sind. Natürlich sollte die Funktion der Maske über der Ästhetik stehen, doch da der Bedarf an Atemmasken immer weiter steigt, stellt es kein Problem mehr dar, funktionsfähige und gleichzeitig modische Modelle zu bekommen.

Da ich in dem Angebotsdschungel schnell den Überblick und die Geduld verlor, half mir meine Cousine Haejin beim Kauf einer geeigneten Maske. Wir kauften die N99-Maske, die laut Aussage der Apothekerin in der Lage war, 99 Prozent des Feinstaubs rauszufiltern. Zudem wies die Apothekerin auf das Zulassungssiegel der Korea Food and Drug Administration (KFDA) hin, das die Qualität der Maske bestätigte.

Wenn es Frühling wird in Korea, verändert sich nicht nur die Luftqualität, sondern es werden auch Warnposter gegen sexuelle Belästigung in den Seouler U-Bahnhöfen aufgehängt. Darauf zu sehen ist dann etwa eine Dame mit Minirock, die eine Treppe hochsteigt. Hinter ihr ein Mann, der mit einem Smartphone heimlich versucht, unter ihren Rock zu fotografieren. Die Poster erinnern daran, dass heimliches Filmen ein krimineller Akt ist und mit einer saftigen Geldstrafe bis hin zu einer fünfjährigen Gefängnisstrafe geahndet wird. Vor einer Weile las ich in der Zeitung von einem Richter, der dabei erwischt wurde, wie er in der U-Bahn versuchte, intime Körperstellen von Frauen zu filmen. Daraufhin wurde der Richter für vier Monate von seiner Tätigkeit suspendiert und musste eine Strafe von rund 2800 US-Dollar zahlen.

Auf der Liste der gefährlichsten Transportsysteme für Frauen des World Economic Forum ist Seoul auf Platz zwölf von insgesamt 16 Städten gelistet. Die gefährlichste Stadt ist Bogotá, gefolgt von Mexico City und Lima. Das Auswärtige Amt weist Korea als »vergleichsweise sicheres Reiseland« aus. Auf »Numbeos Kriminalitätsindex« belegt Korea 2018 Platz 88 von 115, Deutschland ist hier auf Platz 85 verzeichnet. In Bezug auf Sicherheit belegt Korea Platz 28 von insgesamt 115 bewerteten Ländern (Deutschland liegt mit Platz 31 nur knapp darunter). Dass Korea sicher ist, ist auch meine Erfahrung. So mache ich mir auch keine Sorgen, wenn ich mein Handy in der offenen Außentasche meines Rucksacks verstaue. Im hektischen Berufsverkehr in Seoul hatte ich gleich dreimal mein Handy im Bus vergessen, doch ebenfalls dreimal erhielt ich es unversehrt wieder zurück. Selbst im Café lasse ich meinen Laptop und mein Handy auf dem Tisch liegen, wenn ich kurz zur Toilette gehe, ohne mir Sorgen zu machen, dass die Sachen bei meiner Rückkehr verschwunden sein könnten. Und am Abend, im Dunkeln, fühle ich mich auf den Straßen absolut sicher, ohne auch nur einen Gedanken daran zu verschwenden, dass etwas passieren könnte.

Doch der koreanische Frühling besteht nicht nur aus Kriminalitätswarnungen und gelbem Sand. Frühling bedeutet auch, dass die Kirschblüten (*Beotkkot*) anfangen zu blühen. In vielen Orten Koreas, ob in der Hauptstadt Seoul, Gangwon-do, Gyeongsang-do, Jeolla-do oder Jeju-do, überall kann man die Kirschblüten bewundern. Dani und ich erlebten das Spektakel in Seoul am Yeouido, an der Yunjun-ro (hinter dem koreanischen Parlament gelegen) und in Gangneung. Das jährlich stattfindende »Gyeongpo Cherry Blossom Festival« in Gangneung ist äußerst beliebt, und Hotels sind schon Monate vorher ausgebucht. Von unserer Wohnung in Taekji gingen wir Hand in Hand Richtung Gyeongpo Lake. Auf der gesamten Länge der Allee zeigte sich die zarte Pracht der Kirschblüten in all ihren Facetten: von strahlendem Weiß über zartes Rosa bis hin zu stechendem Pink. Aus allen Winkeln des Landes strömen Menschen zu dieser Zeit in die Städte, um das Naturschauspiel zu bewundern. Überall bleiben Paare stehen, um sich vor den romantischen Blüten zu fotografieren.

Das größte Kirschblütenfestival des Landes findet in der Stadt Jinhae (Provinz Süd-Gyeongsang) statt. Meine Tante, die in Changwon lebt, nimmt jedes Jahr an dem Festival teil und schickt uns anschließend wunderschöne Bilder, die sie auf dem Weg zum Yeojwacheon-Bach und Jehwangsan-Park gemacht hat. In dieser Zeit kommt es mir vor, als wolle ganz Korea den lang ersehnten süßlichen Duft der Kirschblüten in sich aufsaugen. Endlich hat der Frühling das Land zurückerobert.

Die Italiener Asiens

Wütende Koreaner oder wer hat's erfunden?

Im fernen Osten eilt den Koreanern, wie schon gesagt, der Ruf voraus, die Italiener Asiens zu sein. Wer die Koreaner kennt, der weiß um ihr Heißblut, ihr Temperament und die ihnen eigene Theatralik. Meine Bekannte Seung-hee hatte einmal gesagt: »Koreaner sind wie Gaskocher. Sie erhitzen extrem schnell.«

Jeder von Ihnen kennt sicherlich die äußerst lebhaften Szenen von prügelnden koreanischen Parlamentariern, von denen immer wieder gern berichtet wird. Der Ruf als Italiener Asiens ist in der westlichen Welt allerdings noch nicht angekommen, und so hecheln die Koreaner diesem Ruf mehr als hinterher. Bedauerlicherweise wissen nur wenige weibliche Wesen, dass sich hinter den nicht gerade wie George Clooney aussehenden Männern Sex-Appeal und Perfektion von unbeschreiblichem Maße verbirgt. Noch bedauerlicher ist der Fakt, dass Hollywood wegen des Handelskriegs von China gegen die westliche Welt den asiatischen Männern aus Rache den totalen Krieg erklärt hat: lebenslängliche Sperre bei der Wahl zum »Sexiest Man Alive« und keine Hauptrollen in romantischen Komödien. Aber das ist keine Tragödie. Denn in einer kapitalistischen Gesellschaft triumphiert Geld über alles und lässt auch einen wie Kim Jong-un aussehenden Asiaten manchen Frauen als eine Art Brad Pitt erscheinen. Die Wirtschaftsweisen und Ökonomen haben recht, wenn sie behaupten, dass der Wandel durch Handel kommt.

Vielleicht ist es aber auch von Vorteil, dass die Asiaten in der westlichen Welt noch nicht als Casanovas berüchtigt sind. Denn je weniger von den beispiellosen Qualitäten der asiatischen Männer bekannt ist, desto weniger Druck lastet auf deren Schultern. Ein Geheimnis muss gut gehütet werden. Ein erfolgreicher Currywurstverkäufer käme auch nicht auf die Idee, die Zutaten seiner vorzüglichen Soße preiszugeben. Der Konsument muss es selbst herausfinden. Im Falle der koreanischen Männer natürlich die Konsumentin. Hier gilt die Devise: »Come in and find out.« Stellen Sie sich vor, jeder wüsste, dass die koreanischen Männer exzellente Liebhaber sind und ihr schier unzerstörbarer Motor nie zur Wartung muss. Dann würde der Ausverkauf drohen. Koreanische Männer wären begehrter als neue iPhones, Louis-Vuitton-Taschen oder sogar Erdöl. Auch der Überraschungseffekt wäre für immer verloren. Nur so viel möchte ich verraten, dass koreanische Männer die Kunst der feinen englischen Art der Verführung beherrschen.

Die zunehmende Popularität der Manga-Comics könnte dem Geheimnis der asiatischen Männer jedoch einen Strich durch die Rechnung machen. Immer häufiger sehe ich deutsche Mädchen, die wie ihre Lieblingsfigur aus einem Manga gekleidet und mit asiatischen, wie Yu-Gi-Oh aussehenden Jungs unterwegs sind.

Koreaner sind zudem sehr hartnäckig und geben nicht so leicht auf. Ich habe mit eigenen Augen gesehen, wie sich eine Horde demonstrierender koreanischer Gewerkschafter über Monate hinweg ein Zeltlager unweit vom Parlament aufbaute und davor demonstrierte, um ihre Rechte einzufordern und sich so Gehör zu verschaffen. Ein gutes Beispiel für die Hartnäckigkeit ist auch der koreanische Fußballspieler Suk Hyun-jun, der den Traum hatte, für einen europäischen Spitzenverein zu spielen. Gemeinsam mit seinem Manager setzte er sich in den Flieger und klopfte vergeblich an die Türen englischer Premier-League-Teams. Daraufhin entschied sich Suk, nach Holland zu gehen, setzte sich auf die Zuschauertribüne von Ajax Amsterdam und sprach den Trainer an, ob er sein Talent bei einem Training zeigen könne. Dieser Wunsch wurde ihm gewährt. Die Verantwortlichen stimmten zu. Suk entpuppte sich als so gut, dass er gleich unter Vertrag genommen wurde. Ebenfalls beeindruckend: Wie bei den Olympischen Sommerspielen in Seoul im Jahr 1988 der koreanische Boxer nach einer Niederlage gegen den bulgarischen Gegner noch ganze drei Stunden im Ring saß. Trotz fliegender Stühle und einer aufgebrachten Meute ließ er sich nicht aus der Ruhe bringen. Erst als das Licht in der Halle ausgemacht wurde, stand der geschlagene Boxer auf und verließ mit gesenktem Kopf das Stadion. Das sind noch milde Aktionen – verglichen mit den politischen Demonstrationen in Korea.

Das koreanische Unternehmen Samsung, das einen langwierigen Rechtsstreit mit Apple verlor und damit eine Milliarde Dollar an Entschädigung zahlen musste, fuhr mit dreißig Lastwagen voller Fünf-Cent-Münzen in Kalifornien vor und entlud sie vor den Türen der Hauptzentrale Apples. Allerdings ist letztere Geschichte von den Leitmedien noch nicht bestätigt worden.

Der Koreaner – das unbekannte Wesen

Die Qualität und Eigenschaften koreanischer Elektronikprodukte sind mittlerweile weltweit bekannt. Über die menschlichen Eigenschaften, die Seele der Koreaner, ist dagegen wenig bekannt. Das einzig gängige Klischee ist wohl noch, dass sie *Workaholics by nature* sind.

Nach dem Motto »Nur gemeinsam sind wir stark« lieben es Koreaner, alles im Kollektiv zu unternehmen. Dies äußert sich im gemeinsamen Mittagessen, in der Tradition des Kimjang (der gemeinschaftlichen Herstellung von Kimchi), Freizeitaktivitäten wie dem Bergwandern in größeren Gruppen oder aber dem gemeinschaftlichen Anschauen von Nachrichten am Busterminal. Bei den Obdachlosen ist selbst das gemeinsame Betteln beliebt.

In Deutschland war es mir nie unangenehm, mein Mittagessen allein zu mir zu nehmen. Doch nach einigen Monaten in Korea, in denen ich stets im Kollektiv essen gegangen bin, erschien es mir komisch, ja, ich war geradezu peinlich berührt, als ich eines Tages meine Mittagspause allein verbringen sollte. In Korea überlegt man es sich zweimal, ob man sich die Blöße gibt, von anderen Menschen im Restaurant komisch angestarrt zu werden, weil man es allein betritt. Das ist der ultimative Bin-in-Korea-angekommen-Moment. Mittlerweile gibt es zwar sogenannte *Honbap*-Restaurants, die es »erlauben«, allein zu essen, aber die Regel ist es noch lange nicht.

»Wenn in Rom, mach's wie die Römer – wenn in Korea, mach's wie die Koreaner«, sagt mein russischer Arbeitskollege Nikolay gern. Und Koreaner lieben ihren Kaffee Americano – *hot* oder *iced*, ihre Spaghetti mit Kimchi, Smartphones, ihr konditionsförderndes *Stamina Food*, das Spucken auf die Straße und das Bodychecken. Das Bodychecken, den harten Körpereinsatz auf der Straße, sehe ich als Zeichen, dass die Koreaner menschliche Nähe lieben und beim Zusammenprall daran erinnert werden wollen, am Leben zu sein.

Wer in einem koreanischen Unternehmen gearbeitet hat, weiß, dass Koreaner in Sachen Zusammenarbeit und Kooperation nicht gerade Experten sind. Mein Bekannter Tae-jon, der für einen koreanischen Sportverband arbeitet, kann ein Lied davon singen. »Kennst du den Spruch ›Sahgongimahneumyeon Baegasanohlloganda‹?«, fragte Tae-jon mich einmal.

»Na, klar!«, antwortete ich. »In Deutschland würde man dazu sagen: ›Viele Köche verderben den Brei.‹«

»Richtig!«, bestätigte Tae-jon.

Und das scheint auch in der koreanischen Gemeinde in Deutschland die allgemeine Einstellung zum Thema Teamwork zu sein, da ich dort immer wieder die mangelnde Bereitschaft erleben muss, für eine gemeinsame Sache zusammenzuarbeiten, vor allem wenn es um die Neuwahlen des Vorstandes einer Vereinigung geht. Ich nenne es »Titelkämpfe«.

»Koreaner können nicht zusammenarbeiten. Es kommt immer zu einem Machtkampf innerhalb der Gruppe!«, behauptete Tae-jon.

In New York gab es mal einen langwierigen Gerichtsprozess wegen zwei Koreanern, die beide von sich behaupteten, der rechtmäßig gewählte Präsident der Korean American Association of Greater New York zu sein. Die Amtseinführung beanspruchten dann auch beide Männer, die sich als Präsident ansahen, für sich. Es kam zu tumultartigen Szenen: zu verbalen Ausfällen, bei denen die gegnerische Partei mit Kraftausdrücken in mehreren Sprachen bedacht wurde, und Schubsereien, die selbst New York in diesem Ausmaß noch nicht erlebt hatte.

»Koreaner arbeiten nur dann zusammen, wenn es um das Ansehen ihres Landes geht oder sie unmittelbar persönlich davon betroffen sind. Gute Beispiele sind die Olympischen Sommerspiele 1988 und die Fußballweltmeisterschaft 2002«, sagte mein Seoul-Onkel. »Vereinte Koreaner im Lauf hält weder Ochs noch Esel auf.« Dieses Sprichwort trotzt vehement der Kooperationsverweigerung der Koreaner. Beweis für seine Richtigkeit ist auch das Wirtschaftswunder Koreas. Innerhalb weniger Jahrzehnte schaffte es der Staat, sich von einem Entwicklungsland zu einer der top Wirtschaftsnationen zu entwickeln.

Koreaner sind unheimlich stur. Die Stur- und Hartnäckigkeit ist ein koreanischer Charakterzug, der geschichtlich bedingt und den entbehrungsreichen Zeiten geschuldet ist. Korea war immer Spielball zwischen den Großmächten China und Japan. Die Sturheit der Koreaner war es schließlich, die das Land an die Weltspitze brachte.

In Korea glaubt man, dass besonders Menschen mit Naturlocken (*Godschibisae*) sehr stur sind. Das kann ich nur bestätigen. Mein Vater hat Naturlocken. Und ich habe die Naturlocken von meinem Vater geerbt. Die Sturheit der Koreaner kommt immer dann zum Vorschein, wenn sie zu etwas gezwungen werden. Je strikter die Befehle und je höher der Druck, desto größer der Widerstand.

Steigerung der Motivation oder des Gehorsams durch die Ausübung von Druck ist bei Koreanern definitiv keine zielführende Strategie. Ich habe es selbst erlebt, als ich eine koreanische Baufirma anwies, den Beton für das Fundament eines Gebäudes nicht zu gießen, und stattdessen einen Baustopp erteilte. Ich hatte Bedenken, dass es zu schwerwiegenden Konstruktionsfehlern kommen würde, und wollte die Baupläne noch einmal überprüfen lassen. In konstruktiver, aber unmissverständlicher Manier erklärte ich, dass die Betonplatte erneut gegossen werden müsse, sollte meinem Befehl nicht Folge geleistet werden und die Firma dennoch weiterarbeiten. Nach einem heftigen verbalen Austausch mit dem Bauleiter wurde der Beton schließlich trotzdem gegossen. Am Ende wurden meine Befürchtungen wahr, und die Betonplatte musste komplett erneuert werden. Dies führte zu doppelten Kosten. Aber selbst da sah sich der koreanische Bauleiter mir gegenüber weiterhin im Recht und war uneinsichtig, was die Folgen der Missachtung meines Befehls betraf.

Mein Bekannter Tae-jon erklärte mir, dass insbesondere die ältere Generation in Korea – und zum Teil auch die jüngere – es als Schwäche ansieht, etwas nicht zu wissen. Diese Generation ist eher gewillt, Fehler in Kauf zu nehmen, als ihr Unwissen preiszugeben. »Koreaner geben ungern zu, etwas nicht zu können oder nicht zu wissen«, sagte Tae-jon. »Du hättest mit dem Bauleiter auf koreanische Art und Weise reden müssen. Dann hätte er deinen Befehl wahrscheinlich befolgt.«

»Was meinst du mit ›koreanischer Art und Weise‹?«, fragte ich.

»Damit meine ich, auf sanftem und diplomatischem Weg. Nur so kann man Koreaner zu etwas bewegen. In Korea herrscht die Denkweise, dass jeder sein eigener Chef beziehungsweise König ist. Man kann dies als das Prinzessinnensyndrom (*Gongdschubyeong*) beschreiben. Und einem König gibt man keine Befehle.«

Ich nickte und dachte an die Worte meines russischen Freundes Nikolay, der wie ich über drei Jahre lang für das koreanische Organisationskomitee der Olympischen Winterspiele gearbeitet hatte. Er pflegte zu sagen: »Wenn du bei den Koreanern extremen Druck ausübst, dann verstecken sie sich. Sie lassen die Bombe auf sich zukommen und kommen erst dann wieder aus dem Versteck, wenn die Gefahr sich gelegt hat. Sie scheuen jeglichen Konflikt.«

Ich habe erlebt, wie internationale Verbände gemäß ihren westlichen Tugenden und Denkweisen versuchten, Druck auszuüben – ohne Erfolg. In vielen Meetings mit westlichen Funktionären während meiner Arbeit im Komitee war ich froh, dass die Übersetzer nicht eins zu eins übersetzten, insbesondere wenn sich die koreanische Hartnäckigkeit in Fäkalsprache verwandelte. »Diese verfluchten Hundesöhne!« war dabei noch einer der netteren Ausdrücke, die die westlichen Funktionäre glücklicherweise nicht verstanden.

So manches Mal dachte ich mir im Stillen, dass die westlichen Experten und Funktionäre mit ihrem ethnozentrischen Denken in einem stolzen Land wie Korea nicht viel bewirken würden. Sie hätten sich wohl besser mal in einem Ratgeber über die koreanische Mentalität informiert.

Als Experten und Profis haben Koreaner oft Angst, ihren Ruf zu verlieren, sollten sie Rat von außen benötigen. In Korea ist der Ruf oder das Image einer Person sehr wichtig. In der Öffentlichkeit Kritik zu üben bringt das Gegenüber in eine peinliche Lage. Der oder die andere könnte sein Gesicht (*Chemyeon*) oder seinen Ruf verlieren, und das wäre in jedem Fall fatal. Es ist wichtig, auch in Konfliktsituationen das *Chemyeon* seines Gegenübers so gut wie möglich zu wahren oder ihm sogar Gesicht zu »verleihen«. Ein Koreaner käme nie auf die Idee, eine Person in der Öffentlichkeit bloßzustellen. Wenn er oder sie ein Problem mit jemandem hat, wird er dies höchstwahrscheinlich in einem privaten Gespräch äußern und zudem in eine sehr respektvolle und höfliche Sprache verpacken. *Chemyeon* ist ein wichtiger Bestandteil des koreanischen Alltags. Diese Regel im Arbeitsalltag zu missachten, führt bisweilen zur Verweigerung der Mitarbeit. So habe ich es oft in meiner Organisation erlebt, selbst dann, wenn ursprünglich alle auf ein gemeinsames Ziel hinarbeiteten. »Wenn dieser Hundesohn hier ist, werde ich nichts mehr für euch bauen und keine Anweisungen annehmen!«, fluchte ein Kollege, der von einem europäischen Berater öffentlich getadelt worden war.

Chemyeon ist der Wunsch nach Anerkennung der eigenen Position und der Wunsch nach moralischer Reife. Für Koreaner ist soziale Anerkennung und das Bild, das die anderen von einem haben, sehr wichtig. Das Gesicht beziehungsweise *Chemyeon* zu verlieren bedeutet auch, den eigenen sozialen Status zu verlieren.

Die Olympischen Winterspiele waren für beide Seiten, Korea und die westliche Welt, ein Lernprozess. Ich hatte nie Zweifel daran, dass die Koreaner es schaffen würden, diese Herausforderung zu meistern. Das Land hat schon andere großartige Dinge bewerkstelligt. Am Ende haben die Koreaner »geliefert«, wie man es im olympischen Fachjargon sagt – auf ihrem, dem koreanischen Weg: *Korean Style*.

Koreaner versus Japaner

Für Asiaten ist es schwierig, europäische Gesichter auseinanderzuhalten, was andersherum natürlich genauso gilt. Doch es gibt einen kleinen Trick, um herauszufinden, ob man es mit einem Chinesen, Japaner oder Koreaner zu tun hat. Man legt ihnen einfach drei unterschiedlich große Stäbchen vor und lässt sie aussuchen. Die Lösung: Der Japaner wird die kleinsten Stäbchen aussuchen, der Chinese die größten und der Koreaner die mittelgroßen Stäbchen. Der Koreaner wird zudem noch nach einem Löffel fragen, den er braucht, um den Reis aus der Schüssel zu essen. Mithilfe des Löffels müssen Koreaner die Reisschüssel nicht so nah an den Mund bringen und das Essen nicht mit den Stäbchen hineinschaufeln, wie es etwa Japaner machen.

Während meiner Universitätszeit in Amerika lebte ich mit meinem japanischen Freund Taka, Freunden aus Russland und Venezuela in einem Apartment. Durch Taka bekam ich nicht nur einen Einblick in die japanische Küche, sondern auch in japanische Denkweisen. Wenn Taka etwas Japanisches kochte, putzte er zuerst die Küche blitzeblank, sodass jeder Keim und jede Bakterie abgestorben war. Dann erst fing er an. Wir verstanden uns auf eine bestimmte Art recht gut. Über Politik unterhielten wir uns allerdings selten. Und wenn, dann vermied ich sensible Themen wie etwa die Zwangskolonialisierung, die Dokdo-Inselgruppe (um die Südkorea und Japan schon seit Jahrzehnten streiten), die Zwangsprostitution koreanischer Frauen (auch bekannt als Trostfrauen) durch das japanische Militär, verfälschte Geschichtsschreibung oder die Besuche des japanischen Premierministers an Schreinen japanischer Militärhelden in Korea.

Hätten wir politische Diskussionen geführt, hätte Taka mir wahrscheinlich immer das Gefühl gegeben, recht zu haben. »Japaner sind dafür bekannt, Konflikte zu meiden. Sie werden nie das sagen, was sie wirklich denken. Jemanden zu provozieren oder Wörter zu nutzen, die eine andere Person in eine missliche Lage bringen könnten, käme für einen Japaner nicht infrage«, sagte mein Bekannter Jaekwang, der fünf Jahre in Tokio gelebt hat. »Ein Japaner würde in einem Restaurant mit schlechtem Essen nie zugeben, dass es schlecht war. Diesen Part würde er sich denken, aber nie aussprechen. Koreaner hingegen würden dies frei heraus äußern«, fügte er hinzu. Jae-kwang, der als Makler arbeitet, erklärte mir außerdem: »Es ist das japanische Wa-Konzept, das die Harmonie in der Gruppe über die persönlichen Interessen stellt. Für Europäer wird das japanische Verhalten als doppelgesichtig angesehen, aber Wa ist ein großer Bestandteil japanischen Lebens.«

Koreaner gelten nicht nur als die Italiener, sondern aufgrund ihres Kampfgeistes und Stolzes auch als die Franzosen und Iren Asiens. Sie hassen es, zu verlieren, und sind bereit, bis zum bitteren Ende zu gehen. Sie lieben es, Dinge schnell zu erledigen, und gehen dafür auch Risiken ein. Die Japaner hingegen werden als die Deutschen Asiens angesehen. Sie sind detailorientierter und sorgfältiger in ihren Planungen, vermeiden dabei allerdings jedwede Unsicherheit.

»Was denkst du, Jae-kwang, dieses Gedränge und Geschubse der Menschen auf den Straßen, wie es hier in Korea üblich ist, wäre das in Japan denkbar?«, fragte ich.

»Absolut nicht!«, antwortete er. »In Japan herrschen strenge Ordnung und strikter Linksverkehr. Sollte doch einmal jemand aus Versehen eine andere Person anrempeln, hat das ein Festival der Entschuldigungen und Verbeugungen zur Folge. Jeder versucht die Schuld auf sich zu nehmen. Koreaner dagegen würden immer auf eine Entschuldigung des anderen pochen. Falls du mal in Japan bist, wirst du auch merken, dass der Fahrstil beider Länder anders ist. Abgesehen von dem gewöhnungsbedürftigen Linksverkehr bleiben japanische Autofahrer beispielsweise vor dem Zebrastreifen stehen, um die Passanten rübergehen zu lassen. In Korea aber herrscht Straßen-Darwinismus. Wer bremst, verliert. Der Stärkere überlebt. Auch wenn jemand einen Zebrastreifen überqueren möchte, wird kaum ein koreanischer Autofahrer halten.«

Selbst in sehr engen Freundschaften halten Japaner stets eine gewisse Distanz zu ihrem Gegenüber. Ganz im Gegensatz zu Koreanern. Enge koreanische Freunde kennen keine Grenzen, und Distanz ist ein Fremdwort für sie. Und so gibt es auch unzählige koreanische Bezeichnungen für Freunde: *Bural Chingu* (Homey), *Yeopjib Chingu* (befreundeter Nachbar), *Dongnae Chingu* (Freund vom gleichen

Wohnort), *Gateun Gwa Chingu* (Study Buddy), *Hakgyo Chingu* (Schulfreund), *Jaeil Chinhan Chingu* (bester Freund), *Cheongsaengyonbun* (Soulmate), *Donggap* (im gleichen Jahr geboren) und viele mehr.

Unter japanischen Freunden wäre es nahezu undenkbar, sich bei der Begrüßung zu umarmen, unter Koreanern ist dies dagegen schon fast die Norm. Hier flucht man zur Begrüßung gar und sagt Sätze wie: »Du alter Penner! Wie ist es dir ergangen?«

»Diese Distanz-zu-Freunden-Mentalität spiegelt sich auch in den Computerspielen wider. Japaner bevorzugen Computerspiele, die man allein spielen kann. Koreaner lieben es, gemeinsam mit anderen zu zocken«, erklärte Jae-kwang.

Auch meine Hypothese, dass das scharfe Essen die Koreaner so heißblütig und temperamentvoll mache, bestätigte Jae-kwang in gewisser Weise, der ebenfalls eine mögliche Verknüpfung zwischen Mentalität und Essensvorlieben sah. »Die Japaner mögen ihr Essen nicht so scharf wie die Koreaner. Das milde Essen der Japaner ist wie ein Spiegel für ihr ruhiges Gemüt«, überlegte er. »Trotz der unterschiedlichen Charaktere der Menschen beider Länder haben sie aber auch einige Gemeinsamkeiten, zum Beispiel die Leidenschaft für Bildung, die Bereitschaft, das Eigeninteresse dem Kollektivwohl zu opfern, den ausgeprägten Patriotismus und nicht zuletzt auch die Liebe zur Produktion von Automobilen und technologischen Geräten.«

Direkt nach dem Gespräch rief ich Taka an, der mittlerweile in Kagoshima lebt. Ich entschuldigte mich für mein Verhalten während unserer gemeinsamen Studentenzeit, als ich ihn unter anderem aus Spaß dazu zwang, in die Trommel der Waschmaschine hineinzusteigen, nur um herauszufinden, ob er hineinpasste. Damit hatte ich die für ihn angemessene Distanz in unserer Beziehung vermutlich arg überstrapaziert.

Ajumma

In Deutschland hatte ich mir angewöhnt, die Mutter meines besten Freundes (ein Deutsch-Koreaner) »Ajumma« zu nennen. Das war noch vor der Zeit, als dieser Begriff einen etwas pejorativen Beigeschmack bekam. Nach koreanischem Verständnis ist die Ajumma eine verheiratete, vom Leben abgehärtete, resolute Powerfrau mittleren Alters, die für ihre Ziele gegen jegliche Regeln der Höflichkeit verstößt. Sie ist eine Kombination aus Mensch und Terminator.

In Korea genießen die Ajummas den Respekt der Straße und gelten als die Säule des Landes, ohne die alles zusammenbrechen würde. Der koreanische Präsident mag denken, dass er das Land regiert, doch jeder im Land weiß, dass es eigentlich die Ajummas sind. Nicht umsonst behauptet man, dass es in Korea drei Geschlechter gibt: neben Frauen und Männern auch noch die Ajummas. Sie haben die Kraft eines Kugelstoßers, die Geschwindigkeit eines Usain Bolt und die Ausdauer eines Marathonläufers. Ajummas genießen so etwas wie Narrenfreiheit, und das Senioritätsprinzip (Respekt gegenüber älteren Personen) schützt sie, wenn sie in ihrem Handeln gegen Regeln der Etikette verstoßen. Nur den Ajummas ist es vorbehalten, laute Gespräche in einer vollen und sonst in Korea üblicherweise leisen U-Bahn zu führen. Die Aufforderung, still zu sein, wäre ein Fauxpas. Da wird ein Jüngerer in der U-Bahn schon mal grob weggeschubst und die Handtasche mit einem präzisen Wurf auf den freien Sitzplatz geschmissen, um sich diesen zu reservieren – auch wenn nur ein Spalt von Sitz frei ist, verschafft sich die Ajumma Platz. Am Ticketschalter des Busbahnhofes erlebe ich es ständig, wie sie sich an den in der Reihe wartenden Menschen vorbeidrängelt oder sich gar demonstrativ neben einen hinstellt, der gerade an der Reihe ist, und ihm zu verstehen gibt: »Your time is up!« Am Bankautomaten oder bei der Post gibt es für die Ajummas keinen Sicherheitsabstand. Sie sind notorische Drängler, und Privatsphäre ist ein Fremdwort für sie. Die Mitmenschen zucken dann nur mit den Schultern und denken sich: »Ajumma, eben!« Oder: »You have been Ajummad!«

Meine Frau Dani bezeichnet die Ajummas als Dauerwellenfraktion. Denn ihr Markenzeichen ist die Dauerwelle. Damit sind sie leicht zu identifizieren. Mit ihrer Outdoorkluft, Mundschutz und Sonnenhut vermummen sie sich wie Linksautonome am 1. Mai. Dani hatte schon mehrere unliebsame Begegnungen mit Ajummas, die absichtlich Körperkontakt in Form eines Bodychecks suchten. So wurde sie mehrfach beim Aussteigen aus der U-Bahn behindert, da die bereits wartende Ajumma mit aller Gewalt versuchte, zuerst einzusteigen, anstatt die Leute erst einmal aussteigen zu lassen. Ab und an sorgen die Ajummas für eine Schlagzeile, wie beispielsweise »Ajumma verursacht Schlägerei in der U-Bahn«. Mit Ajummas ist nicht gut Kirschen essen. Sie können alles und beherrschen das Land. Mit ihnen ist es wie beim Eishockey mit unangenehmen Spielern, die man hasst, wenn man gegen sie spielen muss, aber liebt, wenn sie im gleichen Team sind.

Wie man ein Koreaner wird

In meinen drei Jahren in Korea habe ich mindestens zehn Kilogramm zugenommen. Meine Frau, Arbeitskollegen, koreanische Freunde, Bekannte oder die Ajumma von nebenan machten mich ständig darauf aufmerksam. Wenn sie mich trafen, war das Erste, was sie zu mir sagten, häufig kein »Hallo!«, sondern: »Mensch, Martin, du hast ganz schön an Gewicht zugenommen!« In diesen Momenten wünschte ich mir stets etwas mehr von der sonst üblichen koreanischen Zurückhaltung. Doch irgendwann hatte ich immer zwei Antworten parat. Erstens: »Das Essen in Korea ist zu gut, um hier eine Diät einzulegen, und verzichten möchte ich auf nichts. Denn in Berlin habe ich nicht mehr die Möglichkeit, so köstlich, günstig und genussvoll zu essen.« Und zweitens: »Der Stress ist schuld!« Für diese Antworten hatten alle Parteien volles Verständnis und wünschten mir alles Gute bei meinen weiteren kulinarischen Exkursionen. Zwar gibt es in Berlin mittlerweile eine Vielzahl koreanischer Restaurants, doch nicht alle sind gut, und der *Banchan* (Beilagen) muss stets extra bezahlt werden. In Korea kann man von dem *Banchan* allein satt werden. So überlege ich mir in Berlin oft zweimal, ob ich ein koreanisches Restaurant aufsuche. Lieber kaufe ich mir die Zutaten bei meinem asiatischen Markt des Vertrauens im Wedding und mache mir selbst meinen *Bibimbap* (ein Reisgericht mit verschiedenen Gemüsesorten) oder *Ddeokbokki* (Reiskuchen), wenn auch mehr schlecht als recht.

Als Deutsch-Koreaner bin ich mit allen äußerlichen Merkmalen eines Koreaners gesegnet und werde in Korea als einer von ihnen wahrgenommen. Wenn ich also in der Stadt herumwandere, werde ich nicht angestarrt wie Dani, die äußerlich leicht als Ausländerin zu identifizieren ist. Ich fühle mich dagegen wie ein gut getarntes U-Boot, das unbemerkt in die Menschenmenge eintauchen kann, ohne entdeckt zu werden. Es kommt oft vor, dass ich von Passanten nach dem Weg gefragt oder von Ajummas mit ihren schweren Trolleys gebeten werde, die Einkäufe die Treppen hinunterzutragen. Ich erhalte nirgends einen Ausländerbonus. Bei mir wird keiner eine Ausnahme machen, beide Augen zudrücken und etwas sagen wie: »Ach, der ist eben ein Waegookin!«

Nur bei meinem türkischen Dönerbäcker in Itaewon, der mich als Deutschen enttarnte, weil ich einen Dürüm-Döner bestellte, bekomme ich eine Art Bonus in Form eines kostenfreien Getränks oder schwarzen Tees. Ich kann gern auf die anderen Boni verzichten, die ich als »weißer« Ausländer in Korea genießen würde. Denn die Tatsache, dass die Koreaner annehmen, ich sei einer von ihnen, ermöglicht mir tiefe Einblicke in ihre Welt. Unbemerkt kann ich einen Raum voller Koreaner betreten, ohne dass dies auffallen würde oder unangenehm wäre. Das liebe ich an meinem U-Boot-Dasein. Bis zu meinem 15. Lebensjahr hatte ich noch die koreanische Staatsangehörigkeit, obwohl ich in Deutschland geboren und aufgewachsen bin. Jetzt bin ich offiziell Deutscher.

Menschen ändern ihre Staatsbürgerschaft aus verschiedenen Gründen. Der französische Filmstar Gérard Depardieu wurde russischer Staatsbürger. Laut eigener Aussage natürlich nicht wegen der Steuern, sondern aus Liebe zur Freiheit, die die Grande Nation ihm nicht bot. In der koreanischen Eishockey-Nationalmannschaft spielten mehrere blonde und blauäugige Nordamerikaner. Die Rodlerin Aileen Frisch, die in Sachsen geboren wurde und als große deutsche Rodelhoffnung galt, trat bei den Olympischen Winterspielen in Südkorea nicht für Deutschland, sondern für Korea an. Noch steht allerdings die koreanische Staatsbürgerschaft unter Flüchtlingen nicht gerade hoch im Kurs, wie etwa die deutsche oder amerikanische. Niemand ist verzweifelt genug, sich mit einem selbst gebauten Floß auf den Weg zu machen, um hier leben zu können, wie die Balseros, die auf diese Art von Kuba aus in die USA aufbrachen.

Es gibt verschiedene, unter anderem auch abenteuerliche Wege, Koreaner zu werden. Hat man etwa das Glück, einen Märtyrer der Unabhängigkeitsbewegung als Vorfahren zu haben, der gegen die Japaner gekämpft hat, ist die Einbürgerung reine Formsache. Der Weg, der für die meisten wohl einfacher und üblicher sein dürfte, ist die Heirat mit einem Partner, der die koreanische Staatsbürgerschaft bereits besitzt. Es gibt auch eine Art Ermesseneinbürgerung, diese kann vorgenommen werden, wenn jemand einen wertvollen Beitrag für den koreanischen Staat geleistet hat. Diese Ermesseneinbürgerung erfordert die Prüfung und Zustimmung des koreanischen Präsidenten. Wenn keine dieser Optionen zutrifft, gibt es ein Standard-Einbürgerungsverfahren, das bestimmte Voraussetzungen erfordert: ein Mindestalter von zwanzig Jahren, fünf Jahre gewöhnlicher und rechtmäßiger Aufenthalt in Korea, eigenständige Sicherung des eigenen Lebensunterhalts und des Unterhalts aller weiteren Familienmitglieder. Zudem muss man ausreichende Koreanischkenntnisse sowie Kenntnisse der Kultur und Bräuche vorweisen. Eine kriminelle Vergangenheit sowie ansteckende Krankheiten führen dagegen direkt zum Ausschluss vom Einbürgerungsverfahren.

Als ich noch die koreanische Staatsbürgerschaft besaß, drohte mein Vater mir immer, dass er mich mit Vollendung meines 18. Lebensjahres zur koreanischen Armee schicken würde. Er war der Ansicht, dass ich dort zu einem richtigen Mann geformt werden würde. Mein Vater ist Jahrgang 1939, und zu seiner Zeit galt die Militärpflicht. Für die jungen Soldaten waren damals Schläge, Prügel und Misshandlungen durch Vorgesetzte an der Tagesordnung. Diese Behandlung ist teilweise immer noch fester Bestandteil der koreanischen Armeeausbildung. Meine Cousins Jin-hyeok und Dong-yeol haben erst kürzlich ihren Wehrdienst (*Gundae*) von 21 Monaten abgeleistet. Eine Ausbildung bei der Marine dauert 23 und bei der Luftwaffe 24 Monate. Auch gibt es die Möglichkeit, seinen Dienst für 21 Monate bei der Polizei zu absolvieren oder aber bei der Feuerwehr für rund 23 Monate. Jin-hyeok und Dong-yeol machten es so wie die meisten Koreaner: Sie meldeten sich erst nach der Beendigung ihres zweiten Studienjahres an der Universität zum Dienst. Wie alle Leidensgenossen sahen Jin-hyeok und Dong-yeol dieser Zeit, die rund zwei Jahre ihrer Jugend raubte, nicht entgegen.

Für meine Tanten war die Entsendung meiner Cousins zum Wehrdienst sehr emotional. Wenn die neuen Rekruten ihren Dienst antreten, wird ihre private Kleidung, in der sie angereist sind, nach Hause geschickt. Das hat meine Tanten sehr berührt. Mein älterer Cousin Huni, der noch die vollen 36 Monate Dienst leistete und das auch noch an der demilitarisierten Zone zwischen Süd- und Nordkorea, freute sich, als sein Bruder Jin-hyeok seinen Dienst antrat. Er hoffte, dass Jin-hyeok dort endlich Manieren beigebracht bekäme. Und tatsächlich, die Militärausbildung machte aus Jin-hyeok einen respektvollen und koreakompatiblen Menschen. Als er seinen Dienst antrat, war er etwas übergewichtig, zurück kam er gertenschlank.

Um als Koreaner unter den Koreanern wahrgenommen zu werden, muss man die Wehrpflicht erfüllt haben. Das ist die Eintrittskarte zu allem. Ohne Dienstabsolvierung wird es auch bei der Jobsuche schwierig, denn kaum eine koreanische Firma stellt eine Person ein, die ihren Wehrdienst noch nicht absolviert hat. Wehrdienstverweigerer riskieren also nicht nur eine Gefängnisstrafe, sondern auch die Chance auf eine Position im öffentlichen Dienst oder bei einem großen Unternehmen. Auch immer mehr Frauen melden sich zur Armee. Und mit dem politischen Eingeständnis, dass das Land sich von einem Auswanderungs- zu einem Einwanderungsland entwickelt hat, wodurch zunehmend binationale Ehen entstehen, ist es heute auch sogenannten Koreanern mit Migrationsgeschichte erlaubt, ihren Wehrdienst zu leisten. Zuvor waren sie davon befreit.

In Deutschland konnte man trotz Verweigerung des Grundwehrdiensts zu hohen politischen Ämtern aufsteigen. In Korea ist dies unmöglich. Ein koreanischer Präsidentschaftskandidat, der seinen Wehrdienst nicht erfüllt hat, hat keine Chance auf ein so hohes politisches Amt. Es wird sogar überprüft, ob die Familienangehörigen des Kandidaten ihre Wehrpflicht erfüllt haben. Selbst koreanische Superstars, die ihre Karriere weiterhin in Korea sehen, haben ihren Wehrdienst zu leisten. Der einst sehr beliebte Popstar und Schauspieler Yoo Seung-jun alias Steve Yoo hatte den Medien gegenüber oft bestätigt, dass er seiner Pflicht als Koreaner nachkommen und seinen Wehrdienst absolvieren werde. Kurz vor Dienstantritt nahm Steve Yoo allerdings die amerikanische Staatsbürgerschaft an. Die koreanische Regierung sah Yoos Akt als Fahnenflucht an, er musste ins Exil nach Amerika gehen, und die Regierung erteilte ihm ein dauerhaftes Einreiseverbot. Seine Reuebekundungen, in denen Steve Yoo mit Tränen in den Augen auf die Knie geht und fleht, wieder nach Korea einreisen zu dürfen, werden von der koreanischen Regierung ignoriert. Auch den Gerichtsprozess, um sein Einreiseverbot anzufechten, verlor Yoo in allen Instanzen. Das Urteil kann Yoo auch in Zukunft nicht mehr anfechten, er hat bis auf Weiteres Korea-Verbot und lebt heute in China.

Wehrdienstverweigerer werden in der Gesellschaft stigmatisiert. Es gibt nur wenige Gründe, die zu einer Befreiung führen können. Die häufigsten sind körperliche oder geistige Defizite. Auch wenn der Mann alleiniger Brotverdiener der Familie ist, kann er vom Wehrdienst befreit werden. Zudem werden herausragende Leistungen, wie zum Beispiel der Gewinn einer Medaille bei den Olympischen Spielen oder einer Goldmedaille bei den Asian Games, mit einer Befreiung von der Wehrpflicht honoriert. Manche jungen Männer lassen ihrer Kreativität freien Lauf, um den Dienst an der Waffe zu umgehen. Einige haben gar ihren kompletten Rücken mit Tätowierungen versehen lassen, da diese in der Regel mit einer Gangzugehörigkeit assoziiert werden und, sobald sie mindestens zwei Drittel des Körpers bedecken, ebenfalls zur Befreiung vom Dienst führen. Doch die wenigsten sind mit derlei Strategien erfolgreich. Wer dabei auffliegt, ungerechtfertigterweise eine Befreiung von der Militärpflicht erwirken zu wollen, wird mit einer harten Gefängnisstrafe belegt. Beim Wehrdienst kennt der koreanische Staat keinen Spaß.

Doch mit den 21 Monaten Wehrdienst ist es noch nicht getan. Jeder, der seinen Wehrdienst abgeleistet hat, wird als Reservist klassifiziert und ist in den folgenden acht Jahren dazu verpflichtet, bis zu 100 Stunden pro Jahr für Auffrischungstrainings zu opfern. Man sollte es sich also gut überlegen, wenn man mit dem Gedanken spielt, die koreanische Staatsbürgerschaft anzunehmen.

Kim Kwang-seok oder dreißig werden

Einer meiner koreanischen Lieblingsmusiker ist der Folk-Rock-Sänger Kim Kwang-seok. Ich habe fast alle seine Lieder auf meinem MP3-Player. Besonders an verregneten Tagen lausche ich seiner Musik und genieße dazu ein Glas Wein. Manchmal greife ich sogar selbst zur Gitarre und spiele sein Lied »I-roh-nah« (»Steh auf«). Kim Kwang-seok ist für Korea das, was Victor Zoi (Frontsänger der russischen Kultband Kino) für Russland bedeutet. Kaum ein anderer koreanischer Musiker schaffte es so wie der im Januar 1964 geborene Kim Kwang-seok, mit seinen Texten und seiner fesselnden Stimme den Kummer und das Leid der Menschen einzufangen und wiederzugeben. Seine Lieder schenken Kraft an dunklen Tagen. Mit 31 Jahren, im Jahr 1996, am Höhepunkt seiner Karriere angelangt, erhängte sich Kim Kwang-seok in seinem Apartment.

In der Heimatstadt meines Vaters, in Daegu, gibt es die 350 Meter lange Kim-Kwang-seok-Straße, die dem legendären Sohn der Stadt gewidmet wurde. Sie befindet sich in unmittelbarer Nähe des Bangcheon-Markts, wo Kim aufgewachsen ist. In der kleinen Gasse sind die Wände der Häuser mit Songtexten seiner berühmten Lieder sowie mit Zitaten, Porträts und bunten Skulpturen verziert. Kim war das jüngste von fünf Kindern. Der Vater verlor seine Arbeit als Lehrer aufgrund von illegalen Aktivitäten in der Lehrergewerkschaft. Im Jahr 1988 gründete Kim mit anderen Musik-Kommilitonen die Folk-Rock-Band Dongmulwon. Die Band wurde schnell bekannt. Ein Jahr später veröffentlichte Kim sein erstes Soloalbum.

Meine Bekannte Eun-ji, die als Musiklehrerin in Seoul arbeitet, rief mich eines Abends nach Mitternacht an und sagte: »Ich möchte so leben wie jetzt. In den Neunzigerjahren habe ich viele Geburtstagsfeiern besucht und auch meinen dreißigsten Geburtstag gefeiert. Nun bin ich schon über vierzig Jahre alt, lebe immer noch in einer Einzimmerwohnung mit zwei Pyeong (koreanisches Flächenmaß; zwei Pyeong entsprechen etwa 6,6 Quadratmetern). Das ist nicht viel, aber es beruhigt mich, wenn ich bedenke, dass auch einige bekannte Politiker lange Zeit in einer zwei Pyeong großen Wohnung gelebt haben. Man darf nicht gierig sein oder sich gar hoch verschulden. Wir kommen nackt auf die Welt und können nichts mitnehmen, wenn wir diesen Planeten eines Tages verlassen. Ich liebe mein Leben. Mit meinem vierzigsten Geburtstag hat die zweite Halbzeit meines Lebens begonnen. Ich weiß nicht, was die Zukunft bringen wird. Ich weiß nur, dass ich so leben möchte wie jetzt.«

Eun-ji hörte sich melancholisch an. Und wenn sie in schwermütiger Stimmung war, wusste ich, dass sie wohl allein einige Flaschen Soju geleert und dabei Kim Kwang-seok gehört hatte.

»Wo bist du?«, fragte ich sie.

»Ich bin in einer Kneipe in Hongdae, in der man allein trinken kann«, antwortete sie.

»Ich rufe dir ein Daeri Unjeon, der dich nach Hause fährt«, sagte ich und bat Eun-ji, ihr Telefon dem Kneipenbesitzer auszuhändigen, damit ich die genaue Anschrift erfahren konnte. *Daeri Unjeon* ist ein beliebter Fahrdienstservice in Korea für alkoholisierte Menschen, die nicht mehr in der Lage sind, ihr eigenes Auto sicher nach Hause zu fahren. Der Fahrer ist meist innerhalb von 15 Minuten bei der Bar oder dem Restaurant, in dem man sich befindet, und fährt den Kunden mit dessen eigenem Pkw heim. Zwar kostet das *Daeri Unjeon* ein wenig mehr als eine Taxifahrt, aber dafür erspart man sich die Unannehmlichkeit, das Auto am nächsten Tag von der Bar abzuholen (vorausgesetzt, man weiß noch, wo man es abgestellt hat) und eventuelle Parkgebühren zu bezahlen. In den meisten Kneipen gibt es an der Kasse Visitenkarten von solchen Fahrdienstservice-Anbietern und mittlerweile auch verschiedene Apps. Eun-ji wurde sicher nach Hause gefahren, und am nächsten Tag, nachdem sie ihren Rausch ausgeschlafen hatte, bedankte sie sich für meine Fürsorge.

Das Lied »Dreißig werden« von Kim Kwang-seok ist die Hymne aller dreißigjährigen Koreaner. Es ist ein sehr beliebtes Lied in den Karaokebars und wird gern von dieser Generation gesungen. Auch Eun-ji sagte einmal zu mir, sie höre dieses Lied sehr gern und blicke dabei auf ihre Zeit als Dreißigjährige zurück. Frei übersetzt, hat das Lied folgenden Text:

Schon wieder vergeht ein Tag, wie der Rauch einer Zigarette.
In meiner Erinnerung frage ich mich, wie ich wohl gelebt habe.
Ich dachte, meine Jugend würde ewig dauern.
Es zieht weiter von mir weg, außerhalb meiner Reichweite.
Mein Herz leert sich langsam.
In meinem leeren Herzen kann ich nichts mehr finden,
Jahreszeiten kommen und gehen,
aber wo ist meine Liebe hin.
Ich habe sie nicht weggeschickt,
und es war nicht ich, der sie verließ.
Langsam fange ich an zu vergessen.
Ich glaubte, unsere Liebe würde ewig halten.
Wieder vergeht ein Tag …

Mich bewegt dieses Lied ähnlich wie Eun-ji. Dabei muss ich nicht unbedingt jedes Wort verstehen, denn wenn ich den Kontext begreife, denke ich automatisch an meine eigene Kindheit zurück. Koreaner, mit denen ich über das Lied sprach, schwelgten sofort in Erinnerungen an unbeschwerte Zeiten.

Ein weiteres bekanntes Lied von Kim Kwang-seok ist »Der Brief des Soldaten«, das gern von jungen Männern in ihrem zwanzigsten Lebensjahr gesungen wird, bevor sie ihren Wehrdienst antreten. Und den Song »Liebe, die zu schmerzvoll ist, ist keine Liebe« können fast alle Koreaner mitsingen wie die Nationalhymne.

Die Koreanische Welle

Hallyuwood

Mein Cousin Seung-yul wurde vor einigen Jahren in seiner Heimatstadt Ulsan von einem Talentscout auf der Straße angesprochen. Der Mann fragte ihn, ob er Interesse hätte, eine künstlerische Karriere einzuschlagen. Er hielte es für möglich, dass Seung-yul eine Karriere als Schauspieler oder Popstar einschlagen könnte. Und Seung-yul folgte dem Ruf des Agenten nach Seoul, um sich zum Theaterschauspieler ausbilden zu lassen.

Meine Tante war über die Berufswahl meines Cousins alles andere als begeistert. So wie Seung-yul träumen viele junge Menschen in Südkorea von einer »Hallyuwood«-Karriere. Doch es ist ein unerbittlich harter Weg, bis man sein Konterfei auf verschiedenen Souvenirs sehen kann. Die Akademien, in denen junge Hoffnungsträger ihre Ausbildung erhalten, sind wahre Folterkammern. Hier werden Talente mit militärischem Drill zur Perfektion gequält. Auch die äußere Erscheinung spielt eine sehr wichtige

Rolle für die Karriere, und gegebenenfalls hilft man eben per Schönheitschirurgie nach.

Der Begriff »Hallyu« – oder Koreanische Welle – entstand Mitte der 1990er-Jahre, als koreanische Seifenopern und Popmusik aus Korea große Beliebtheit unter den Chinesen erlangten. Die koreanische Dramaserie »What is Love« feierte große Erfolge in China. Mit diesem Erfolg öffneten sich auch die Märkte in Hongkong, Taiwan, auf den Philippinen, in Vietnam und Thailand. Koreanische Seifenopern machen süchtig. Ich spreche aus Erfahrung: Wenn meine Eltern koreanische Dramen anschauen, dann vergessen sie alles um sich herum.

Und die Koreanische Welle eroberte auch Japan im Sturm. Im Land der aufgehenden Sonne feierte die KBS-Seifenoper »Winter Sonata« bei ihrer Ausstrahlung im Jahr 2004 einen Riesenerfolg, und koreanische Männer waren auf einmal begehrt unter den japanischen und chinesischen Frauen. Als der Hauptdarsteller Bae Yong-joon zur Zeit der Ausstrahlung Japan besuchte, mussten 350 Polizisten die über 3000 in Ekstase geratenen japanischen Frauen im Zaum halten.

Selbst im mittleren Osten schauen sich die Menschen koreanische Seifenopern an. Doch Hallyu beinhaltet nicht nur Seifenopern, sondern auch Musik und Mode. In Seoul gibt es an allen Touristen-Informationszentren spezielle Broschüren, die sich ausschließlich mit dem Thema Hallyu befassen. Der »Hallyu Tourist Guide« zeigt Filmkulissen von bekannten Dramen. Und die Fangemeinde ist groß. Hallyu-Fans pilgern nach Korea, nur um sich dort vor den Filmsets berühmter Dramen fotografieren zu lassen und die Kosmetik ihrer Lieblingsdarsteller zu kaufen. In Gangneung wurde beispielsweise die erste Episode des Dramas »Guardian« am Jumunjin-Strand gedreht. Darin gibt es eine sehr romantische Szene, in der die Hauptdarsteller Eun-tak und

Kim Shin sich auf einer Mole begegnen. Anlass für viele Drama-Fans, dorthin zu reisen und die Szene fotografisch nachzustellen. Auch der wunderschöne Tempel Woljeongsa in Pyeongchang ist ein beliebter Ort für Drama-Fanatiker.

Neben den bekannten Dramaserien ist auch der K-Pop Bestandteil der Koreanischen Welle, zu dessen Vorreitern Gruppen wie H. O. T. und S. E.S. zählen. Heute sind es Bands wie BTS, Girls' Generation, 2AM, Super Junior, Wonder Girls, BIGBANG, SHINee, G-DRAGON, EXO und viele weitere, die die Herzen der K-Pop-Fans auf der ganzen Welt höherschlagen lassen und riesige Konzerthallen füllen. Die Bangtan Boys der sieben Mitglieder starken Band BTS (steht für *Bang Tan*, kugelsicher, und *Soneyondan*, Pfadfinder) sind auch in Nordkorea sehr beliebt. Wegen des Verbots von Künstlern des südkoreanischen Hallyus spricht man in Nordkorea in einer Codesprache. Wenn Nordkoreaner über BTS reden, dann sagen sie »Bang Tang Bag« (kugelsichere Tasche).

Lange ist es her, dass die Amerikaner dem Land den Rock and Roll vorstellten und koreanische Musiker vor den Soldaten in der »Eight Army Show« aufspielten. In der Nähe der U-Bahn-Station Apgujeong in Seoul befindet sich die berühmte K-Star Road, in der die mächtigen K-Pop-Agenturen zu Hause sind.

Ist man im Seouler Hongdae-Viertel unterwegs, so kann man hoffnungsvollen Boy- und Girlgroups zuschauen, wie sie auf der Straße ihre perfekt einstudierten Dance Moves präsentieren. Daneben spielen junge Straßenmusiker ihre selbst komponierten Lieder oder covern berühmte Songs. Hongdae steht aber auch für Indie und Independent Musik. Es gibt zahlreiche Proberäume und Klubs, in denen hoffnungsvolle Alternativbands üben und vorspielen. K-Pop ist ein großer Bestandteil der globalen Imagekampagne des

Landes. Auch bei den Promotionsbemühungen für die Olympischen Winterspiele in Korea wurden bekannte K-Popstars eingebunden, wie zum Beispiel AOA, Girl's Day oder Daniel Kang von der Boygroup Wanna One. Doch die Geschichte des K-Pop fängt mit der Band Seo Taiji and Boys an. Ihre Lieder werden noch heute gern in Karaokebars gesungen. Ihr Debütalbum aus dem Jahr 1992 war der Wendepunkt der koreanischen Popmusikgeschichte und ermöglichte erfolgreiche Musikkarrieren für Bands wie BoA, S. E. S. und god.

Ich persönlich kann mit K-Pop wenig anfangen. Und wenn ich mich als Fan der koreanischen Folk-Rock-Legende Kim Kwang-seok oder von Singer-Songwritern wie Han Dae-soo, Jeon In-kwon oder Song Chang-sik oute, verspotten mich meine jüngeren Cousins bloß als »Ajeoshi« (älteren Herrn). Während es früher Folk-Rock-Lieder wie »Achimiseul« (»Morgentau«) oder Song Changsiks »Goraesanjang« (»Walfang«) schafften, eine Generation politisch aufzuladen und zum Kampf gegen die Militärdiktatur aufzurufen, sind es heute K-Popsongs von Gruppen wie Girls Generation, die die Massen begeistern. So sangen im Jahr 2016 Studentinnen der koreanischen Eliteuniversität das Girls-Generation-Lied »Into the new world«, um die Präsidentin der Universität zum Rücktritt zu bewegen, und brachten den Titel damit, fast zehn Jahre nach seinem Erscheinen, auf Platz eins der koreanischen Charts.

Mein Cousin Seung-yul hatte dann übrigens tatsächlich einige Auftritte in Musicals, wollte aber nicht, dass die Familie ihn im Theater besucht. Nun musste er wegen des Wehrdiensts eine kurze Pause einlegen auf dem Weg zum Theaterschauspieler. Falls er mal Ausgang haben sollte, habe ich Seung-yul versprochen, ihn auf ein *Chimaek* einzuladen. *Chimaek* steht für Chicken und Bier (*Maekju*). Ich mag die Kombination. Und auch unter den Fans der K-Dramen ist der *Chimaek* populär geworden, nachdem eine Hauptdarstellerin der Serie »My Love from the Star« sagte: »Frittierte Hähnchen und Bier am ersten Tag, an dem es schneit.«

Gangnam Style

Bei einer Umfrage, was ihnen beim Begriff Korea in den Sinn kommt, lautete die Antwort der meisten Befragten »Samsung« oder »Raketentests«. Wenn ich meine deutschen Bekannten frage, ob sie mir einen berühmten Koreaner nennen können, fällt den meisten nur der Name des nordkoreanischen Diktators Kim Jong-un ein. Das ist bedauernswert. Denn natürlich gab und gibt es einflussreiche und nennenswerte koreanische Persönlichkeiten: den Videokünstler Nam June Paik, den Filmemacher Kim Ki-duk oder den ehemaligen Generalsekretär der Vereinten Nationen Ban Ki-moon. Und dann schlug da noch die große Stunde eines gewissen Koreaners namens Psy mit seinem Hit »Gangnam Style«. Psy stürmte die Spitze der Charts von 33 Ländern, die stabile bilaterale Beziehungen mit Südkorea pflegen. Quasi über Nacht wurde der Südkoreaner zum gefeierten Weltstar und schaffte es sogar in die Encyclopædia Britannica und ins Guinnessbuch der Rekorde. Zum Leidwesen der nordkoreanischen Kim-Dynastie, die zum ersten Mal um ihren hegemonialen Bekanntheitsgrad fürchtete.

Der Song »Gangnam Style« war nicht nur auf sämtlichen Radiostationen oder in angesagten Diskotheken zu hören, sondern auch als Klingelton äußerst beliebt unter meinen Arbeitskollegen. Selbst mein narzisstisch veranlagter Chef hatte sich »Gangnam Style« heruntergeladen und befahl seinen Mitarbeitern, ihn öfter als eigentlich erlaubt anzurufen. Die Kollegen, ein Kollektiv von Jasagern, taten es dem Chef gleich und überbrückten ihre Arbeitszeit damit, ihn und sich gegenseitig anzurufen. Bei den fast eine Milliarde Klicks des »Gangnam Style«-Videos auf »YouTube« waren meine Arbeitskollegen mindestens für die Hälfte verantwortlich. Zu Weihnachten schickten mir die Kollegen animierte Grußkarten mit einem Weihnachtsmann, dessen Gesicht mit ihrem Konterfei versehen war und der, wie sollte es auch anders sein, zu »Gangnam Style« tanzte.

Während Psy durch die Glitzerwelt der Schönen und Reichen tingelte, musste ich, wie Millionen andere im Ausland lebende Koreaner, jedem nicht Koreanisch sprechenden Menschen die tiefere Bedeutung des Liedes erklären. Hier war der freie Geist der Interpretation gefragt. So manch ein Koreaner ließ seiner Kreativität freien Lauf. Ich warb für meine eigene Sache und verstieß gegen jede moralische und ethische Instanz, indem ich meinen Kollegen erklärte, dass es in diesem Lied um die Integration der Koreaner in Deutschland ginge. »Oppa Gangnam Style« bedeute nichts anderes als: »Erwachet! Integriert die Koreaner in Deutschland und macht sie zu euren Anführern«, erklärte ich meinen erstaunten Arbeitskollegen und ließ sie diesen Satz mehrfach wiederholen, wobei ich mich fühlte wie der Rattenfänger von Hameln. Aber irgendwann kamen meine Kollegen dank »Google Translate« dahinter, dass es in diesem Lied keineswegs um die Krönung der Koreaner in Deutschland geht, sondern um einen exquisiten Lebensstil in einem noblen Viertel in der koreanischen Hauptstadt Seoul.

Neben meinen Arbeitskollegen, die für eine Weile galoppierend und lassoschwingend zur Arbeit kamen, tanzten Premierminister, Berühmtheiten, Dicke, Dünne, Große, Kleine, Lustige, weniger Lustige, ungeborene Babys, Gefängnisinsassen, Menschen jeglicher Herkunft und Religion im Gangnam Style. Selbst der chinesische Regimekritiker und Künstler Ai Weiwei interpretierte das Lied, und am Gazastreifen tanzten israelische Soldaten und palästinensische Aktivisten zum »Gangnam Gaza Style«.

Zur Würdigung seiner Verdienste hat die Stadt Seoul ihrem berühmten Sohn Psy eine bronzefarbene monumentale Metallskulptur in Form von verschränkten Händen, die charakteristisch für seinen Megahit sind, vor das COEX Center gesetzt.

Schönheitswahn

Mein Chef benutzt für seine Augenbrauen Mascara. Immer wenn ich mit ihm spreche, ertappe ich mich dabei, wie ich mich mehr auf die Mascara konzentriere als auf seine Worte. Gern würde ich ihn fragen, wo er die Mascara kauft. Doch ich möchte ihm nicht zu nahe treten und keine Missverständnisse erzeugen. Der Chef ist modebewusst, achtet sehr auf sein Äußeres, ist metrosexuell und verfügt wahrscheinlich über mehr Kosmetikprodukte als manche Frau. In Korea gibt es viele Metrosexuelle wie meinen Chef, denen es wichtig ist, dass die Augenbrauen gezupft, die Nägel gemacht, die Haare gestylt und gefärbt und Make-up im Gesicht aufgetragen ist. Im Jahr 2011 gaben koreanische Männer rund 500 Millionen US-Dollar für ihre Hautpflege aus.

Als meine Frau Dani und ich einmal im Gangnam-Viertel von Seoul aus dem Hotel kamen, begegneten uns vier junge Leute, die zahlreiche blaue Flecken im Gesicht hatten, dazu geschwollene Gesichtspartien, halb von Verbänden verdeckt. Es sah aus, als kämen die vier von einer Prügelei. Dani erschrak bei dem Anblick. Ich beruhigte sie und sagte: »Wir sind hier im Mekka der Schönheitschirurgen!«

Schönheitschirurgie ist ein Teil des *Korean Way of Life*. Allein in Gangnam gibt es über 470 Schönheitskliniken. Die doppelte Lidfalte gehört zum Standard. Alle meine Cousinen haben sich eine doppelte Lidfalte operieren lassen. Selbst der ehemalige koreanische Präsident Roh Moohyun ließ sie sich operieren. In Korea bekommen Kinder nach bestandener Suneung-Prüfung doppelte Lidfalten von ihren Eltern geschenkt. Schätzungsweise zwanzig Prozent der koreanischen Frauen haben sich unters Messer gelegt, um sich verschönern zu lassen. Aber auch die Zahl der Männer, die sich das Kinn richten, die Nase korrigieren oder ihre Wangen- und Kieferknochen abschleifen lassen, um ihrem Gesicht eine V-Form zu verpassen, steigt stetig an.

In U-Bahn-Stationen sieht man häufig Werbung für Schönheitschirurgie mit Vorher-Nachher-Bildern von Patienten, auf denen die Verwandlung vom hässlichen Entlein zum schönen Schwan gezeigt wird. Auf einer Werbeanzeige in der U-Bahn las ich: »Ich bin Dr. Kim sehr dankbar, dass er mein Gesicht neu entworfen hat!«

Korea führt die Weltrangliste der Schönheitsoperationen an. Die äußerliche Schönheit spielt im Land eine wichtige Rolle. Viele lassen sich operieren, um ihre Chance bei der Jobsuche zu verbessern. Mit einem guten Aussehen versucht man, sich einen Wettbewerbsvorteil zu verschaffen. Die Schönheitsindustrie ist mehrere Milliarden US-Dollar schwer, und der Medizintourismus boomt. In Myeongdeong kann man viele Schönheitstouristen sehen, die ihre Operation gleich mit einem Einkaufsbummel verbinden. Nach Angaben der *New York Times* wird die Zahl der Schönheitstouristen bis 2020 auf eine Million steigen.

Doch sich in einen schönen Schwan verwandeln zu lassen hat auch seine Tücken. So wurde vor Kurzem die koreanische Sängerin Hong Jin-young, die sich in einer

Rundum-Schönheitsoperation hatte erneuern lassen, die Ausreise von der Schweiz in ihr Land verweigert – mit der Begründung, ihr Gesicht stimme mit dem Bild im Pass nicht überein. Erst als die Sängerin erklärte: »I had a face upgrade!«, ließ man sie passieren. Als ich meinem Freund Angelo diese Geschichte erzählte, sagte er mir, dass sich gerade ein völlig neuer Industriezweig entwickeln würde, der sich auf die Beschaffung von Dokumenten spezialisiere, welche die Identität von Beautytouristen nachweisen sollen, nachdem sie »optimiert« wurden. Es bleibt abzuwarten, welche Blüten das Geschäft mit der Schönheit in den kommenden Jahren noch treiben wird.

Zum Haareraufen

Während also viele Koreaner ihre Gesichter bis zur Unkenntlichkeit liften lassen, ist der angemessene Haarschnitt noch immer ein heikles Thema. Als ich 2005 im Büro des Parlamentsabgeordneten Kim Chong-in arbeitete, machte einmal ein Bürger seinem Unmut über ein neu abgestimmtes Gesetz Luft, indem er seine abgeschnittenen Haare in einem großen Karton verpackt in unser Büro schickte. Zu dieser Zeit ließen sich in Korea gewöhnlich nur Mönche den Kopf ganz kahl rasieren.

Während der Joseon-Dynastie (1392–1910) folgte man der konfuzianistischen Lehre, welche besagte, dass der Körper – inklusive der Haare – ein Vermächtnis der Eltern sei, den es zu schützen galt. Aus diesem Grunde war es den Männern und Frauen untersagt, ihre Haare zu schneiden. Den eigenen Körper zu verletzen bedeutete, den Körper der Eltern zu verletzen. Im Jahr 1895 hatte König Gojong auf Druck der Japaner in einem königlichen Dekret verkündet, dass jeder männliche Koreaner, ihn mit einbezogen, seinen Haarknoten abschneiden und die Frisur westlicher tragen sollte. Der Haarknoten war nicht nur ein Symbol von Männlichkeit, sondern auch ein bedeutender Teil der kulturellen Identität. Doch mit dem Dekret hatte der König gegen die konfuzianistische Tradition verstoßen und für einen Aufruhr in der Gesellschaft gesorgt. Es gab sogar Fälle, in denen Männer Selbstmord begingen, um ihre Männlichkeit zu bewahren.

Und im Jahr 1973, unter der Herrschaft Park Chunghees, wurde nicht etwa der Blutalkoholpegel betrunkener Menschen gemessen, sondern die Haar- und Rocklänge der Bürger. Bei Männern durften die Haare nicht über die Ohren wachsen und den Hemdkragen berühren. Bei Frauen waren Röcke, die mehr als 17 Zentimeter über dem Knie endeten, nicht erlaubt. Die Sittenpolizei, stets mit Schere und Maßband bewaffnet, war angewiesen, diejenigen, die gegen die Regelung verstießen, in der Öffentlichkeit zu demütigen. Bei Männern wurden dann die Haare auf der Stelle geschnitten.

Unter der Regentschaft des Diktators Chun Doo-hwan wurde diese Regelung wieder aufgehoben. In öffentlichen Schulen gibt es jedoch heute noch strikte Regeln. So darf das Haar die Augenbrauen oder den Kragen des Hemds nicht berühren und die Ohren nicht bedecken. Haare zu färben oder jegliche Haarkosmetik zu nutzen ist nicht erlaubt. Einige Schulen gehen sogar so weit, die genaue Haarlänge in Zentimetern festzulegen. Seit einigen Jahren gibt es jedoch eine Bewegung, die sich für die Liberalisierung der Haarlänge einsetzt, ob sie Erfolg haben wird, steht allerdings noch in den Sternen.

Essen für die Seele

Koreaner lieben Hunde

Wenn Europäer einen Koreaner sehen, der mit seinem Hund spazieren geht, treffen sie manchmal voreilige Rückschlüsse. Nicht selten hört man dann Kommentare wie: »Da läuft gerade einer mit seinem Mittagessen an der Leine nach Hause.« Als Besitzer eines glücklichen Collies spreche ich aus Erfahrung. Doch wie in der westlichen Welt gibt es auch unter Koreanern zahlreiche Hundeliebhaber – und das nicht auf kulinarischer, sondern auch auf platonischer Ebene. Viele Koreaner betrachten ihren Hund als Familienmitglied, und manchmal behandeln sie ihn sogar besser als ihre eigenen Kinder.

Es gibt in Korea sogar sogenannte Dog Cafés. Oft ist das einfach ein großer Raum, der viele Hunde beherbergt. Neben der Möglichkeit, hier seinen Kaffee zu genießen, steht das Hundestreicheln an oberster Stelle. Und die Hunde warten darauf, von den Gästen mit Leckerlis gefüttert zu werden.

In Seoul gibt es trotzdem immer noch mehrere Hundert Restaurants, in denen viele Variationen an Hundefleisch-Gerichten aufgetischt werden. Mein Bekannter Tae-jon liebt beispielsweise *Boshintang*, einen Hundefleischeintopf, und schwört auf seine heilende Kraft. Angeblich soll er den Blutfluss und den Appetit anregen. Auf die Frage, wie Hundefleisch schmecke, antwortete mir Tae-jon: »Es schmeckt wie Putenfleisch, hat ein tolles Aroma und ist vor allem potenzfördernd.«

Ich fragte Tae-jon, der einen kleinen Chihuahua besitzt: »Wie kann man ein Familienmitglied aufessen?«

»Weißt du«, antwortete er, »für Koreaner gibt es drei Arten von Hunden: Schoßhunde, Wachhunde und Hunde zum Essen. Die Hunde zum Verzehr werden extra gezüchtet, so wie Kühe oder Schweine. Deshalb habe ich kein schlechtes Gewissen. Nach Schweine-, Rind- und Hähnchenfleisch ist Hundefleisch immerhin die viertbeliebteste Fleischsorte unter Koreanern.«

Mein Onkel erzählte mir einmal, dass der Hund in früheren Zeiten zwei Funktionen ausübte: die als Wachhund und die als Proteinlieferant. Schließlich konnte man keine Rinder schlachten, da diese für die Arbeit auf dem Feld gebraucht wurden.

Boshintang bedeutet übersetzt so viel wie »körperrevitalisierende Suppe«. In früheren Zeiten sagte man »Gaejang« oder »Gujang« – Hundesuppe – dazu. Sie gilt in Korea als *Stamina Food*. Doch unter Präsident Rhee Syng-man wurde der Begriff mit »Boshintang« ersetzt, um das Gericht zivilisierter klingen zu lassen. Die direkte Assoziation mit dem Hund passte den Obrigkeiten wohl nicht, also wurde aus »Hundesuppe« eine »körperheilende Suppe«. Eigentlich ist der Verkauf und der Verzehr von Hundefleisch in Korea illegal, doch Verstöße gegen dieses Gesetz werden in der Regel nicht geahndet. Trotzdem verliert das Geschäft mit

Hundefleisch zunehmend an Bedeutung. Früher verkauften die Hundefleischanbieter auf dem Moran-Markt von Seongnam pro Jahr rund 80 000 Hunde. Nach Protesten von Tierschutzaktivisten mussten viele von ihnen ihre Geschäfte schließen und sich eine andere Branche suchen.

An den extrem heißen *Sambok-deowi*-Tagen von Anfang Juli bis Mitte August sind *Boshintang* oder *Samgyetang* beliebte Gerichte unter Koreanern. Es gilt die Devise, Heißes mit Heißem zu bekämpfen, oder wie man auf Koreanisch sagt: »Yi yeol chi yeol.« *Samgyetang* ist eine heiße Hühnersuppe mit Ginseng. Dabei wird der Bauch des Huhns mit Reis, Ingwer, Knoblauchzehen, roten Datteln, geschälten Kastanien, Ginseng und anderen Kräutern gestopft. Anschließend wird es in einer Brühe gekocht. Am Anfang isst man nur das Fleisch, indem man die Stückchen leicht in ein kleines Schälchen mit Meersalz, Sesam und Pfeffer eintunkt. Danach wird die eigentliche Suppe gegessen.

Entgegen der allgemeinen Regel versuchte ich in den heißen und schwülen Sommertagen stets, Hitze mit Kälte zu bekämpfen. Und da ich ein passionierter Nudelliebhaber bin, bevorzuge ich in den feuchtheißen Tagen *Naengmyeon*, *Memil Guksu* oder *Naeng Kong Guksu*. *Naengmyeon* und *Memil Guksu* sind Buchweizennudeln, die in eiskalter Brühe gegessen werden. *Naeng Kong Guksu* ist ein Gericht mit Weizennudeln, die in einer Suppe aus pürierten Sojabohnen ebenfalls kalt serviert werden.

Der koreanische Sommer ist wirklich eine Qual und ohne Aircondition und Ventilatoren kaum auszuhalten. In diesen Tagen ist der »Handy Fan«, ein batteriebetriebener Miniventilator, mit dem man sich das Gesicht kühlen kann, ein Must-have. Schon die kleinste Bewegung führt zu Schweißausbrüchen. Um dennoch schlafen zu können, werden im Supermarkt luftige Bambuskissen in Röhrenform zum Verkauf angeboten, die unter Koreanern als

»Bambusfrau« bekannt sind. Namensgebend war wohl ihre längliche Form, die dazu einlädt, das Kissen im Schlaf mit Armen und Beinen zu umarmen. In Deutschland gibt es sehr ähnliche Seitenschläferkissen, die gern von schwangeren Frauen genutzt werden.

Während man also früher auf Fächer setzte, um sich abzukühlen, sind es heute tragbare Miniventilatoren. Sei es der Umgang mit der Sommerhitze oder die Bedeutung von Hundefleisch auf dem Speiseplan der Koreaner, eines zeigt sich ganz deutlich: Das Land verändert sich.

S(e)oul Food

In Koreas Städten beginnt der Tag mittlerweile mit einem guten Kaffee *to go*. Kurz vor Arbeitsbeginn haben die zahlreichen Cafés Hochkonjunktur. Die Menschen stehen Schlange, um ihre tägliche Dosis Koffein zu bekommen. Kaffeehausketten gibt es in Südkorea wie Sand am Meer, aber auch kleinere Coffeeshops. Von den rund 50 000 Cafés befinden sich 17 000 allein in Seoul. Starbucks führte dort laut einer Statistik im Mai 2014 284 Läden, weitere Filialeröffnungen sind in Planung. New York hatte zum selben Zeitpunkt 277 Filialen vorzuweisen, Berlin gerade einmal neun.

In Korea gibt es den abfälligen Begriff »Doenjangnyeo« (Sojabohnenpaste-Mädchen), der für eine Kategorie Frau steht, die Wert auf ausländische Luxusgüter legt. »Sie trinkt einen teuren Starbucks-Kaffee, für dessen Preis man eine ganze Mahlzeit kaufen könnte, und ernährt sich zu Hause mit Instantnudeln«, hatte mein Cousin Jin-hyeok erklärt. Für die Männer benutzt man das Wort »Gochu jang nam«. Frauen nutzen zudem den Begriff »Hobak« (Kürbis), um einen hässlichen Mann zu bezeichnen, oder »Poktan«

(Bombe). *Poktan*, weil der Mann so gefährlich und schmutzig ist, dass er explodiert, je näher man an ihn herankommt.

An buchstäblich jeder Straßenecke befindet sich ein Café oder ein 24 Stunden geöffneter Kiosk. Im Jahr 2017 gab es knapp 35 000 *Convenience Stores* im Land. Der Duft von frisch geröstetem und aufgebrühtem Kaffee weht einem verheißungsvoll in die Nase und verlockt dazu, eine kurze Auszeit im Laden einzulegen.

In Gangneung gibt es am Anmok-Strand eine berühmte Cafémeile, wo sich unzählige Cafés aneinanderreihen. Jedes Jahr im Oktober wird in der Stadt ein Kaffeefestival abgehalten. Der Besitzer meines Lieblingscafés »Gae Rock«, ganz in der Nähe des Bus-Terminals von Gangneung, bereitet jede Tasse Kaffee mit viel Liebe und Fingerspitzengefühl zu. Er weiß, dass ich meinen Kaffee stark und mit einem Schuss Milch mag. Die Kaffeebohnen röstet er selbst in seinem kleinen Laden.

Wenn Dani und ich in Seoul sind, dann quartieren wir uns am liebsten in einem Hotel im Künstlerviertel Insadong ein. Von hier ist es nicht weit zum Vergnügungsviertel Myeongdeong, zum Namdaemun-Markt mit seinen Imbissbuden und Nudelsuppenhäusern und dem Hanok-Dorf Bukcheon, das mit seinen traditionellen Häusern den Charme des alten Koreas widerspiegelt. Auch der N Seoul Tower, von dem man bei klarem Wetter einen wundervollen Ausblick auf die Stadt hat, die City Hall, der Cheongyecheon-Fluss, der ein Ruhepol für die gestresste Seouler Seele ist, die ehemalige Hochstraße Seoullo 7017, die in den 1970er-Jahren als Stadtautobahn diente und nun als Spaziermeile genutzt wird, sowie die alten Paläste und der Gwanghwamun-Platz, auf dem oftmals interessante Veranstaltungen stattfinden, sind einen Besuch wert.

In Bukcheon bieten manche Häuser auch Kurse in *Minhwa* (Volksmalerei) oder Teezeremonien an. *Minhwa*-Bilder zeigen Figuren und Legenden aus der Volksmythologie, zum Beispiel einen Tiger, der Macht symbolisiert, oder einen Karpfen, der für Erfolg steht. In Insa-dong findet man in den Geschäften unzählige *Minhwa*-Werke sowie Kopien des berühmten Malers Shin Yun-bok (1758–1813), der in seinen Bildern das alltägliche Leben zu seiner Zeit wiedergegeben hat.

Flaniert man durch Insa-dong, so kann man an manchen Tagen einen Straßenmusikanten Geige spielen hören, oder ein Gitarrenspieler gibt alte koreanische Folksongs zum Besten. Maler und Kalligrafen bieten ihre Dienste an. Neben den vielen Kunstgalerien gibt es in Insa-dong aber auch unzählige Straßenimbisse. Von *Ddeokbokki* (Reiskuchen in Chilisoße), *Sundae* (Wurst aus Schweinedarm) über *Eomuk* (Fischkuchen), *Dakkochi* (Hühnchenspieße), getrocknete Tintenfische, *Bungeoppang* (fischförmiges Gebäck mit süßlicher Bohnenpaste) und *Gyeranppang* (Pfannkuchengebäck mit Ei) bis hin zu vielen weiteren Snacks – hier findet man alles, was das kulinarische Herz begehrt. Von den Essensständen hört man die Verkäuferinnen oft fragen: »Ohdaeng guk dschulgayeo?« (»Soll ich Ihnen eine Fischsuppe dazugeben?«)

Den leckersten *Hotteok* (Pfannkuchen, gefüllt mit Zucker, Walnüssen und Pinienkernen) gibt es für mich unmittelbar vor dem Eingang der Nakwon Music Mall. Er kostet hier nur 1000 KRW (circa 76 Cent). Der Stand mit den Seidenraupen (*Bondaegi*) gibt mir dagegen immer Anlass zu einem Kurzsprint, um dem äußerst gewöhnungsbedürftigen Duft dieser Speise zu entkommen. *Bondaegi* erfreut sich noch immer großer Beliebtheit. Seoul-Onkel erzählte mir einmal, dass *Bondaegi* eine Art Fleischersatz war zu einer Zeit, in der Korea noch zu den ärmsten Ländern gehörte. Nach dem Koreakrieg (1950–1953) herrschte eine akute Nahrungsmittelknappheit. Es war eine leidvolle und entbehrungsreiche Zeit, in der die Koreaner sich nicht davor scheuten, übrig gebliebene Essensreste aus amerikanischen Militärbaracken zu sammeln. Aus den Essensresten wurde ein Eintopf gekocht, der *Budaejjigae* (koreanischer Armee-Eintopf) genannt wurde. Viele koreanische Gerichte haben eine derartige Geschichte. Damals war es ein Essen für arme Leute, erfreut sich aber noch heute großer Beliebtheit bei Jung und Alt.

Mein Seoul-Onkel liebt es, ausgefallene Dinge zu probieren. Sehr zu meinem Leidwesen schätzt er es ganz besonders, diese exotischen Gerichte mit mir zusammen zu kosten. *Sannakji* (lebendiger Tintenfisch), *Chueotang* (Steinbeißersuppe), *Geupdaegi* (Schweinehaut) und *Dakbal* (Hühnerfüße) gehören jedoch nicht gerade zu meinen Favoriten der koreanischen Küche, obwohl meine Großtante sogar ein *Chueotang*-Restaurant besitzt und die Steinbeißersuppe unter Koreanern als *Stamina Food* gilt, da sie reich an Kalzium, Vitaminen, Eisen und Proteinen ist. Auch auf das Verspeisen von lebendigem Tintenfisch könnte ich gern verzichten, doch wenn Seoul-Onkel eine große Portion *Sannakji* mit seinen Stäbchen zu meinem Mund führt, dann bleibt mir keine andere Wahl, als das Essen aus Respekt anzunehmen. Eine Verweigerung kommt nicht infrage. Das Füttern ist eine Geste der Zuneigung. Auch meine Frau musste die Zuneigung meines Onkels schon leidvoll erfahren. So führte er Dani als Semi-Vegetarierin einmal mit seinen Stäbchen ein sattes Stück Schweinshaxe (*Jokbal*) in den Mund. Aus Höflichkeit nahm Dani an, lief dann aber sofort zur Toilette, um es auszuspucken. Als Dani wiederkam, wartete schon eine zweite Portion Schweinshaxe auf sie.

Mein Vater ist nicht so abenteuerlustig, was das Experimentieren mit dem Essen anbelangt. Er liebt *Haemultang* und kocht dies leidenschaftlich gern. *Haemultang* ist ein scharfer Meeresfrüchteeintopf. Meine Cousine Hae-jin schwärmt noch heute von dem *Haemultang* meines Vaters, den sie einmal gegessen hat. Mein Vater mag eigentlich alle Gerichte, die meine Mutter zubereitet, zum Beispiel *Kimchi Jjigae* (ein scharf fermentierter Chinakohl-Eintopf) oder *Doenjang Jjigae* (fermentierte Sojabohnenpaste mit Gemüse und Tofu). Er hat nur die schlechte Angewohnheit, die Essenszubereitung meiner Mutter in Echtzeit zu kommentieren wie bei einem Fußballspiel. Und mit Kritik geht mein Vater nicht gerade sparsam um. Das verärgert meine Mutter, und sie schmeißt kurz darauf das Handtuch beziehungsweise die Küchenschürze.

Immer wenn ich nach Hause komme, bereitet mir meine Mutter eine Portion *Janchi Guksu* (dünne Weizennudeln mit einer leichten Brühe aus Sardellen) zu. Ich liebe diese Nudelsuppe. Bei meinem Vater weckt die Nudelsuppe Erinnerungen aus seiner Kindheit in Daegu. So erzählte er davon, dass er ab und zu auf dem Markt eine kleine Portion *Janchi Guksu* von einer Verkäuferin erhielt. Für ihn war es ein Festessen. In Korea ist es übrigens Tradition, dass folgende Frage gestellt wird, wenn man wissen will, ob man bald in den Hafen der Ehe einfährt: »Wann lädst du mich endlich mal zu einer Portion Janchi Guksu ein?«

Koreanische Nudeln werden heiß oder kalt serviert. Zu den kalten Nudelgerichten, die ich besonders mag, gehören *Mulnaengmyeon* (eiskalte Fleischbrühe mit Buchweizennudeln), *Naengkong Guksu* (kalte Nudelsuppe in gemahlenen Sojabohnen) und *Mak-Guksu* (eiskalte Buchweizennudeln in Hühnerbrühe). Diese lassen sich sehr gut an heißen und schwülen Sommertagen genießen. Zu den heiß servierten Nudelgerichten gehört neben *Janchi Guksu*, *Kalguksu* (Bandnudelsuppe) – besonders an regnerischen Tagen empfehlenswert – sowie *Jampong* (scharfe Nudelsuppe mit Meeresfrüchten) auch *Sujebi*, das ist eine Suppe mit handgezogenen

Nudeln aus Mehlteig. Mein Vater kann *Sujebi* nicht ausstehen. Er verbindet damit die schweren Tage seiner Jugend, in der er sich, von ständigem Hunger geplagt, fast täglich von dieser Suppe ernährte.

Jede Region in Korea hat ihre eigenen Spezialitäten. Und die Koreaner sind stolz auf ihre vielfältige Küche. Gangwon-do ist berühmt für den *Chuncheon Dakgalbi* (scharf mariniertes Hähnchen). Mit der Insel Jeju assoziieren die Koreaner *Heuk Daeji* (schwarzes Schwein). Gyeongsang-do ist bekannt für sein *Masan Agujjim* (scharfer Seeteufelauflauf) oder *Andong Jjimdak* (geschmortes Huhn in Sojasoße). Und auch Jeolla-dos *Jeonju Bibimbap* (ein Reisgericht mit verschiedenen Gemüsesorten) oder *Ddeokkgalbi* (Barbecue-Rindfleischpastetchen) erfreuen sich großer Beliebtheit. All dies ist koreanisches Soul-Food, Nahrung und Streicheleinheit für die koreanische Seele.

Kultur und Bräuche im Land der Morgenstille

Chuseok

Chuseok, das koreanische Erntedankfest, ist ein Tag der Familienzusammenführung, des Ahnengedenkens und auch eine Rückbesinnung auf die eigenen Wurzeln. Als ich 2005 für ein Jahr in Korea lebte, wollte ich an Chuseok unbedingt bei meiner Oma in Ulsan sein, wo sich in diesem Jahr meine ganze Familie verabredet hatte. Eine solche Reise kann um diesen Tag herum allerdings zur regelrechten Odyssee werden. Chuseok fällt auf den 15. Tag des achten Monats – nach dem Mondkalender, wohlgemerkt. Schon Wochen vor dem Fest boten Supermärkte und Kioske eine Vielfalt an fertig verpackten Geschenksets an, die Instantkaffee, Ginseng, Rindfleischsorten, Shampoo, Speiseöl, Fleisch- und Thunfischkonserven, Obstsorten wie etwa koreanische Birnen und – je nach politischer Situation mit Nordkorea – auch Survival Kits enthielten. In Korea soll man ein fremdes Haus schließlich nie mit leeren Händen (*Binson*) betreten.

An Chuseok ist gefühlt ganz Korea unterwegs in die Heimatstädte in den Provinzen. Ein Massenexodus hinaus aus den Städten. Seoul scheint an diesen Tagen wie leer gefegt. Die Autobahnen sind hoffnungslos verstopft, und es herrscht Ausnahmezustand auf Raststätten. Auch an den Bahnhöfen, Flughäfen und Busstationen findet man chaotische Zustände vor. Riesige Schlangen bilden sich vor den Ticketschaltern. Tickets sollten schon im Vorfeld reserviert werden, denn sie werden streng limitiert verkauft. Mein Onkel hatte mir erzählt, dass Menschen am Vorabend des Ticketverkaufs vor dem Schalter am Bahnhof in Seoul ausharren, um die Ersten zu sein. Solche Szenen sieht man sonst nur vor einem Apple Store kurz vor Verkauf des neuen iPhones. Deshalb empfahl er mir, meinen Busfahrschein zu reservieren.

Ich hatte Glück und erhielt am Busterminal Dongseoul noch ein Busticket nach Ulsan. Von Dongseoul nach Ulsan dauert es eigentlich vier Stunden und zwanzig Minuten, doch aufgrund des stockenden Verkehrs brauchte unser Bus an diesem Tag fast zwölf Stunden für die Strecke. Völlig erschöpft kam ich in Ulsan an, wo mein Onkel mich bereits am Terminal erwartete.

Meine Tante in Ulsan (die jüngste unter meinen vielen Tanten) war schon Tage vor Chuseok mit den Essensvorbereitungen beschäftigt. Meine Tante aus Changwon und eine weitere Tante aus Ulsan teilten sich die Aufgaben in der Küche oder kauften frisches Gemüse auf dem Markt. Das vorbereitete Essen war für die Ahnenzeremonie gedacht, weshalb meine Tanten nebenbei noch Speisen für uns zubereiteten. Es waren anstrengende, schlaflose und keinesfalls erholsame Tage. Die ganze Familie übernachtete im kleinen Apartment meines Onkels.

Unter dem Dach meines Onkels herrschen noch konservative Werte. Die von Konfuzius beschriebenen fünf menschlichen Elementarbeziehungen sind hier omnipräsent: die Beziehung von Vater und Sohn, Ehemann und Ehefrau, älterem und jüngerem Bruder, Freunden untereinander und Herrscher und Untertan. Für die Frau hatte sich Konfuzius drei wichtige Gehorsamkeitsgeflechte ausgedacht: Gehorsam gegenüber dem Vater, dem Ehemann und dem erwachsenen Sohn, sollte der Ehemann verstorben sein. Das wiederum bedeutete für meine Tante, dass sie für die Zubereitung aller Köstlichkeiten fast allein zuständig war – unter den streng prüfenden Blicken meiner Oma. Mein Cousin Ho-ju, im Jahr 1986 geboren, hatte mir einmal erzählt, dass sich diese alte gesellschaftliche Norm in der neuen Generation verändert habe und dass heute auch die Männer bei der Vorbereitung des Essens mithelfen würden. »Die Gehorsamkeitsbeziehung der Frau wird von der neuen Generation als veraltet angesehen! So zu leben wie die alte Generation und auch deren Denkweise sind Beziehungskiller«, erklärte er. Trotzdem nutzten meine Cousins Ho-ju, Dong-yeol, Jin-hyeok und Seung-yul die Zeit, in der die Frauen das Essen vorbereiteten, lieber, um die nahe gelegene Sauna zu besuchen.

In der Zeitung hatte ich gelesen, dass nach den Chuseok-Tagen die Scheidungsrate dramatisch ansteigt, ebenso wie die Termine bei plastischen Chirurgen. Einer der Scheidungsgründe ist wohl die enorme Erwartungshaltung an die Ehefrau, zu beobachten auch bei meinem Onkel, der seine Frau als Hauptverantwortliche für die aufwendige Chuseok Essensvorbereitung sieht. Ein weiterer Auslöser für Streit ist die Besuchsdauer der Schwiegereltern, da die Meinungen der Familienmitglieder oft weit auseinanderdriften. Sind dann alle über einen längeren Zeitraum zusammen, kommt es schnell zu Streit – nicht zuletzt, weil in Korea private und persönliche Belange oft ungefragt zur Familienangelegenheit erklärt werden. Sei es die Partnerwahl oder die Berufs- und Studienfachwahl, jeder möchte mitentscheiden.

Am Morgen des Chuseok-Tages weckte uns mein Onkel dann sehr früh. Mein Vater hatte mich ermahnt, an diesem besonderen Tag einen Anzug anzuziehen. Auch wenn ich Anzüge nicht sonderlich mag, folgte ich dem Rat meines Vaters. Für meine Tanten sollte der Chuseok-Morgen der längste und arbeitsreichste Tag werden. Denn es wurde Zeit, die Ahnenzeremonie *Charye* zu vollziehen. Und das bedeutete, das Essen für den Ritualtisch aufzuwärmen und vorzubereiten. Die Zeremonie wird traditionell im Hause des ältesten Sohnes abgehalten. Alles folgt einem strikten Protokoll, selbst die Aufstellung des reich gedeckten Opfergabentisches, die mein Onkel höchstpersönlich durchführte. Rötlich aussehende Speisen wurden gen Osten und weißes Essen gen Westen platziert. So befanden sich Reis von der neuen Ernte sowie gefüllte Reiskuchen in Halbmondform (*Songpyeon*) auf dem Tisch. Fleisch wurde in Richtung Westen und Fisch mit dem Kopf gen Osten und dem Schwanz gen Westen ausgerichtet. Die Anzahl der Früchte und Gemüse auf jedem Teller musste dabei eine ungerade Zahl aufweisen. In Zeiten technologischer Entwicklung gibt es mittlerweile Smartphone-Apps, um den Opfertisch für das *Charye* richtig vorzubereiten. Vor dem Schrein hatte mein Onkel eine spanische Wand aufgestellt. Wir verbeugten uns ganze zweimal im Kotau-Stil und einmal in aufrechter Haltung, um den Verstorbenen unsere Ehre zu erweisen. In Korea nennt man die Verbeugung im Kotau »Jeol«. Vor meiner Abreise nach Korea hatte ich den perfekten *Jeol* unter den kritischen Blicken meines Vaters einstudiert. Für mich als Deutsch-Koreaner zweiter Generation war diese Form von Ehrerbietung sehr gewöhnungsbedürftig.

Nach dem *Charye* gingen wir zum *Eumbok*-Teil des Tages über, was bedeutete, dass wir von den vielen Köstlichkeiten probieren durften, die meine Tanten mit viel Mühe und Liebe zubereitet hatten. Noch heute träume ich von den unglaublich leckeren *Songpyeon*-Reiskuchen, die ich an dem Tag gegessen habe.

In Korea ist es immer noch üblich, dass man an Tagen wie Chuseok oder am Todestag eines Verstorbenen dessen Grab besucht. Nachdem wir mit dem Essen fertig waren, fuhren wir daher alle gemeinsam im Auto von Seoul-Onkel zum Grab meiner Großmutter. Meine Großmutter wurde feuerbestattet, obwohl im konfuzianistisch geprägten Korea eigentlich die Erdbestattung üblich ist, da die Beerdigung mit bestimmten Bräuchen und Ritualen verbunden ist. Mit einer Feuerbestattung würde die verstorbene Person einen zweiten Tod erleben, so der Glaube.

Auch das Grab meines Großvaters väterlicherseits habe ich einmal bei einem meiner Korea-Besuche auf Bitte meines Vaters aufgesucht. Mein Vater leidet an einer Lungenkrankheit, aufgrund derer er längere Reisen nicht mehr unternehmen kann. Er wird nie wieder nach Korea kommen können, was ihm sehr zu schaffen macht. Als mein Vater noch fit war, hatte er bei seinen Korea-Besuchen immer das Grab seines Vaters aufgesucht, um nach dem Rechten zu sehen und die Bezahlung für die Grabpflege für mehrere Jahre im Voraus zu tätigen.

So fuhr nun ich an einem milden Oktobertag mit dem Bus von Seoul nach Ulsan. Mein Cousin Dae-son erwartete mich am Ausgang des Terminals und umarmte mich freudig. Gemeinsam fuhren wir nach Ilsan-dong in Dong-gu und machten uns, dort angekommen, zu Fuß auf den Weg zur Grabstätte meines Großvaters. In einem kleinen Laden kauften wir noch eine große Picknickdecke, Pappteller und Plastikbecher sowie zwei Flaschen Makgeolli, eine Art koreanischen Reiswein, und getrockneten Tintenfisch, was als Opfergabe dienen sollte. Es war eher ein

Noteinkauf, denn normalerweise hätte ich Obst, Reiskuchen, Datteln und andere Gaben besorgen müssen. Doch dafür war es nun zu spät. Dann führte Dae-son uns zum Grabhügel meines Großvaters. Der Himmel war übersät von Haufenwolken. Vor mir erstreckte sich eine traumhafte Kulisse, mit Blick auf das Ostmeer. Keine Menschenseele war zu sehen. Nur das Geräusch des starken Winds, das satte Rascheln der Blätter an den Bäumen und das Rauschen des Meeres waren zu hören.

Mein Cousin Dae-son deutete auf den Grabstein und erklärte mir die eingemeißelte chinesische Inschrift: »Oberhalb steht Hyun-dscha Duck-dscha Moon-dscha. Unten links sind die Namen der Söhne eingraviert. Hier ist der Name deines Vaters – Hyun Woo-soo. Rechts daneben steht der Name deines Onkels Yong-soo. Dann stehen hier noch die weiteren Namen deiner Onkel – In-soo und Gabsoo.« Der genaue Todestag meines Großvaters war nicht angegeben. Nachdem wir Unkraut ausgerupft und das Gras um den Grabstein mit einer Sichel geschnitten hatten, die wir von dem Friedhofsaufseher ausliehen, legten wir den getrockneten Tintenfisch auf Pappteller und stellten ihn vor das Grab. Dae-son öffnete die Flasche Makgeolli, goss ein wenig in den Plastikbecher und stellte ihn neben den Teller mit dem getrockneten Tintenfisch. Dann legten wir die Picknickdecke auf den Rasen und praktizierten das *Seongmyo*. Dafür zog ich meine Schuhe aus, bevor ich mich auf die Picknickdecke begab. Dort verbeugte ich mich zweimal im Kotau-Stil. Dae-son goss den restlichen Makgeolli um den Grabhügel herum. Ich verabschiedete mich von meinem Großvater und versprach, zurückzukommen.

Als ich meinem Vater nach meiner Rückkehr aus Korea vom Besuch am Grab erzählt und ihm die Fotos gezeigt habe, die ich dort gemacht hatte, sagte er nichts. Aber ich war mir sicher, dass er glücklich war.

Silvester in Korea

Meine Familie in Deutschland hat sich so weit integriert, dass wir kein Chuseok und auch keinen Seollal (koreanischen Neujahrstag) nach dem Mondkalender feiern, sondern Weihnachten und Neujahr nach dem westlichen Sonnenkalender. Zu Weihnachten steht der Tannenbaum im Wohnzimmer, und es werden Pute, Rotkohl und Semmelknödel serviert. Nur zum Geburtstag, den wir nach dem gregorianischen Kalender feiern, essen wir gemäß koreanischer Tradition Seetangsuppe (*Miyeokguk*). Meine Mutter zündet dabei stets eine Kerze auf dem Wohnzimmertisch an und serviert dem Geburtstagskind *Miyeokguk*. Abgesehen vom Geburtstag, isst man die Seetangsuppe in der Schwangerschaft.

Seit Jahrzehnten beschenken wir uns nicht mehr zu Weihnachten. Stattdessen gehe ich mit meinen beiden Geschwistern und mehreren Freunden am Morgen des Heiligabends in die Kinderklinik. Über das ganze Jahr haben wir Geschenke gesammelt und gespendet bekommen, die wir an die Kinder verteilen, die aufgrund schwerer Krankheiten während der Feiertage nicht nach Hause zu ihren Familien dürfen. Es macht uns sehr glücklich, diesen Kindern eine kleine Freude zu bereiten. Und seit Jahren feiern wir Silvester gemeinsam mit den Kaminers nach russischer Art in Berlin. Es wird viel gegessen, erzählt, gesungen, getanzt und geböllert. In Berlin habe ich zudem die koreanische Tradition in unserem Haushalt eingeführt, am Neujahrstag Reiskuchensuppe zu essen. Auch wenn die tiefgefrorenen in Scheiben geschnittenen Reiskuchen, die ich im Asia-Shop in der Müllerstraße im Wedding kaufte, nie den Geschmack entfalteten wie die frisch zubereiteten meiner Mutter. Mit meinem Weggang aus Berlin nach

Korea im Rahmen meiner Arbeit wurden all diese Traditionen für einige Jahre unterbrochen.

Als Mitglied des Olympischen Organisationskomitees hatte uns mein koreanischer Arbeitgeber am Neujahrstag Seollal mit einem verkürzten Arbeitstag beschenkt und in der firmeneigenen Kantine zu einer Reiskuchensuppe, *Ddeokguk*, eingeladen, die sehr lieblos zubereitet war und dementsprechend schmeckte. Es ging der Organisation eben um die Geste. Schließlich glaubt man in Korea, dass man nur durch das Essen von *Ddeokguk* am Neujahrstag ein Jahr älter wird. Außerdem soll diese Tradition Glück bringen. Diejenigen, die der Einladung nicht folgten, konnten bereits mittags ihre Heimreise antreten. Viele verabschiedeten sich von den Kollegen und Vorgesetzten mit einem »Saehaebok manhi badesaeyo!« (Frohes neues Jahr!). In Korea wünscht man sich dies schon vor dem Jahreswechsel.

Silvester nach dem Sonnenkalender verbringen die Koreaner mit der Familie oder mit Freunden. Sie reisen an die Küste, um den ersten Sonnenaufgang des neuen Jahres zu begrüßen, wandern auf einen Berg oder begeben sich zu den Festivitäten, die in ihren Wohnorten stattfinden. Der südkoreanische Präsident Moon Jae-in wanderte zu diesem Anlass einmal gemeinsam mit einer Gruppe ausgewählter Bürger, die sich ganz besonders für ihre Mitmenschen engagiert hatten, auf einen Berg, um den Sonnenaufgang zu begrüßen. Mein Cousin Jin-hyeok erzählte mir, dass er den Sonnenaufgang vom Acha-Berg aus ansehen würde. Der Acha-Berg ist einer der beliebtesten Orte, zu denen die Koreaner pilgern, um sich das Naturspektakel der aufgehenden Sonne live anzuschauen. Einen Böllerkrieg, wie er zu Silvester in Berlin zu erleben ist, gibt es in Korea nicht, womöglich weil das Feuerwerk zu sehr an das Kriegstrauma mit Nordkorea erinnern würde. Lediglich vereinzelt finden kontrollierte Feuerwerke statt, die von den Behörden genehmigt werden müssen, etwa das am 555 Meter hohen Lotte World Tower in Seoul.

In Gangneung ist es sehr beliebt, den Neujahrstag am Gyeongpo Beach zu verbringen. Gefühlt mit der gesamten Stadt haben auch Dani und ich dort schon den atemberaubenden Sonnenaufgang bewundert, der das neue Jahr einläutete. Dieses Ereignis ist als »Gyeongpo Sunrise Festival« (»Gyeongpo Haedoji Chukje«) bekannt.

Auch am Jogyesa-Tempel lässt sich der Silvester-Countdown erleben. Der Tempel befindet sich in der Nähe von Insa-dong, dem Künstlerviertel von Seoul, und ist ein Zentrum des Zen-Buddhismus. Er ist Hauptsitz der größten buddhistischen Vereinigung des Landes, dem Jogye-Orden. Zum Jahreswechsel wird der Tempel festlich geschmückt. Ich mag diesen Ort. Er strahlt Ruhe aus und lädt zur Entschleunigung ein, einer Pause von der rasanten und niemals schlafenden Stadt Seoul. Jedes Jahr versammeln sich hier viele Menschen, um das neue Jahr zu begrüßen.

Ähnlich wie am Jogyesa-Tempel findet man auch am Cheongyecheon-Fluss, einer grünen Oase mitten im Stadtzentrum, Ruhe von den Blechlawinen und Hupkonzerten des Betondschungels. Wenn man, umgeben von modernen Hochhäusern und Einkaufszentren, am Fluss entlangwandert, ist es kaum noch vorstellbar, dass sich hier nach dem Koreakrieg 1953 ein großer Slum befand. Das Land lag nach dem Krieg in Trümmern, und es gab einen erheblichen Wohnungsnotstand. In den Sechzigern wurde der Slum schließlich abgerissen und der Cheongyecheon-Fluss zubetoniert. In den Siebzigern entstand darauf eine 5,7 Kilometer lange Verkehrsstraße, und die Menschen vergaßen, dass hier einmal ein Fluss entlangfloss. Im Jahr 2003 wurde die Verkehrsstraße unter der Führung des damaligen Oberbürgermeister Seouls Lee Myung-bak wieder abgerissen. Zwei Jahre später, im September 2005, floss der Cheongyecheon in seinem alten Flussbett.

Entlang des Flusses gibt es an Neujahr zahlreiche Verkaufsstände, an denen man für 3000 KRW eine Laterne erwerben kann. Auf diese Laterne, die mit einer Kerze bestückt ist, kann man seine Wünsche für das neue Jahr schreiben und sie in den Fluss gleiten lassen. Hunderte von Laternen voller Wünsche treiben so jedes Jahr im Fluss und beleuchten ihn auf märchenhafte Weise.

Einmal haben Dani und ich den Jahreswechsel auch am Bosingak-Pavillon verbracht. Dieser befindet sich unweit vom Jogyesa-Tempel in Jongno-gu, in der Nähe der U-Bahn-Station Jonggak. Mit Apfel-Cidre statt Sekt im Gepäck fanden wir uns etwa dreißig Minuten vor Mitternacht am Pavillon ein, wo bereits viele Tausend Menschen versammelt waren. Koreanische Musiker und mehrere koreanische Trommlergruppen performten auf einer Bühne. Um Mitternacht findet traditionell eine Läutzeremonie statt. Die Zeremonie hat ihre Wurzeln in der Joseon-Dynastie. Ursprünglich diente das Glockenläuten als Uhr, Alarmsignal und Feueralarm. Wenn die Glocke um vier Uhr morgens 33-mal schlug, wurde der neue Morgen eingeläutet, und die Stadttore wurden geöffnet. Um 22 Uhr wurde die Glocke 28-mal geläutet, um zu signalisieren, dass die Stadttore schließen. Bürger, die dazu beitragen, die Gesellschaft »gerecht und sicher zu machen« oder die »schwierige Umstände in ihrem Leben überwunden haben«, können seit 2005 von der Stadtverwaltung ausgewählt werden, aktiv an der Läutzeremonie teilzunehmen. Ein solcher Ehrengast war zum Beispiel die ehemalige »Trostfrau« Lee Yong-soo.

Am ersten Januar kaufte ich dann im nahe gelegenen Supermarkt fertig geschnittene Reiskuchenscheiben, um Reiskuchensuppe für meine Frau und mich zu kochen.

Mittlerweile gibt es viele Möglichkeiten, die Suppe selbst zu machen – auch für blutige Anfänger wie mich. Wenn meine Mutter *Ddeokguk* kocht, kauft mein Vater vorwiegend frische *Garaedok*, das sind ungeschnittene und längliche Reiskuchen, die er aus einer kleinen Reiskuchen-Fabrik in Düsseldorf bekommt. Auch frisch schmecken die *Garaedok* vorzüglich, und so esse ich meist eine ganze Stange als Kostprobe. Meine Kochkünste haben sich seit meiner Universitätszeit nicht wirklich weiterentwickelt, deshalb bin ich sehr froh, dass es für die Anfertigung dieses traditionellen Gerichtes mehrere »YouTube«-Tutorials gibt. Manchmal versuche ich auch eigene Kreationen. So nehme ich das scharfe Pulver aus zwei »Shin Ramyun«-Instantnudelpackungen, lege eine halbe in Scheiben geschnittene Zwiebel in den Topf und bringe das Ganze zum Kochen. Danach füge ich noch *Odeng* (Fischkuchen) hinzu, bevor ich die Reiskuchen reinlege. Meiner Erfahrung nach sind die Reiskuchenscheiben höchstens drei Minuten später al dente, vorausgesetzt, sie waren nicht im Gefrierfach.

Ein koreanisches Fernsehteam, das uns vor einigen Jahren im Rahmen des fünfzigjährigen Jubiläums der koreanischen Gastarbeiter in Deutschland besuchte, bestand darauf, dass ich *Doenjang-guk* (Sojabohnenpaste-Suppe) vor laufender Kamera zubereite. Die Herstellung dieses koreanischen Gerichtes ist definitiv etwas für Fortgeschrittene. Obwohl ich mir sehr viel Mühe gab – zugegebenermaßen improvisierte ich zu einem großen Teil –, machte sich das Kamerateam über meine Kochkünste lustig. Wie es der Zufall so wollte, lernte ich bald danach einen deutschen TV-Koch kennen, der sich unter anderem auch auf die koreanische Küche spezialisiert hat. Ich versprach ihm, seinen Kochkurs in Frankfurt zu besuchen, koste es, was es wolle. So sieht Integration auf kulinarischem Wege aus.

Baekil, Doljanchi und Doljabi

Mein Cousin Ho-ju hatte zum Baekil die ganze Familie in ein Restaurant eingeladen. Baekil ist die Feier zum 100. Tag nach der Geburt eines Kindes. Als Korea noch zu den ärmsten Ländern dieser Welt gehörte, war die Sterberate von Neugeborenen sehr hoch, und daher grenzte es fast an ein Wunder, wenn ein Kind 100 Tage ohne schwere Krankheit überstand. 100 ist eine bedeutende Zahl im Land der Morgenstille. Nicht nur der 100. Tag nach der Geburt des Kindes wird zelebriert, auch Paare feiern, wenn sie 100 Tage zusammen sind. Mit meiner früheren koreanischen Freundin hatte ich am 100. Tag unserer Beziehung kleine Geschenke ausgetauscht. Es ist nicht unüblich, sich Freundschaftsringe zu schenken, ohne dass dies gleich als Zeichen einer Verlobung angesehen wird. Für alle, die sich diesen wichtigen Tag nicht merken können, gibt es spezielle Apps, die die 100 Tage herunterzählen. Damit ersparen sie sich so manchen Ärger in der frischen Beziehung.

Neben dem 100. Tag nach der Geburt wird auch der erste Geburtstag eines Kindes groß gefeiert. Er wird als »Doljanchi« bezeichnet. Mein Freund Sang-hyun, der als Eishockeytrainer arbeitet und einen Schlittschuhschleifservice in Mok-dong betreibt, hatte mich zum ersten Geburtstag seines Sohnes in ein Fünfsternehotel eingeladen. Viele seiner ehemaligen Eishockeykollegen, Freunde, Familie und Verwandte waren gekommen. Alle hatten Briefumschläge dabei, gefüllt mit Geldscheinen und versehen mit dem jeweiligen Namen der Schenkenden. Mit dem Eintrag in das Gästebuch und den Namen auf den Briefumschlägen kann der Gastgeber später nachvollziehen, wie er sich angemessen bei seinen Gästen revanchiert, falls er von einem von ihnen zu einer Doljanchi-Feier eingeladen wird.

Die Familie von Sang-hyun hatte dem Geburtstagskind zudem einen 24-Karat-Goldring geschenkt. Das gehört in Korea ebenfalls zur Tradition. Sang-hyun, seine Frau und sein Sohn trugen zu diesem Anlass Hanbok, die traditionelle koreanische Tracht, die vorwiegend aus Seide und Ramie hergestellt wird. In Nordkorea wird sie »Joseonoht« genannt. Für Männer besteht sie aus einer kurzen Jacke mit weiten Ärmeln (*Jeogori*) und einer Pluderhose (*Sapok*). Frauen tragen ein Unterkleid (*Sokchima*), einen weiten Rock (*Chima*), traditionelle Socken (*Beoseon*) und eine Jacke (*Jeogori*) mit einer Schleife (*Otgoreum*). Muster, Farben und Design des Hanbok reflektieren die soziale Klasse seines Trägers. Zum Geburtstag von Sang-hyuns Sohn trugen junge unverheiratete Frauen zudem gelbe *Jeogori* und rote *Chima* und verheiratete Frauen grüne *Jeogori* und rote *Chima*.

Ein professioneller Moderator führte durch die Doljanchi-Zeremonie und stimmte das Geburtstagslied »Saengil chuka« (»Happy Birthday«) an, das alle Gäste mitsangen. Auf dem Tisch stand ein Kuchen mit einer Kerze in der Mitte, die das Geburtstagskind mithilfe der Eltern auspustete. Danach war die Zeit gekommen für das Doljabi: Vor dem Geburtstagskind wurden verschiedene Gegenstände ausgebreitet. Darunter befand sich ein Geldschein, der zu Reichtum führen soll, ein Stethoskop für eine medizinische Laufbahn, ein Baumwollstrang, der für ein langes Leben steht, ein Puck für eine Eishockeylaufbahn und ein Richterhammer für eine juristische Karriere. Das Geburtstagskind darf sich einen der Gegenstände aussuchen, wobei es keine Regeln dafür gibt, welche Dinge dem Kind vorgelegt werden. Sang-hyuns Sohn griff nach dem Puck. Die Zukunft wird zeigen, ob er in die Fußstapfen seines Vaters treten wird.

Nach Baekil und Doljanchi wird zwar durchaus der eine oder andere Geburtstag gefeiert, die größten Feiern im

Leben eines Koreaners finden dann aber erst wieder zum sechzigsten und siebzigsten Geburtstag statt.

Kimchi, Jeong und Han

Als ich noch zu Hause wohnte, zelebrierten meine Eltern jeden November ein ganz bestimmtes Ritual. An einem kalten Novembertag fuhren sie zum türkischen Obst- und Gemüsehändler ihres Vertrauens, um dort den gesamten Chinakohlbestand aufzukaufen. Der Kofferraum wurde vollgepackt, und selbst die hintere Sitzbank war bis obenhin mit Chinakohl beladen. Der glückliche Verkäufer, der dank meiner Eltern wahrscheinlich sein gesetztes Ziel an Wocheneinnahmen erreicht hatte, half höchstpersönlich beim Einpacken. Meine zwei Geschwister und ich waren dann zu Hause für das Entladen zuständig und trugen den Chinakohl ins Badezimmer. Die Badewanne wurde in eine Chinakohl-Waschanlage umfunktioniert. Mein Vater entfernte den Strunk des Kohls, dann wurden die Blätter gewaschen und anschließend komplett mit Salzwasser bedeckt. So blieben sie für mehrere Stunden eingelegt. Danach verteilten meine Eltern das aromatische Kimchi-Gewürz (mit fein gehackten Knoblauchzehen, Ingwer, Fischsoße, Chilipulver, gehobelten Frühlingszwiebeln, Salz und Zucker) zwischen den Chinakohlblättern, wickelten sie auf und füllten sie in Tongefäße, die sie auf der Terrasse lagerten. Meine Geschwister und ich ließen es uns natürlich nicht nehmen, von dem frisch zubereiteten Chinakohl-Kimchi zu naschen. Frisch schmeckt es einfach am besten!

Koreaner können nicht ohne ihr Kimchi leben. Ein Tag ohne Kimchi gilt für sie als verlorener Tag, selbst wenn sie im Ausland und sogar im Weltall unterwegs sind. Die südkoreanische Astronautin Yi So-yeon nahm auf ihre Weltallreise in der russischen Sojus-Rakete Kimchi mit, das speziell für diese Reise entwickelt worden war. Das Kimchi wurde bestrahlt, um alle Mikroorganismen zu töten. Leider sah es anschließend auch genau danach aus: alt und labbrig. Doch Yi sagte in einem Interview: »Ich kann nicht sagen, dass es ein geschmackvolles Kimchi ist, aber trotzdem mag ich es, weil ich mein Zuhause fühlen kann.«

Auch wenn ich in Deutschland geboren und aufgewachsen bin, gab es Zeiten während meiner Studienzeit in Amerika, in denen ich Kimchi sehr vermisste. Es erschien sogar in meinen Träumen. Ich verstand: Mein Körper signalisierte, dass er mit Kimchi gefüllt werden wollte. Also fuhr ich mit meinen Freunden ins China Town des kanadischen Montreal, um dort kiloweise Kimchi einzukaufen. Die riesigen Kimchi-Vorräte verzehrte ich über einige Wochen zum Frühstück, Mittag- und Abendessen, bis nichts mehr übrig war. Ich aß Kimchi auf Toast, Muffin oder Bagel zum Frühstück, roh, kalt, warm, als Mahlzeit zwischendurch, gebraten, als Kimchi-*Jjigae* (Eintopf), als Sandwich, als Kimchi-Pancake, mit Rührei, auf Tomaten, mit Reis und in vielen weiteren Varianten. Mit dieser Überdosis an Kimchi verschwanden meine Kimchi-Träume. Es war, als hätte ich meine Batterien mit dieser Jahresration an Kimchi voll aufgeladen.

Seoul-Onkel pflegt zu sagen: »Wenn einer Reis und Kimchi hat, dann hat er eine Mahlzeit!« Als Beilage ist Kimchi bei einer koreanischen Mahlzeit nicht wegzudenken. Es ist der globale Rockstar des koreanischen *Banchan*, nationales Kulturerbe, Ikone, Superfood und Seele der koreanischen Küche. Nicht umsonst sagen die Koreaner bei einem Gruppenfoto »Kimchi« statt »Cheese« oder »Smile«. Kimchi ist fast immer das erste Wort, das ich zu hören bekomme, wenn ich mit Leuten ein Gespräch über Korea beginne. Das Kimchi ist aber auch berühmt für seine enorme Stärkung der Abwehrkräfte und des Immunsystems. Es ist reich an Mineralien, Vitamin A, B und C und zudem kalorienarm. Als im Jahr 2003 die Infektionskrankheit SARS (Schweres Akutes Respiratorisches Syndrom) ausbrach, waren Koreaner aufgrund ihres Kimchi-Konsums und des daraus resultierenden starken Immunsystems kaum betroffen. Kimchi soll auch die Gefahr, an Atopie oder Krebs zu erkranken, drastisch senken. Es fördert die Verdauung und den Stoffwechsel. Kurz: Kimchi ist die Allzweckwaffe zur Prävention gegen alle möglichen Krankheiten.

Koreaner konsumieren jährlich 1,6 Millionen Tonnen Kimchi, und es gibt mehrere Hundert Sorten, die alle einen ganz einzigartigen Geschmack haben. Meine Favoriten sind neben dem *Classic Kimchi* der Chinakohl-Kimchi (*Baechu Kimchi*), in Würfelform geschnittener Rettich-Kimchi (*Gakdugi*), grünes Wasser-Kimchi (*Yeolmumul Kimchi*), rotes Wasser-Kimchi (*Nabak Kimchi*) und Pferdeschwanz-Rettich-Kimchi (*Chonggak Kimchi*).

Als meine Eltern Anfang der Siebzigerjahre nach Deutschland kamen und noch kaum Asia-Shops existierten, experimentierten viele Koreaner mit Sauerkraut und Gewürzen, um so etwas wie Kimchi herzustellen. Doch Kimchi ist Kimchi, und Sauerkraut ist Sauerkraut. Die Versuche waren also selten von Erfolg gekrönt. Der Sauerkraut-Kimchi wurde in frostsicheren Gefäßen im Boden vergraben. Experten behaupten, dass Kimchi sein Aroma am besten entfalten kann, wenn es unter null Grad Celsius gelagert wird. Die Kühltemperatur der Erde ist für die Lagerung des Kimchi also optimal. Das war für die deutschen Nachbarn sehr gewöhnungsbedürftig. Einige wurden misstrauisch, als sie die koreanischen Migranten sahen, wie sie Löcher in den Boden buddelten, um verdächtige Gefäße reinzulegen, und riefen die Polizei. Zum Glück wurde kein Koreaner verhaftet. Heute gibt es speziell entwickelte Kimchi-Kühlschränke, sodass das Kimchi nicht mehr zur Kühlung im Boden vergraben werden muss. Eine praktische Entwicklung in Zeiten zunehmender Urbanisierung! Der erste Kimchi-Kühlschrank kam 1995 auf den Markt, und mittlerweile gibt es sogar Kimchi-Kühlschränke, die in der Lage sind, unterschiedliche Kühlbedingungen herzustellen. Auch kann die Geschwindigkeit des Fermentierungsprozesses des Kimchi reguliert werden. Im Gegensatz zu normalen Kühlschränken sind sie feuchter, kühler und weisen bedeutend weniger Luftzirkulation auf. Aufgrund dessen lagert meine Tante in ihrem Kimchi-Kühlschrank auch Obst, das unter diesen Bedingungen wesentlich länger frisch bleibt. Wenn ich Kimchi vom Asia-Markt auf der Müllerstraße im Wedding kaufe und im normalen Kühlschrank aufbewahre, übersäuert es dagegen bereits nach wenigen Wochen.

Nicht nur der Konsum, auch die Zubereitung des Kimchi ist mit Bedeutung aufgeladen. Als die Damenmannschaft der koreanischen Bogenschützen eine Zeit lang Medaille für Medaille einheimste und der Trainer nach dem Erfolgsrezept seiner Mannschaft befragt wurde, antwortete er, es liege an den sensiblen Händen der koreanischen Frauen, die durch das Herstellen von Kimchi zart und gefühlvoll seien. Meine Mutter hat die Anfertigung von Kimchi von ihrer Großmutter gelernt. Jede koreanische Mutter bekommt das Rezept von ihrer Mutter weitervererbt. Deshalb schmeckt jeder Kimchi einzigartig. Jae-woo, mein Freund aus Kindheitstagen, liebte beispielsweise den Kimchi von meiner Mutter mehr als den von seiner eigenen. Auch wenn ich kein Kochtalent besitze, habe ich mir vorgenommen, wenigstens zu lernen, wie man Kimchi herstellt. Natürlich von meiner Mutter. Denn sicher wird, wie während meiner Studienzeit in Amerika, irgendwann wieder der Tag kommen, an dem Kimchi in meinen Träumen erscheint.

In Seoul kam ich einmal an einem kalten Novembertag an einem großen Parkplatz vorbei, auf dem mehrere Hundert Menschen mit Schürzen und Gummihandschuhen versammelt waren, die an dort aufgestellten Tischen Kimchi zubereiteten. Bestimmt war das Kimchi für sozial schwache und alleinstehende Senioren gedacht. In Korea war die Kimjang-Zeit angebrochen, die traditionell zwischen den ersten Wintertag (*Ipdong*) und den ersten Schneefall (*Sosol*) fällt. In den Nachrichten wird über die Kimjang-Zeit berichtet wie über eine Präsidentschaftswahl. Von Einkaufspreisen der Kimchi-Zutaten über Spartipps bis hin zu Wettervorhersagen und der Frage, an welchen Tagen und in welcher Region der Kimchi am besten hergestellt werden kann, wird alles abgehandelt. Kimjang ist ein wichtiger Bestandteil des koreanischen Lebens. Es ist eine Zeit der Gemeinschaft, in der man zusammenkommt, um große Mengen an Kimchi anzufertigen, aber auch die Zeit des Teilens. Traditionell kommen zur Kimjang-Zeit Bekannte, Nachbarn und Familien zusammen, um die aufwendige Arbeit des Kimchi-Herstellens untereinander aufzuteilen. Das fertige Kimchi wird anschließend an Freunde, Bekannte und Familienmitglieder verteilt.

Diese Tradition des Verschenkens von Kimchi gilt als Jeong. Der Begriff ist schwierig zu definieren – es ist eine Art Verbundenheitsgefühl, Zuneigung, oder allgemeiner: die emotionale Bindung an eine Person oder an Dinge. Wenn man seinen Hass auf eine Person überwindet, indem man viel Zeit mit ihr verbringt, kann daraus »Jeong doerothda« entstehen. »Jeong doerothda« bedeutet so viel wie »Ich bin von Jeong durchdrungen«. Es gibt auch den Begriff »Mieeunjeong«. Dieser wird zum Beispiel für alte, streitende Ehepaare verwendet, die sich augenscheinlich besser trennen sollten, aber durch ihr Jeong miteinander verbunden sind. »Mieeunjeong« ist eine nettere Umschreibung von Hass.

Früher oder später lernt man in Korea zudem das Han-Konzept kennen, das tief in der koreanischen Kultur verankert und von der geschichtlichen Invasion, Unterdrückung und Besatzung des Landes geprägt ist. Es ist ebenfalls schwer zu beschreiben. Grob gesagt, ist es ein Gefühl von Melancholie, Schmerz, Trauer, Frustration, aber auch Hoffnung, das jeder Koreaner in sich trägt und das durch eine unlösbare Last oder ein Trauma hervorgerufen wurde. Einige Wissenschaftler beschreiben Han als eine Fähigkeit, Leid und Schmerz still zu ertragen. Von diesem Gefühl waren auch die protestierenden Menschen von Gwangju erfüllt, die im Mai 1980 für die Demokratie ihr Leben ließen, und es war sichtbar in den tränenreichen Familienzusammenführungen zwischen Nord- und Südkorea.

Um Kimchi, Jeong und Han kommt man bei einem Aufenthalt in Korea einfach nicht herum.

Dating in Korea

Zum Pepero-Tag (ausgesprochen »Bbä-bbä-ro«), der in Südkorea seit 1996 an jedem 11. November gefeiert wird, hatte mir meine Kollegin eine Packung Schokoladenstäbchen als freundschaftliche Geste auf dem Schreibtisch hinterlassen. Nebeneinandergelegt sehen vier mikadoähnliche Schokostäbchen der Marke Pepero wie das Datum »11.11.« aus. Unter Kollegen und Freunden und auch unter Paaren ist es üblich, sich an diesem Tag mit den Mikadostäbchen zu beschenken.

Am 14. Februar feiert man auch in Korea den Valentinstag, nur werden hier die Männer von den Frauen beschenkt. An jedem Kiosk werden schon Tage vorher fertig verpackte Geschenke zum Verkauf angeboten. Einen Monat später, am 14. März also, folgt dann der White Day. An diesem Tag beschenken die Männer ihre Frauen. Am 14. April gibt es den sogenannten Black Day. Singles, die am Valentinstag und White Day leer ausgegangen sind, essen an dem Tag die schwarzen koreanischen Nudeln *Jjajangmyeon*. Pepero Day, Valentinstag und White Day sollte sich jeder merken, der sich in Korea aufhält und dort vielleicht die Liebe seines Lebens findet.

Trotz des technologischen Fortschrittes im Land und der Erfindung der Online-Dating-App »Tinder« bleibt Sogaeting in Korea immer noch die sicherste Art, einen Partner fürs Leben zu finden. Sogaeting ist eine Art Blind Date und wird von einem Freund arrangiert. Es ist schnell und sicher. Und in der *Bballi-bballi*-Gesellschaft Koreas ist Zeit nun einmal alles. Flüchtige Begegnungen in Nachtklubs oder Bars gelten als nichts Ernstes. Mein Bekannter Seok-cheol, der fast jede freie Minute auf »Tinder« verbringt und sämtliche Nachtklubs in Seoul unsicher macht, sagte mir dazu: »In Korea werden die Männer über den Stand ihres Bankkontos definiert und die Frauen nach ihrem Aussehen. Es gibt zwar Liebesheiraten, doch man überlässt nichts dem Zufall. Bei der Entscheidung für den Partner schaut man nach dem familiären Hintergrund, Bildungsstand und den Möglichkeiten einer Person, ohne finanzielle Sorgen eine glückliche Familie zu gründen! Wenn die Eltern dagegen sind, dann benötigt man viel Mut und Kraft, um sich durchzusetzen.«

In einigen Nachtklubs spielt der Kellner den Matchmaker. Er zieht die Frauen am Handgelenk und führt sie an den Tisch, an dem die Männer sitzen. Diese Art von Matchmaking kennt man in Korea als *Booking*. Mein Freund Sanghyun hatte mir einmal gesagt, dass er bereits zwei Freunde erfolgreich verkuppelt hat und dass ihm bei der dritten erfolgreichen Vermittlung ein Platz im Himmel sicher sei. Mit guten koreanischen Freunden bleibt man nicht lange Single. Es sei denn, man möchte Single sein.

Meine Cousine Hae-jin hatte schon mehrere Sogaeting. Doch unter den Kandidaten war nie Mr. Right. Als wir an einem italienischen Restaurant in der Nähe vom Amtssitz des koreanischen Präsidenten, dem »Blauen Haus«, vorbeifuhren, erzählte mir Hae-jin resümierend von ihren Sogaeting-Erlebnissen: »Hier hatte ich mein letztes Date. Das Essen auf dem Tisch war besser als die Person, die mir gegenübersaß. Es war reine Zeitverschwendung!«, sagte sie frustriert. »Die meisten, die ich auf ein Blind Date traf, waren B-hyeong«, fügte sie noch hinzu.

In Korea spielt die Blutgruppe eine wichtige Rolle bei der Partnerwahl. Denn die Koreaner glauben, dass sich der Blutgruppe bestimmte Charakterzüge zuordnen lassen. Auch wenn Sie einen Koreaner gerade erst kennengelernt haben, kann es vorkommen, dass Sie nicht nur nach Ihrem Namen, akademischem Werdegang, beruflicher Stellung, Anzahl der Kinder, Beruf der Frau und persönlichen Hobbys gefragt werden, sondern auch nach Ihrer Blutgruppe. Einer Person mit Blutgruppe A (*A-hyeong*) schreibt man zu, selbstbewusst, introvertiert sowie sanftmütig zu sein, eine solche Person soll außerdem zur Unentschlossenheit neigen und unfähig sein, ihre Gefühle auszudrücken, zudem soll sie perfektionistisch veranlagt sein. Mit Blutgruppe B (*B-hyeong*) assoziiert man Egoismus, Arroganz, Kreativität, Rücksichtslosigkeit und Leidenschaft. Ein im Jahr 2005 veröffentlichter Film mit dem Titel »My Boyfriend is Type B« dreht sich um dieses Thema. Koreaner glauben, dass Männer mit Blutgruppe B mit Vorsicht zu genießen sind. Menschen mit Blutgruppe 0 werden Charakterzüge wie Duldsamkeit, Willensstärke, Sturheit und Gelassenheit zugerechnet. Mit der Blutgruppe AB verbindet man Eigenschaften wie Kreativität, diese Menschen sollen zudem ungewöhnlich, gleichgültig und eigenartig sein. Bei den Frauen ist ein Partner mit der Blutgruppe AB nicht sonderlich beliebt, gefolgt von Typ B, A und 0. Koreanische Männer hingegen bevorzugen die Typen in der Reihenfolge 0, A, AB und B.

Liebe ist kompliziert. Für Liebende mit kleinem Budget, die noch im Elternhaus leben müssen, gibt es jedoch einige Zufluchtsorte. Einer davon sind die Love Motels, die stundenweise gebucht werden können. Das schlechte Image der Love Motels, die lange Zeit mit One-Night-Stands und außerehelichen Affären assoziiert wurden, hat sich in den letzten Jahren stark gewandelt. Heute dreht sich im Love Motel nicht mehr alles um Sex, auch wenn man beim Check-in Hygieneartikel im Beutel inklusive Kondome erhält. Auch meine Frau und ich landeten einmal, eher ungewollt, in einem Love Motel. Wir waren spät mit dem Bus in Dongseoul angekommen und fuhren mit dem Taxi Richtung Onsu-Bahnstation. Von dort wanderten wir durch die Gegend auf der Suche nach einem Hotel. Irgendwann waren wir zu müde, um weiterzusuchen, und entschieden uns kurzerhand für ein Love Motel. An den Vorhängen vorbei, die als Sichtschutz gegen Einblicke von außen dienten, gelangten wir zur Rezeption. In der Luft hing schwerer Zigarettengeruch. Auf dem Tisch waren Hygieneartikel und Kondome platziert. Doch all das störte uns nicht weiter, wir waren einfach nur froh, dass wir uns nach der langen Busfahrt endlich schlafen legen konnten.

Ganz generell versuchen die Love Motels seit geraumer Zeit, einen Imagewandel zu vollziehen – weg vom Schmuddelimage hin zum normalen Hotel. Es soll ein Ort der alltäglichen Aktivitäten werden, ein Ort zum Entspannen und ein Rückzugsort für Studierende zum Lernen – jeglicher Art.

Eine koreanische Hochzeit

Mein Freund Felix, wie ich ein Deutsch-Koreaner zweiter Generation oder *Issae*, wie man uns in Korea nennt, hatte in Berlin seine koreanische Frau Hyun-ok kennen- und lieben gelernt. Hyun-ok war als Studentin nach Berlin gekommen. Die beiden heirateten in Berlin kirchlich und einige Monate später auf traditionelle Art und Weise in Korea. Die Hochzeitszeremonie im Garten der Braut wurde von einem komplizierten Prozess begleitet, in dem Braut und Bräutigam Wein einschenken und Verbeugungen austauschen mussten. Nach der erfolgreichen Trauung begann schließlich ein mehrtägiges Fest. Diese Tradition geht jedoch mit dem westlichen Einfluss in Korea allmählich verloren.

Ich habe mittlerweile einige koreanische Hochzeiten erlebt, entweder im Bankettsaal eines Hotels oder in den berühmt-berüchtigten Wedding Halls. Letztere könnte man auch als »McDrive der Hochzeiten« bezeichnen. Denn die Wedding Hall ist das Expressrestaurant der Hochzeiten – geheiratet wird hier im Fließbandverfahren, und das gleich auf mehreren Etagen. Koreanische Hochzeiten sind oftmals unromantisch und leidenschaftslos, dafür kurz und schmerzlos.

Die Hochzeit meiner Cousine fand im großen Ballsaal des »Hotel International« in Changwon statt. Im Foyer des Bankettsaals begrüßten uns meine Tante und mein Onkel sowie die Eltern des Bräutigams. Vor zwei Tischen, auf denen jeweils gut sichtbar eine Box platziert worden war, die von zwei Familienangehörigen des Brautpaars gemanagt wurde, stand jeweils eine Menschenschlange. Anhand der Namen auf den Boxen wussten die Gäste sofort, ob sie sich in die Schlange des Bräutigams oder der Braut einzureihen hatten, steckten artig ihre mit Namen versehenen Briefkuverts mit Geld in die Box und trugen sich anschließend in das Hochzeitsbuch ein. Die Geldbeträge wurden mit akribischer Genauigkeit festgehalten. Mein Freund Sungtaek erklärte mir, dass es so etwas wie einen inoffiziellen Preiskatalog gebe, was die Geldgeschenke zu Hochzeiten anbelangt. »Heutzutage sind 50 000 KRW (circa 41 Euro) Minimum«, klärte er mich auf. »Engen Freunden und Verwandten wird natürlich um einiges mehr geschenkt. Kollegen werden in der Regel 100 000 KRW (circa 82 Euro) gegeben. Vorgesetzte bekommen rund 150 000 KRW (circa 123 Euro). Familienangehörige erhalten meist ab 200 000 KRW (circa 164 Euro) aufwärts. Bei der Familie sind nach oben hin keine Grenzen gesetzt!«

In der Mitte des Ballsaals befand sich ein Laufsteg, flankiert von circa zwanzig runden Tischen mit bis zu zehn Plätzen. Die Tische waren mit Blumen geschmückt, die wohl schon von der vorherigen Trauung stammten. Im Anschluss an die Hochzeit meiner Cousine sollte dann gleich die nächste folgen. Alle verfügbaren Sitzplätze waren besetzt. Einige Gäste mussten vor dem Ballsaal warten, wobei ich mir nicht ganz sicher war, ob diese schon zur nächsten Hochzeitsgesellschaft gehörten. Meine Tanten aus Seoul, Ulsan und Busan trugen die traditionelle koreanische Kleidung Hanbok. Meine Onkel und ich hingegen trugen westliche Anzüge.

Auf dem Podium, das sich am Ende des Laufstegs befand, hatte sich der Standesbeamte platziert. Zuerst liefen die Mütter (eine war meine Tante aus Changwon) des zukünftigen Paars auf dem Laufsteg nach vorn, verbeugten sich voreinander und vor dem Publikum. Danach setzten sie sich auf ein Sofa, welches auf dem Podium bereitstand. Es folgte der Bräutigam, der sich wie ein Stardesigner den Catwalk entlang zum Podium feiern ließ. Danach folgte die Braut, meine Cousine, ganz in Weiß, die, von meinem Onkel und einer Nebelwolke aus Trockeneis begleitet, nach vorne schritt. Vor dem Standesbeamten angekommen, regnete es weiße Flocken.

Nun begann die eigentliche Zeremonie. Der Standesbeamte trug sein Sprüchlein vor, in einem Ton, der Goebbels in seiner besten Zeit alle Ehre gemacht hätte. Ich hatte das Gefühl, er könnte jeden Moment ausrufen: »Wollt ihr den totalen Krieg?!« Der Standesbeamte peitschte seine Ansprache regelrecht durch, sodass einige Kinder im Saal anfingen zu weinen. Ich dachte an die Worte meiner Mutter, die einst gesagt hatte: »Die Ehe kann zur hohen Schule des Kriegs werden. Du musst dir sehr genau überlegen, mit wem du den Bund des Lebens eingehst.«

Eine koreanische Hochzeit ist eine kostspielige Angelegenheit. Meine Tante aus Seoul erzählte mir, dass für die Hochzeit meiner Cousine ein fünfstelliger Betrag (rund 17 000 Euro) ausgegeben wurde. Diese enormen Kosten werden zum Teil mit den Geldgeschenken gedeckt. Auch wenn der Vergleich Ehe und Krieg hinkt, so steckt, was die monetären Ausgaben anbelangt, sicher ein bisschen Wahrheit drin.

Nachdem der koreanische Goebbels wild gestikulierend seine flammende Rede im Heiratspalast beendet hatte, wurden Eheschwüre und Ringe ausgetauscht. Ein Kuss blieb aus. Das frischgebackene Ehepaar verbeugte sich vor den Eltern. Nach der Zeremonie regnete es Konfetti. Anschließend sang eine Schülerin meiner Cousine, die als Lehrerin arbeitet, ein koreanisches Volkslied, gefolgt von einer Tanz- und Musikeinlage vier weiterer Schülerinnen zu K-Popmusik. Nach dreißig Minuten war die Trauung vollzogen. Es wurde noch ein Familienfoto gemacht, dann wurden Essensmarken verteilt, und es ging eine Etage tiefer in das schmucklose Restaurant. Mittig stand ein Riesenbuffet mit koreanischen Köstlichkeiten, von hier aus gingen mehrere kleine Räume ab, die von hungrigen Hochzeitsgästen nur so überquollen. Uns wurde erklärt, dass mehrere Hochzeitsgesellschaften zugegen waren und wir uns einfach hinsetzen sollten, wo Platz war. Leider stand kein Soju bereit, und so konnte man sich nur mit koreanischem Bier betrinken. Nachdem wir gegessen hatten, gingen wir in den Kaffeeraum. Langsam trudelten dort auch die restlichen Hochzeitsgäste ein.

Meine Cousine und ihr Mann waren nach dem Familienfoto und dem Dankesgang mit dem zweiten, traditionell geprägten Teil der Hochzeit beschäftigt. Dazu begaben sie sich in ein traditionell koreanisch eingerichtetes Zimmer. Dort tauschten sie ihre westliche Hochzeitsgarderobe gegen koreanische Hanboks. Dann wurden in dem Zimmer die Eltern des Ehepaars mit einer Verbeugung begrüßt, und es wurde ein Drink eingeschenkt. Anschließend warfen die Eltern noch eine Handvoll getrockneter Datteln und Kastanien, die Braut und Bräutigam in einem zwischen ihnen aufgespannten Seidentuch auffangen mussten – ein ähnlicher Brauch wie das gemeinsame Zusammenkehren der Porzellanscherben bei einem Polterabend. Dieses Ritual soll dem Brautpaar reichlich Glück, Harmonie und Kindersegen bringen. Die Eltern gaben dem frisch vermählten Paar noch einige weise Worte mit auf ihren gemeinsamen Lebensweg. Dann wurde die Braut vom Bräutigam huckepack getragen, vergleichbar mit dem im Westen üblichen Über-die-Schwelle-Tragen. Diese Prozedur dauerte ebenfalls nicht allzu lang.

In Korea wird nahezu alles mit hohem und oftmals schwindelerregendem Tempo bewältigt. Manchmal ist es kurz und schmerzlos – dann und wann aber auch kurz und schmerzvoll. Nach etwa einer Stunde des Wartens im Kaffeeraum kam meine Cousine und bedankte sich nochmals.

Noch am selben Tag sollte es zu den Flitterwochen auf die Insel Jeju gehen, die in Korea als »Hochzeitsinsel« gilt.

Meine Cousine erzählte mir, dass sie ihren Lehrerberuf aufgeben und sich fortan auf ihre neue Rolle zu Hause konzentrieren wolle. Auch wenn ich dies weder kommentieren noch bewerten wollte, so bedauerte ich ihre Entscheidung doch im Stillen. Heiraten ist eine Lebensetappe, auf der ein extremer gesellschaftlicher und familiärer Druck lastet. In Korea sei Heiraten eine Familiensache und keine Entscheidung zwischen zwei Liebenden, hatte Sung-taek mir erklärt. »Jedes Familienmitglied mischt sich in die Wahl des Bräutigams oder der Braut ein. Dagegen bist du machtlos. Und bei der Wahl spielen viele Faktoren eine Rolle, wie etwa Bildung und Vermögen. Auch wenn es keine arrangierten Ehen mehr gibt, so kann man dies doch als liberal arrangierte Ehen bezeichnen.« Als ich vor vielen Jahren eine koreanische Freundin hatte, bekam auch ich diesen familiären Druck extrem zu spüren.

Auch wenn der Trend dahin geht, dass immer später geheiratet wird, so ist es in Korea noch immer die inoffizielle Norm, bis Mitte zwanzig, spätestens Mitte dreißig geheiratet zu haben, um nicht schief angesehen zu werden. Es gibt inoffizielle Zeitzyklen, laut denen eine Frau mit Anfang zwanzig die Universität absolvieren, mit Mitte zwanzig Arbeit finden und mit Ende zwanzig heiraten sollte. Doch diese anachronistische Vorstellung stirbt mit der neuen Generation aus. Mittlerweile gibt es eine Generation von Frauen, die Karriere der Heirat vorziehen und sich von den konfuzianistischen Lehren distanzieren. In Korea wird diese Generation als »Sampo« bezeichnet, die auf drei essenzielle Dinge verzichtet, nämlich Heirat, Kind und Dating. Selbst einige Supermarktketten haben auf diesen Trend reagiert und bieten jetzt auch Lunchboxen für Singles an.

Bei den meisten steht jedoch nach wie vor das Familienglück über dem individuellen Glück. In Korea ist es fast ausschließlich immer noch so, dass nur ein wirklicher Heiratskandidat den Eltern vorgestellt werden kann, so hatte es mir Sung-taek in einem unserer Gespräche erklärt. Er selbst hatte zunächst Ablehnung von der Mutter seiner Frau erfahren. Während des Kennenlernens, beim gemeinsamen Mittagessen, hatte sie zu ihrer Tochter gesagt: »Mädchen, warum liebst du diesen hoffnungslosen Tagträumer und Taugenichts. Bitte beende die Beziehung!« Am Ende siegte die Liebe. Ich erinnere mich, wie mein Vater, für den Deutschland immer ein wenig Korea blieb, uns drei Kinder immer ermahnte, ihm nur einen wirklich geeigneten Heiratskandidaten vorzustellen. Für andere blieb die Tür unseres netten Hauses im nordrhein-westfälischen Krefeld verschlossen und verriegelt.

Familienbande

Zu Hause im beschaulichen Reihenhaus meiner Eltern in Krefeld dominieren noch heute koreanische Regeln. Im Wohnzimmer über der Couch hängt eine eingerahmte koreanische Kalligrafie des bekannten Künstlers Chung Do-jun, auf der steht: »Ehre deine Eltern und liebe dein Land.« Mein Vater ist im Jahr 1939 geboren. Auch wenn im Pass meiner Eltern ein konkretes Geburtsdatum eingetragen ist, handelt es sich dabei doch nicht um ihr tatsächliches Geburtsdatum. Denn beide folgen noch heute dem Mondkalender, der bekannterweise beweglich ist. Mein Vater war sechs Jahre alt, als Korea sich mit der Kapitulation Japans aus seinen kolonialen Fängen befreien konnte. Noch heute nutzt er manchmal japanische Vokabeln, die in Korea nicht mehr verwendet werden, wie zum Beispiel

»Damanaegi« (Zwiebel), heute sagt man dazu in Korea »Yangpa«.

Mein Vater war das jüngste von fünf Kindern. Die ältere Schwester habe ich noch kennengelernt, wir Kinder haben sie »Gomo« (Tante, väterlicherseits) genannt. Die drei Onkel habe ich nie kennengelernt. Wir hätten sie »Keun Apboji« (ältester Bruder), »Dulje Apboji« (zweitältester Bruder) und »Saedje Apboji« (drittältester Bruder) ansprechen müssen. Und das ist nur die Spitze des Eisberges. Die koreanischen Titel der Familienmitglieder sind eine Wissenschaft für sich.

Unsere Mutter nennen meine Geschwister und ich auf Koreanisch »Omma«, unseren Vater »Apba«. Spricht man in der Gegenwart von anderen Leuten über den Vater oder die Mutter, so ist es wichtig, diese dann als »Apboji« und »Omoni« zu bezeichnen. Meine ältere Schwester Julia muss ich nach dem System »Nu-na« nennen. Meine jüngere Schwester Simone muss mich mit »Opba« ansprechen, und meine ältere Schwester Julia bezeichnet sie als »Onni«. Für jedes Familienmitglied gibt es einen passenden Titel. Und das ist ein ziemlich komplexes Titelsystem, das man wie das Einmaleins beherrschen sollte, wenn man in eine koreanische Familie einheiratet oder bei Koreanern zu Gast ist. Kennt man sich mit dem Titel- und Rangsystem nicht aus, so gilt man in Korea als ungebildet, und es wirft einen negativen Schatten auf die eigene Familie.

Unseren Onkel mütterlicherseits nennen wir »Samchun«. Wenn ich mit anderen über meinen Onkel rede, dann muss ich ihn als »Woesookbu« identifizieren. Die Frau meines Onkels nenne ich »Sookmo«, und in der Gegenwart anderer bezeichne ich sie als »Woesookmo«. Meine Mutter spricht meine *Woesookmo* mit »Olke« an, so wird die Frau des jüngeren Bruders genannt. Meine Tanten aus Ulsan, Changwon, Busan und Incheon spreche ich mit

»Imo« an, die Männer meiner Tanten nenne ich »Imobu«. Als Älterer habe ich immerhin das Privileg, meinen Cousin und meine Cousine mit ihren Vornamen anzureden.

Mein Onkel, mit dem ich oft sehr ernste Gespräche führe, hatte mir einmal gesagt: »Jong-bum (mein koreanischer Name), merke dir eins! Deine Frau muss die richtige Ansprache für alle Familienmitglieder beherrschen. Ansonsten wird man schlecht von ihr denken und sie im schlimmsten Falle als ungebildet betrachten!« Da ich mit Dani keine Koreanerin, sondern eine Original-Berlinerin geheiratet habe, sieht man darüber hinweg. Wenn Dani eine Koreanerin wäre, dann müssten meine Geschwister sie mit »On-ni« (ältere Schwester) ansprechen. Aber meine Geschwister sagen einfach Dani zu ihr.

Ist man der einzige Sohn einer koreanischen Familie, so kann der Antrittsbesuch mit Freundin in einer Komödie oder einer Tragödie enden. Meinem Vater habe ich nicht umsonst den Spitznamen »chinesische Mauer« gegeben. Er vergibt an niemanden, nicht einmal an Gott, ohne Weiteres Sympathiepunkte. Die muss man sich hart erarbeiten. Nach koreanischer Sitte ist es wie gesagt üblich, dass nur potenzielle Heiratskandidaten den Eltern vorgestellt werden – und diesen wird gnadenlos auf den Zahn gefühlt. Ihnen werden Fallen gestellt, Tretminen und Steine in den Weg gelegt. Jede Geste, jeder Satz, jede Handlung und Mimik wird von den Eltern aufgenommen und kritisch analysiert. Koreanische Eltern vergessen nie. Sie haben klare Vorstellungen von der künftigen Frau ihres Sohnes.

Ich hatte Magenkrämpfe, und mein Herz pochte wie wild, als ich das erste Mal mit Dani zu meinen Eltern nach Krefeld fuhr. Dani gegenüber ließ ich mir meine Nervosität nicht anmerken. Horrorszenarien gingen mir durch den Kopf. Ich sah meinen Vater, der uns den Zutritt zu seinem Reich verweigerte. Mein Vater bereitete mir die größten

Sorgen. Selbst dem Präsidenten würde Vater den Eintritt in sein koreanisches Reich untersagen. Meine Mutter würde uns zwar ins Haus lassen, aber sich im Zweifel mit Vater verbünden und ihren Unmut mit Schweigen zum Ausdruck bringen.

Koreanische Eltern haben einen sehr ausgeprägten Beschützerinstinkt. Vor allem wenn es um den einzigen Stammeshalter in der Familie geht. Als ich mal abends um elf Uhr noch nicht zu Hause erschienen war, nahm mein Vater an, ich sei von nordkoreanischen Geheimagenten gekidnappt worden, und beauftragte meine kleine Schwester Simone, die Polizei anzurufen.

»Mein Bruder ist von einer Party immer noch nicht nach Hause gekommen. Meine Eltern machen sich große Sorgen. Wir möchten eine Vermisstenanzeige aufgeben«, sagte Simone zu dem Polizeibeamten.

»Seit wann wird Ihr Bruder denn vermisst?«, fragte der Beamte.

»Er hat heute um 18 Uhr das Haus verlassen!«, antwortete meine Schwester.

»Hmmm!«, entgegnete der Polizist. »Na, wie alt ist denn Ihr Bruder?«

»Mein Bruder ist 26 Jahre alt!«

»Ach so!«, antwortete der Beamte überrascht und meinte: »Seien Sie unbesorgt! Meines Erachtens ist Ihr Bruder alt genug, um den Weg zurück nach Hause zu finden. Glauben Sie mir!«

Schon Tage vor unserer koreanischen Familienzusammenführung versuchte ich Dani in die anachronistischen Hausregeln meiner Eltern einzuführen – das bedeutete, die Schuhe an der Haustür auszuziehen, keine Zuneigung vor den Eltern zur Schau zu stellen, getrennte Schlafzimmer, weil wir noch nicht verheiratet waren, die Wahrung einer Sicherheitsdistanz zwischen uns zu jeder Zeit, beim gemeinsamen Essen zu warten, bis der Vater angefangen hat, erst dann zu sprechen, wenn man angesprochen wird, alles von meinen Eltern mit zwei Händen anzunehmen, keinen Verzehr von Alkohol, keine Witze, die in den eigenwilligen Übersetzungen meiner Eltern leicht missverstanden werden könnten, gepflegte Haare und ein konservatives Outfit anzuziehen. Zum Schluss händigte ich Dani noch eine Haftungserklärung aus, die darauf hinwies, dass der bevorstehende Besuch bei meinen koreanischen Eltern auf eigene Gefahr und Verantwortung erfolgte. Ich bat Dani, die Erklärung sorgfältig zu lesen und, wenn die Liebe danach noch genauso stark sei wie zuvor, zu unterschreiben. Sie konnte mir nicht widerstehen und unterschrieb.

Lost in Translation

Kommunizieren auf Koreanisch

Koreanisch ist keine einfache Sprache, obwohl die Schrift eigentlich sehr leicht zu erlernen ist. Während unseres dreijährigen Aufenthaltes in Korea hatte sich meine Frau vorgenommen, die Sprache mindestens gut genug zu lernen, um sich problemlos mit Koreanern über einfache Themen unterhalten zu können. Zu diesem Zweck meldete sich Dani an einem Multikulti-Zentrum in Gangneung an. Dort saß sie zusammen mit vietnamesischen Ehefrauen und einer Amerikanerin in einem grauen Klassenraum. Als die Lehrerin eintrat, sprach sie die Schülerinnen ohne lange Einleitung auf Koreanisch an. Niemand verstand etwas. Auch in den weiteren Stunden unterrichtete und erklärte sie konsequent auf Koreanisch, weshalb die Schülerinnen den Unterricht mit genauso wenig Sprachkenntnis wie zuvor, aber in immer größerer Verzweiflung verließen. Ein wahrhaft ernüchternder Einstieg in diese schöne Sprache! Also beschloss Dani, eine Privatlehrerin zu Hilfe zu nehmen, und siehe da, schnell machte sie große Fortschritte.

Das koreanische Alphabet Hangeul beinhaltet 14 Konsonanten und zehn Vokale, die mittels unterschiedlich angeordneter Striche und Kreise dargestellt werden. Die Schriftzeichen sind recht einfach zu erlernen, und Dani beherrschte sie bereits nach einem Tag. Weitere Doppelvokale und Konsonanten folgten, und schon einige Nachhilfestunden später konnte sie ihren Namen auf Koreanisch schreiben und leichte Wörter lesen. Endlich waren meine Tage als persönlicher Dolmetscher gezählt. Um die Sprache praktisch anzuwenden und die Aussprache zu üben, forderte ich Dani beim Spazierengehen stets auf, Werbetafeln vorzulesen. Namen wie »Bach's Piano« oder »Mozart Musik Akademie« ließ ich sie natürlich koreanisch aussprechen. So las Dani »Bahhe Piano« und »Motscharte Eumak Hagwon«. In unserer Wohnung klebten bald nahezu überall gelbe Post-its, darauf koreanische Wörter, die meine Frau gelernt hatte. Bevor Dani die koreanischen Schriftzeichen lesen konnte, bezeichnete sie diese immer als »Mainzelmännchen-Schrift«. Im Stillen stimmte ich ihr zu und fragte mich, welche Halluzinogene die Gelehrten und König Sejong, der Erfinder des Hangeul, genommen haben mussten, um sich eine solche Schrift auszudenken.

Im Jahre 1443 führte der vierte König der Joseon-Dynastie Sejong (1397–1450) das heutige koreanische Alphabet ein. Er wollte damit eine Schrift schaffen, die dem einfachen Volk den Zugang zur Bildung erleichterte, denn die damals gebräuchlichen chinesischen Schriftzeichen waren sehr viel schwieriger zu lernen. Die offizielle Einführung des koreanischen Alphabets erfolgte im Jahr 1446. Zu Ehren seines Erfinders feiert Korea noch heute am 9. Oktober den Hangeul-Tag, der mittlerweile zum nationalen Feiertag erklärt wurde. Auf dem Gwanghwamun-Platz in Seoul kann man gar eine 9,5 Meter hohe Bronzestatue König Sejongs bewundern.

Trotz ihrer Fortschritte in der koreanischen Sprache haperte es bei Dani immer noch mit der Aussprache. So musste sie im Alltag zunehmend frustrierende Erfahrungen machen, denn allzu häufig verstanden Koreaner sie wegen ihres starken deutschen Akzentes nicht. Jedes Mal, wenn Dani und ich an der König-Sejong-Statue vorbeigingen, fluchte sie, wie schwer doch die Sprache sei. Schließlich gesellen sich zu der schwierig zu lernenden Aussprache auch noch all die Höflichkeitsformen und eine komplizierte Grammatik.

Im Gegensatz zum deutschen Alphabet gibt es in Korea keine Laute für V und F. F wird wie P – also »Pieeup« – und V wie B beziehungsweise »Bieeup« ausgesprochen. So wird aus dem Hollywood-Filmtitel »Man of Steel« in Korea »Man op Steel«, und das Getränk Fanta wird zu »Panta«. Die kanadische Stadt Vancouver wird zu »Bancouber« und der Name Victoria zu »Bictoria«. Auch die Automarke Volkswagen kennt man in Korea als »Polksbagen« und *coffee* als »Coppee«. Daneben bereiten den Koreanern auch die Laute S, D und Z so manche Schwierigkeiten. Die international bekannte Pizza kennt man in Korea deshalb auch als »Peejah«.

Neben der koreanischen Sprache ist auch die Kunst des Konglisch – eine Mischung aus Englisch und Koreanisch – in der alltäglichen Kommunikation unersetzlich. Mein Kumpel aus Kindheitstagen Jae-woo kann davon ein Lied singen. Als er nach einem einjährigen USA-Aufenthalt von seinem Vater am Flughafen abgeholt wurde, bat dieser ihn, mit dem Auto nach Hause zu fahren. Jae-woo tat, wie ihm sein Vater geheißen, der Vater warf ihm die Autoschlüssel zu und setzte sich auf die Hinterbank. Koreanische Väter sind in der Regel sehr wortkarg, und auch Jae-woos Vater sprach häufig eher in Schlagworten als in ganzen Sätzen. So wusste sein Sohn denn auch nicht, was er meinte, als sein Vater während der Fahrt wiederholt »Jae-woo! Back Meera! Back Meera!« rief. Der Vater wurde zunehmend ungeduldig, und seiner Stimme merkte man eine steigende Anspannung an. Erneut sagte er: »Jae-woo! Back Meera! Back Meera!«

Jae-woo verstand wieder nicht, was der Vater meinte. Er sah sich um und dachte krampfhaft nach, was ihm sein Vater wohl mitteilen wollte, bis ihm endlich ein Licht aufging: »Meinst du etwa ›back mirror‹, Vater?«, fragte er.

»Ja! Natürlich!«, antwortete der Vater ärgerlich. »Da habe ich so viel Geld ausgegeben, damit du ein Jahr in den USA leben kannst, und du weißt nicht mal, was Back Meera bedeutet!« Das Wort *back mirror* (Rückspiegel) hatte er koreanisiert und »Back Meera« ausgesprochen.

Eine ähnliche Erfahrung wie Jae-woo machte ich in einer Bäckerei namens »Paris Baguette«. Dort fragte ich nach einem Croissant und sprach es französisch aus. So war ich es schließlich aus Berlin gewohnt, wo selbst mein türkischer Bäcker bei einer solchen Bestellung sofort wusste, wovon ich sprach. In einer Bäckereikette mit französischem Namen erwartete ich, dass man »Croissant« und »Baguette« auch in französischer Aussprache verstehen würde. Doch wieder einmal wurde ich in Korea eines Besseren belehrt. Ich fragte mindestens achtmal nach einem Croissant, was allerdings nur dazu führte, dass sowohl die Verkäuferin als auch der zu Hilfe geholte Chef mich wie ein großes Fragezeichen anschauten. Kurz davor, die Bäckerei unverrichteter Dinge zu verlassen, kam ich endlich auf die Idee, das Wort konglisch auszusprechen. Also fragte ich nach einem »Krassang«. Sofort wusste die Verkäuferin Bescheid.

Auch andere englische Wörter sind mittlerweile in den koreanischen Sprachgebrauch übergegangen, wie zum Beispiel *Fighting!*, das allerdings konglisch »Paiting!« ausgesprochen wird. Es ist als Motivationsspruch geläufig und bedeutet so viel wie »Auf geht's!«, »Viel Glück!« oder »Kämpfen!«. Ein weiteres beliebtes Konglisch-Wort unter den Koreanern ist »Orai Orai«, was für *alright, alright* steht und beim Rückwärtseinparken genutzt wird. »Terebi« steht für *television*, »Apatae« für *apartment*, *camera* wird »Kahmaerah« ausgesprochen. Auch *navigation* versteht man in Korea nur, wenn es »Naebigaeischeon« ausgesprochen wird, und das Handy kennt man hier nur als »Haendaepon«.

Neben Hangeul und Konglisch ist auch die virtuelle Sprache der Emoticons sehr wichtig, um in Korea umfassend zu kommunizieren. Würde König Sejong in der heutigen Zeit leben, fände er an diesen Schriftzeichen sicherlich Gefallen. Außerdem sind diese sehr viel leichter zu erlernen als die koreanische Grammatik. Hier ein paar wenige Beispiele und ihre Bedeutungen:

Koreanische Emoticons	**Bedeutung**
ㅋㅋㅋ	LOL, Lacheffekt (je mehr ㅋ, desto lustiger)
ㅇㅋ	Okay
ㅜㅜ	weinende Augen mit einfachen Tränen
ㅠㅠ	weinende Augen mit doppelten Tränen
;_;	kleine Augen mit Tränen
! !	große Augen mit Tränen
ㅎㅇ	Hi oder Hallo
ㅇㄷ?	Wo bist du?
ㅊㅋ	Gratuliere!
^^	lächelnde und glückliche Augen

^_^ / ^o^ / ^.^	lächelnde Gesichter
ㄷㅊ	Halt deinen Mund!
ㅗㅗ	Fick dich! (Bitte sorgsam nutzen)
'ㅅ'ㅗ	jemandem den Stinkefinger zeigen (Bitte sorgsam nutzen)
ㅎㅎㅎ	Hahaha (lautes Lachen)
ㅍㅎㅎ	Puhahaha (Lachen)
;; / ^_^;; / ^^;	schwitzend, verlegen
//_//	schüchternes Gesicht
-_- / =_= / =.=	sprachlos
@.@	verwirrt
o□o / *O* / O_O	schockiert sein
^__________^	extrem großes Lachen
n_n	Smiley-Gesicht mit großen Augen
(^o^)	Smiley-Gesicht – überglücklich
OTL	depressiv und niedergeschlagen, frustriert (O = Kopf, T = Arme und Hände, L = Knie)
요TL	stellt eine Person dar, die sich übergibt
ㅂㅇ / ㅂㅂ / ㅂ2 / ㅃ2	Tschüss (2 = *ieh*; ähnelt ausgesprochen mit dem vorangestellten Schriftzeichen für b dem englischen *bye*)
ㅇㅇ	Ja
ㄱㄱ	Let's go!
~	kann benutzt werden, um einen Süßheitsfaktor in die Nachricht einzubauen, zum Beispiel: ^^~~

ㄱㅅ	Danke
ㄴ	Nein
ㄱㅊ	Es ist okay.
486	Ich liebe dich! (*Saranghae!* Das koreanische Schriftzeichen für *Sa* setzt sich aus vier Strichen zusammen, für *rang* aus acht und für *hae* aus sechs.)
^.~	Augenzwinkern zum Flirten
(>^_^)> <(^_^<)	Umarmung (Nur zum Flirtgebrauch!)
8282	schnell, schnell (8 = *pal*, 2 = *ieh*; ähnelt ausgesprochen dem koreanischen *bballi, bballi*)
★.★	aufgeregt sein
(^_^)/	Hallo!
(-.-)Zzz	schlafen
V(^-^)V	Victory-Zeichen

Mit dieser kleinen Auswahl an koreanischen Emoticons kann man den Gemütszustand eines Koreaners gut erfassen und ist gerüstet für einen ausgiebigen Chat mittels »KakaoTalk« oder »WhatsApp«.

Nunchi, Aegyo und Gibun

Wenn es so etwas wie eine Weltrangliste für Länder mit den meisten Schimpfwörtern (*Yok*) gibt, dann wäre Korea sicherlich auf einem der vordersten Plätze vorzufinden. Wenn nicht Erster, dann zumindest Zweiter nach England oder Irland. *Gaesaeki* (Hundesohn), *Schibalsaeki* (Hurensohn), *Byeontaesaeki* (Perversling), *Schibalnom* (verrückter

Bastard), *Schibalnom Gaesaeki Michinsaeki* (verrückter Hundesohn-Bastard), *Schibsaeki Chonsaram* (Dorftrottel), *Dorai* (Verlierer), *Doldaegari* (Betonkopf) sind nur wenige Schimpfwörter aus dem reichlichen Repertoire des Landes. *Schibal* hört sich so ähnlich an, wie die koreanische Zahl 18 ausgesprochen wird (*schib* = 10, *pal* = 8), und ist eines der meistgenutzten Wörter in Korea. Und dann gibt es unglückliche Namen wie *Pak You* (die koreanische Variante von *Fuck You!*) oder *Kim You-seok* (ähnlich dem englischen *You suck!*), bei denen man sich sein Lachen verkneifen sollte. Wenn man in ein neues Land kommt, ist das Lernen von Schimpfwörtern jedenfalls ein essenzieller Teil der Kommunikation.

Neben Hangeul, den regionalen Dialekten (Jeju, Jeolla, Gyeongsang, Chuncheon, Gangwon und Gyeonggi), Konglisch, Emoticons und unzähligen Schimpfwörtern gibt es weitere Kommunikationsmittel, die aus dem koreanischen Alltag nicht wegzudenken sind. Es handelt sich um Nunchi und Aegyo. Letzteres wird vorwiegend von jungen koreanischen Frauen benutzt. Es ist eine kindliche, fast schon babyartige, niedliche und kokette Sprachform, die eine Reihe von Verhaltensmustern beinhaltet, vom Schmollmund und stampfenden Füßen bis hin zu charmanten Gesichtsausdrücken. »Es gibt kaum einen koreanischen Mann, der nicht auf Aegyo steht. Eine Frau, die Aegyo anwendet, weckt den männlichen Beschützerinstinkt«, sagte mein Bekannter Dong-shik, der ein großer Befürworter dieser Art der Kommunikation ist. Er mag es, wenn Frauen ihn auf diese niedliche Art mit »Obppa« ansprechen, dabei mit ihren Wimpern klimpern und ihn freundlich anlächeln. Mit »Obppa« sprechen Frauen Männer an, die älter sind als sie. Es bedeutet »älterer Bruder«. Ein jüngerer Mann muss die ältere Schwester oder auch die ältere Frau mit »Nu-na« ansprechen. Am

Anfang fand ich es komisch, mit »Obppa« oder »Hyeong« – das ist die Anrede von Männern an ältere Männer – angesprochen zu werden. Doch mit der Zeit gewöhnte ich mich daran.

Dass ein Mann Aegyo gegenüber einer *Nu-na* anwendet, kommt sehr selten vor. »Obppang, Baegoppayeong!« (»Älterer Bruder, ich habe Hunger!«) oder »Obppang, Bogoschipohyeong!« (»Älterer Bruder, ich würde dich gern sehen!«) sind zwei Standardsätze, die Frauen beim Aegyo mit kindlicher, quietschender Stimme von sich geben. Dabei ziehen sie die Vokale extra lang, um es noch niedlicher klingen zu lassen. Auch Kolleginnen oder Bekannte, die ich als emanzipiert und feministisch wahrgenommen habe, nutzen das Aegyo gegenüber ihren Partnern. Das wundert mich immer wieder, beinhaltet Aegyo doch etwas extrem Unterwürfiges, indem die Frau sich dabei als hilflos und schwach darstellt. Dani betrachtet Aegyo als eine Art Manipulation des Mannes, da sie die Freundlichkeit als gespielt und unehrlich ansieht. Ihre Koreanischlehrerin weigert sich bis heute, Aegyo gegenüber ihrem Mann anzuwenden, auch wenn er es sich sehnlichst wünscht.

Als ich meine Cousine Hae-jin, die für ein multinationales Unternehmen in Seoul arbeitet, über die Anwendung von Aegyo im Arbeitsumfeld befragte, sagte sie: »Aegyo wird nur im persönlichen Umfeld, in einem informellen Rahmen bei nahestehenden Personen angewendet und nicht auf der Arbeit. Es gehört hier auch nicht hin!« Meine Bekannte Eun-soon dagegen, seit über zwanzig Jahren glücklich geschieden, ist eine Meisterin des Aegyo. Sie betreibt ein kleines Café in Seoul und sagte mir einmal: »Ich würde es bevorzugen, wenn mein zukünftiger Partner oder Ehemann um die zehn Jahre älter wäre als ich. Dann könnte ich Aegyo anwenden. Er würde mich noch mehr lieben. Es gäbe kaum Streit, weil ich ihn mithilfe von Aegyo beschwichtigen könnte.« Die Meinungen zu Aegyo gehen also weit auseinander.

Zum Aegyo gehört auch die Verwendung von symbolischen Handgesten der Zuneigung. Da gibt es zum Beispiel das kleine Herz, das man mit dem Daumen und Zeigefinger über Kreuz zeigt. Man kann dies auch mit beiden Händen ausführen, um zwei kleine Herzen zu zeigen. Ein mittelgroßes Herz entsteht, indem man beide Hände zu einem C formt und zueinanderführt. Ein großes Herz zeigt man mit seinen Armen über dem Kopf. Aus Jux und Tollerei, aber mit ehrlicher Intention, habe ich meiner Frau einmal das große Herz gezeigt. Dani schaute mich verdutzt an und bedankte sich damit, dass sie mir ihren Mittelfinger entgegenstreckte. Ich erklärte Dani, was es mit der Geste auf sich hatte. Danach verstand sie und entschuldigte sich, sie habe in der Geste leider einen duschenden Affen gesehen. Andere Länder, andere Gesten.

Lassen sich koreanische Frauen fotografieren, kann man häufig beobachten, wie sie mit beiden Händen ihr Gesicht betonen und damit ein V-förmiges Kinn erzeugen. Auch der Schmollmund gehört zum Standardrepertoire, ebenso wie das Ballen der Hände zu Fäusten, um sie in die Seiten der Wangen zu drücken. Damit erzeugt man knuddelige Pausbäckchen. Gleiches passiert, wenn man die Zeigefinger gegen die Wangen stößt oder auf beiden Seiten Zeige- und Mittelfinger in die Wangen drückt. Diese Geste erinnert an eine Abwandlung des Victory-Zeichens – nur eben zu rein ästhetischen Zwecken. Den koreanischen Aegyo-Handzeichen sind keine Grenzen gesetzt. Alle aufzulisten würde ein ganzes Buch füllen. Seitdem Dani weiß, was es mit dem großen Herz auf sich hat, besteht sie darauf, dass ich es ab und an zeige, zumindest unter uns.

Neben Aegyo gibt es das Nunchi. Man könnte es als eine Art Telepathie beschreiben, einen sechsten Sinn, die

Kunst des Gedankenlesens beziehungsweise das korrekte Lesen zwischen den Zeilen. Nunchi ist sehr wichtig, um im Alltag richtig mit den Koreanern zu kommunizieren. Seoul-Onkel, der drei meiner Cousins in seinem Unternehmen beschäftigt, rügt sie, wenn sie eine Anordnung falsch interpretieren oder eine Situation mit Geschäftspartnern nicht ganzheitlich erfassen, regelmäßig mit den Worten: »Yah, No Jincha Nunchiga opda!« Es bedeutet so viel wie: »Du hast wirklich kein Taktgefühl!« Meine Cousins haben es unter der Regentschaft meines Onkels wahrlich nicht leicht. Sie müssen ihm die Wünsche von den Lippen ablesen.

Personen, die Nunchi gut beherrschen und die Körpersprache, Sprachsignale und Haltung ihres Gegenübers richtig einschätzen können, sind im Vorteil, wenn es darum geht, eine harmonische zwischenmenschliche Beziehung zu wahren. Überhaupt steht Harmonie über allem. »Ein Ausländer, der in Korea geschäftlich oder privat unterwegs ist, sollte Nunchi kennen und können. Es ist ein fester Bestandteil der Kultur und der koreanischen Identität. Beherrscht man es nicht, gibt es unzählige Fettnäpfchen, die einem als Ausländer zum Verhängnis werden können, sehr zum Nachteil für die eigene Person«, sagte mein finnischer Bekannter Mikko. Auch er arbeitete drei Jahre lang in Korea – Zeit genug, seine Lektion zu lernen.

Essenziell ist auch das koreanische Gibun, eine Art harmonisches Gleichgewicht, um das Gesicht einer Person zu wahren. »Das Gibun aus dem Gleichgewicht zu bringen«, erklärte Mikko, »indem man jemanden vor anderen Personen oder gar Kollegen brüskiert, hätte fatale Auswirkungen. Nicht nur in der zwischenmenschlichen Beziehung. Um das Gibun zu halten, sprechen Koreaner Dinge nie direkt an, sondern reden um den heißen Brei herum und versuchen, alles Kritische so nett wie möglich zu verpacken.

Koreaner würden auf eine Frage nie direkt Nein sagen, sondern eher ›Schauen wir mal‹. Und das ›Schauen wir mal‹ muss man als klares Nein erkennen.«

Als Chef ist mein Onkel auf das Gibun seiner Mitarbeiter weniger bedacht. Nicht, dass es ihm egal wäre. Aber in einer hierarchischen Gesellschaft wie Korea repräsentiert mein Onkel als Chef das Gesicht der Firma. Das Gibun meines Onkels zu wahren ist die Aufgabe beziehungsweise Pflicht seiner Mitarbeiter. Wenn etwas schieflaufen sollte, steht er mit seinem Ruf dafür ein, seine Mitarbeiter dagegen laufen in diesem Fall weniger Gefahr, ihr Gesicht zu verlieren. Seoul-Onkel predigt deshalb stets: »Saram naen Nunchiga ihsaidae!«, was so viel bedeutet wie: »Der Mensch muss Nunchi haben!« Das Beherrschen von Nunchi katapultiert einen automatisch auf die Sonnenseite des koreanischen Dolce Vita. Es ist in etwa vergleichbar mit dem Lernen von Straßenverkehrszeichen für eine Führerscheinprüfung. Erst wenn man sie beherrscht, kommt man unbeschadet durch den Verkehr.

Natürlich gelten diese Verhaltensregeln nicht nur für den beruflichen Kontext, sondern auch im Privaten. Wenn meine Arbeitskollegen mich um meine Sprachkenntnisse beneideten und sagten: »Mensch, du sprichst Deutsch, Englisch und Koreanisch – drei Sprachen fließend. Ich kann nicht einmal vernünftig Koreanisch sprechen«, antwortete ich meist: »Alle drei Sprachen sind nichts, wenn man die wichtigste Sprache nicht kennt: die seiner Frau!« Auf diese Worte hin war dann jeweils ein einvernehmliches Kopfnicken zu sehen.

Standhaft im Alltag

Koreanischer Dreikampf

Es muss die vierte Flasche Soju gewesen sein, die ich mit meinem *Samchun* (Onkel) in einem kleinen Barbecue-Restaurant in der Hafenstadt Ulsan gemeinsam leerte. Das *Samgyeobsal* (Schweinebauchspeck) brutzelte auf dem Kohlegrill, der in der Mitte des Tischs platziert war, der Dunst verschwand in einer kleinen Abzugshaube über uns. Mit dem Speck wurde uns eine kleine Anzahl an Beilagen in Form einer Salatmischung, Kimchi, *Ssamjang* (Algen) und Knoblauchzehen serviert. Alles landete früher oder später auf dem Tischgrill. Und dazu gab es natürlich, wie sollte es anders sein, viel Soju, Koreas Nationalgetränk Nummer eins. Billig und effektiv. Für mich die perfekte Inkarnation der koreanischen *Bballi-bballi*-Kultur.

Mein *Samchun* kennt mich gut. Ich bin sonst kein Freund des Trinkens. Doch an diesem Abend war mir danach, mir den Kopf nebelig zu trinken. »Das wird dir guttun!«, sagte mein Onkel also und forderte mich auf, das Glas in einem

Zug zu leeren. »Oneshot«, wie die Koreaner zu sagen pflegen. Ich nahm das Glas mit zwei Händen entgegen, tat, wie mir geheißen wurde, drehte mich dabei zur Seite, so wie es sich in Korea gehört, und leerte das Glas, wobei ich eine Seite mit meiner Hand verdeckte.

Eigentlich hätte ich als jüngere Person meinem Onkel zuerst ein Glas einschenken müssen. In Korea gilt nämlich das Senioritätsprinzip. Doch in der Familie und unter Freunden werden diese Regeln locker ausgelegt. Ansonsten sollte man aber auf ihre Befolgung achten: Generell schenkt der Jüngere dem Älteren immer zuerst ein. Die Flasche muss beim Einschenken stets mit beiden Händen gehalten werden. Wird einem selbst eingeschenkt, muss das Glas mit beiden Händen leicht in die Höhe gehalten werden. Der Jüngste am Tisch muss immer darauf achten, dass die Älteren ein gefülltes Glas vor sich stehen haben. Trinkt der Jüngere in Gegenwart Älterer, so muss er sich dafür leicht von diesen abwenden und das Glas versteckt vor den Personen trinken. Voraussetzung zum Nachfüllen ist, dass ein Glas komplett geleert wurde. Für seine Dienste am Tisch kann der Jüngere davon ausgehen, dass der Ältere am Ende die komplette Rechnung übernimmt. Alles andere wäre ein schwerer Fauxpas.

Nach der vierten gemeinsamen Flasche war ich eigentlich nicht mehr Herr meiner Sinne, versuchte es mir aber nicht anmerken zu lassen. Plötzlich schaute mich mein Onkel streng an und sagte auf Koreanisch: »Martin! Egal, wie viel du getrunken hast, du musst klar in deinem Denken sein und darfst dir keine Fehler erlauben. Hörst du! Du musst dich stets unter Kontrolle haben!« Seine Worte machten mich sofort wieder wach. Denn das war ja die Herausforderung: am Abend trinken, bis der Arzt kommt, und trotzdem am nächsten Tag wieder eine Zwölf-Stunden-Schicht abreißen – wir waren schließlich in Korea!

Wer Freundschaften in Korea schließen will, der besiegelt dies mit Soju und muss dabei seine Trinkfestigkeit unter Beweis stellen. Ohne alkoholisches Stehvermögen kommen nur oberflächliche Bekanntschaften zustande. Mein russischer Freund Nikolay kann bis heute nicht verstehen, warum die Russen immer als Säufer dargestellt werden, viel schlimmer sind aus seiner Sicht die Koreaner. 2012 konsumierten sie mehr als 3,4 Milliarden Flaschen Soju. Das macht im Schnitt 88,4 Flaschen pro Erwachsenem im Jahr und 7,4 Flaschen im Monat. Eine Anti-Alkohol-Politik, wie sie damals Michail Gorbatschow beziehungsweise »Genosse Orangensaft«, wie er von der Bevölkerung genannt wurde, einführte, wäre in Korea nicht denkbar. Die Menschen würden auf die Barrikaden gehen, und wozu wütende Koreaner imstande sind, haben wir ja schon erfahren. Samsung hatte vor einiger Zeit die 119-Regel eingeführt, da die Alkoholexzesse der Mitarbeiter nach der Arbeit überhandnahmen. 119 steht für ein Lokal, eine Sorte Alkohol, und gezecht wird nur bis neun Uhr abends.

Mein italienischer Bekannter Michele, der beruflich oft in Korea weilt, nennt es auch gern den »koreanischen Dreikampf – essen, trinken und singen«. Denn die letzte Runde endet häufig in einer Karaokebar. In Korea steht und fällt das gesellschaftliche Ansehen mit der Anzahl von Soju-Flaschen, die man imstande ist, an einem Abend zu trinken. Ich sage bei solchen Gelegenheiten meist: »Zwei Flaschen schaffe ich!« Denn mit zwei Flaschen ist dir der Respekt deines späteren Trinkpartners sicher. Und wenn dieser dazu noch weiß, dass du aus Deutschland stammst, geht er ohnehin davon aus, du seist statt mit der Milchflasche mit der Bierflasche großgezogen worden.

Soju gehört ganz klar zum koreanischen *Way of Life*. Die so harmlos aussehende, smaragdgrüne Flasche hält für vieles her. Das Getränk dient für die Getriebenen des Arbeitslebens als Stressabbauer, für die Hoffnungslosen als Verdrängungsmittel, für Liebende als Enthemmungsmittel und für die Aufgeregten als Beruhigungsmittel. Nach den 2011 im Branchenmagazin *Drinks International* veröffentlichten Verkaufsstatistiken lag die Soju-Marke Chamisul auf Platz eins der meist verkauften Spirituosen der Welt, dicht gefolgt von Chum Churum auf Platz drei – bekannte Marken wie Wodka Gorbatschow ließen sie dabei hinter sich.

Wenn Sie in Korea sind, dann kommen Sie an Soju also nicht vorbei. Und egal, über wie viele Runden der koreanische Dreikampf gehen wird – bleiben Sie standhaft.

Badelatschen und Pumasi

Im koreanischen Arbeitsleben gibt es einige Gepflogenheiten, mit denen ich mich nie so recht anfreunden konnte. Dazu gehört das Tragen von Badelatschen im Büro, das kollektive Mittagessen um Punkt zwölf Uhr und das ständige Zähneputzen nach jeglicher Nahrungsaufnahme.

Badelatschen trägt man in Korea nämlich nicht nur in Schwimmhallen, sondern auch auf der Arbeit. Was in anderen Ländern als unangemessen wahrgenommen werden würde, ist hier eine Selbstverständlichkeit, die den meisten Koreanern gar nicht mehr auffällt. Unter meinen Kollegen waren die koreanischen Samdidas-Badesandalen, billige Imitate des deutschen Herstellers mit den drei Streifen (*Sam* bedeutet »drei«), sehr begehrt. Einige von ihnen gibt es schon für 3000 Won, das sind etwa 2,50 Euro. Aufgrund der großen Nachfrage sind sie fast überall erhältlich.

Das kollektive Mittagessen mit den Kollegen war für mich ebenfalls gewöhnungsbedürftig. Nicht, dass ich in Deutschland nie mit meinen Kollegen zusammen gegessen hätte, aber in Korea wird dies als Selbstverständlichkeit angesehen, der man sich nicht einfach so entziehen kann. Jedenfalls nicht, wenn einem die kollegiale Atmosphäre im Team wichtig ist. In den drei Jahren, die ich beim Olympischen Komitee gearbeitet habe, habe ich diese Gepflogenheit allerdings auch zu schätzen gelernt, und mittlerweile ziehe ich es vor, meine Pause in netter Gesellschaft meines Teams zu verbringen.

Nach dem Mittagessen trifft sich schließlich die ganze Belegschaft mit ihren Zahnputzutensilien im Bad, um gemeinschaftlich ihrer Zahnpflege zu frönen – eine Tradition, die man in Deutschland eher nur aus Kindergärten kennt.

Trafen wir beim Mittagessen im Restaurant zufällig unseren Vorgesetzten, den Vizepräsidenten, war es üblich, dass er die Rechnung übernahm – selbst wenn er nicht mit uns gemeinsam aß. Bei der nächsten Gelegenheit, bei der wir den Vizepräsidenten trafen, schuldeten wir ihm dann eine nette Begrüßung und Danksagung. Um Kosten zu sparen, entwickelte einer meiner Kollegen den Plan, unser tägliches Mittagessen immer so anzusetzen, dass wir den Chef ganz zufällig trafen. Aber wir hielten den Kollegen dann doch lieber davon ab.

Im September 2016 trat das Kim-Young-ran-Gesetz in Kraft, das nach der ehemaligen Verfassungsrichterin benannt wurde. Mit diesem Gesetz versuchte man, die Korruption unter Angestellten des öffentlichen Diensts inklusive deren Familienangehörigen, unter Lehrern und Angestellten an privaten Schulen sowie Journalisten einzudämmen. In Korea herrscht eine ausgeprägte Kultur des Schenkens, sodass ein vollständiges Verbot von Geschenken im professionellen Kontext kaum durchsetzbar wäre. Um diese Geschenke dennoch zu regulieren, gilt nun das Prinzip 30-50-100. Demnach dürfen Essen, Getränke und Snacks einen Wert von 30 000 KRW (circa 23 Euro) nicht übersteigen. Bis zu 50 000 KRW (circa 38 Euro) ist die

Freigrenze für Sachgeschenke. Trauer- oder Hochzeitsgeld, Gratulationsgeschenke oder Blumen sind bis zu einem Geldwert von 100 000 KRW (circa 76 Euro) erlaubt. Das Gesetz, das bislang nur für Beamte, Lehrer und Journalisten gilt, war ein großer Einschnitt. Zuvor hatten wir Kollegen reihum die gesamte Rechnung des Mittagessens beglichen. War jeder einmal dran gewesen, fing es wieder von vorn an. Nach diesem Prinzip bezahlte jeder ungefähr gleich viel. Nach der Gesetzesänderung gingen wir nun jeder einzeln zur Kasse, um den eigenen Anteil der Rechnung zu bezahlen. Diese Art von Zahlung nennt man in Korea »Dutch pay«, und sie ist eher verpönt. Schließlich gab es vor dem Kim-Young-ran-Gesetz einen regelrechten Kampf um die Rechnung, da es als Ehrensache wahrgenommen wird, Freunde und Kollegen zum Essen einzuladen.

Auch wenn ich mich mit meinen Kollegen und Freunden Nikolay aus Russland und Dan aus England verabredete, hielten wir uns an die koreanischen Regeln – einer bezahlt die Zeche für alle. Dan hatte eine Koreanerin geheiratet und absolvierte gerade sein Masterstudium an der Korea University. Das Studium an großen Universitäten wie der Korea University bietet einem in der Regel ein gutes Netzwerk, das beim Einstieg in das Berufsleben sehr hilfreich sein kann. Doch statt das Netzwerk der Universität zu nutzen, schaffte es Dan aus eigener Kraft, den Job im Olympischen Komitee zu bekommen. Er überzeugte im Jobinterview. Auf die Frage, was er sich von dem Engagement im Komitee erhoffe, antwortete er: »Weltfrieden!« Das war der Schlüssel zur Tür des Komitees.

Zusammen mit Nikolay gründeten wir auf Arbeit eine »Aliengruppe« und traten zusätzlich in die Verbindungen unseres jeweiligen Geburtsjahrgangs ein. Im 79er-Klub lernte ich Kollegen aus anderen Abteilungen kennen, die in meinem Alter waren, und erfuhr sofort große Verbundenheit und ein starkes Wirgefühl. In Korea ist es üblich, dass man sich solchen Verbindungen anschließt, sei es von der ehemaligen Schule oder Universität, einer Studiengruppe oder einem Sportklub. Je mehr Klubs oder Gruppen man sich anschließt, desto größer wird das eigene Netzwerk. Zudem kann man sich des Einflusses und auch des Schutzes der jeweiligen Gruppen gewiss sein. Durch das Netzwerk kann man Barrieren überwinden und viele Dinge über den kurzen Dienstweg regeln. Auch mir erleichterten die Kontakte aus dem 79er-Klub meine Arbeit im Organisationskomitee enorm.

Der heutige Vernetzungsdrang erinnert ein wenig an das *Dure-* und *Pumasi*-Prinzip aus der Joseon-Ära. *Dure* bedeutete, dass alle benachbarten Landwirte zusammenkamen, um sich gegenseitig und solidarisch bei der schwierigen Arbeit auf dem Acker zu unterstützen. *Pumasi* beruhte dagegen auf dem Reziprozitätsprinzip: Eine Hand wäscht die andere. In der heutigen Zeit würde man *Pumasi* eher »Cliquenwirtschaft« oder »Seilschaften« nennen. Die meisten solcher Seilschaften basieren auf dem Besuch der gleichen Schule oder Universität (*Hakyon*), der gleichen Heimat, einer Blutsverwandtschaft (*Hyulyon*) oder demselben Wohnort oder derselben Region (*Jiyon*).

Mein Bekannter, der für einen koreanischen Automobilkonzern arbeitet, erzählte mir: »Bei uns bekommen bestimmte Stellen in Führungspositionen nur Absolventen der Seoul National University. Das liegt daran, dass die Person, die die Stellen besetzt, ebenfalls diese Universität besucht hat.« Ich habe einmal eine ähnliche Erfahrung gemacht, als ich erkannte, dass ausnahmslos alle Eishockey-Schiedsrichterstellen mit Absolventen der Kyunghee University besetzt waren.

Vor Kurzem hat der südkoreanische Präsident Moon Jaein dem Nepotismus und den diskriminierenden Einstellungspraktiken allerdings den Kampf angesagt. Zumindest was die Stellen im öffentlichen Sektor betrifft. Das Prinzip der Meritokratie, der Stellenverteilung durch Leistung, soll sich im Land durchsetzen. Dann sollten persönliche Angaben über Körpermaße, Schulbildung, Zusatzqualifikationen und familiären Hintergrund im Bewerbungsprozess der Vergangenheit angehören.

Kwarosa und Feierabend

In Korea steht der Begriff »Kwarosa« für einen arbeitsbedingten Todesfall durch Erschöpfung. In Japan wird dies »Karoshi« genannt. Mit der Unterzeichnung seines Arbeitsvertrages verpflichtet man sich zu täglichen Überstunden (*Yagen*), regelmäßigen Besäufnissen, wenig Schlaf und Verzicht auf Erholung und Familie. In meinem Arbeitsvertrag wurden mir 15 Urlaubstage im Jahr zugesichert, die ich aber nicht am Stück nehmen durfte, sondern, wie in Korea üblich, immer nur maximal drei bis fünf Tage hintereinander.

Über die langen Arbeitszeiten der Koreaner wurde schon mehrfach berichtet, sie werden hauptsächlich mit der geringen Produktivität in Verbindung gebracht. Schon am ersten Arbeitstag im Olympischen Organisationskomitee konnte ich einen guten Einblick gewinnen, wie gearbeitet wird. Um neun Uhr in der Früh wurde eingecheckt, um nur fünf Minuten später die erste ausgiebige Zigarettenpause zu machen. Der eine oder andere Kollege putzte sich im Waschraum die Zähne. Kollegen, die eine Aufgabe erledigt hatten, gaukelten vor, noch weiter an der gleichen Tätigkeit zu arbeiten, spielten in der Zeit jedoch Computerspiele, chatteten oder shoppten auf diversen Online-Versandhandelsportalen. Der koreanische Präsident Moon

Jae-in hat deshalb nun die 68-Stunden-Woche auf 52 Stunden reduziert. Arbeitgeber sollen das Licht im Büro ausmachen für Arbeitnehmer, die sich nicht an die Neuregelung halten. Und nach einer Karenzzeit können solche Angestellten sogar bis zu zwei Jahren Gefängnis oder zu einer Geldstrafe von bis zu 18 000 USD verurteilt werden.

Mein Freund Hyung-an, der in der Filmindustrie arbeitet, hat mir einmal gesagt: »Wichtig ist es immer zu zeigen, dass gearbeitet wird!« Hyung-an ist ein cooler Typ. Er pfeift auf gesellschaftliche Normen. Ich mochte ihn auf Anhieb. Er kleidete sich im Hip-Hop-Stil und sprach Ebonics, die Sprache der Afroamerikaner. Ich hatte ihn deshalb einmal gefragt, ob er in Amerika gelebt habe, doch er verneinte und erklärte zu meiner Verblüffung: »Ich bin ein großer NBA-Fan und habe mein Englisch über den Sport gelernt, indem ich den AFKN-Sender angeschaut und mir die Interviews der NBA-Spieler regelmäßig angehört habe.« AFKN steht für American Forces Korea Network, der Sender nahm seine Arbeit 1957 im Land der Morgenstille auf und war eigentlich für das amerikanische Militärpersonal in Südkorea gedacht. Doch auch alle übrigen Koreaner konnten den Sender empfangen.

Selbst am ersten Arbeitstag kam keiner der neuen Kollegen darum herum, am berüchtigten koreanischen Dreikampf (essen, trinken, singen) teilzunehmen. Schließlich mussten neue Freundschaften und strategische Koalitionen geformt und mit Soju besiegelt werden. Und unter den Kollegen gibt es immer einen, der sagt: »Naega ssonda!« (»Ich bezahle die Zeche!«)

Die erste Runde bestand aus einem Schweinenackenknochen-Eintopf (*Gamchatang*) mit Unmengen von Soju-Flaschen dazu. Dabei kam eine gewisse Speeddating-Atmosphäre auf, weil in kurzen Zeitabständen immer ein neuer Kollege mit vollem Soju-Schnapsglas vor einem auftauchte, austrank und einem dann sein Glas anbot. Sozusagen als Symbol guter Zusammenarbeit und nicht etwa, um seinen Herpes zu verbreiten. Bei diesem Trinkritual ist es wichtig, dass das Glas komplett leer getrunken wird, sodass kein Tropfen übrig bleibt. Und dabei gilt stets die Rechts-vor-links-Regel. Das Glas muss mit beiden Händen empfangen, aber nur mit der rechten Hand entgegengenommen werden, mit der man auch eingießt. Die linke Hand dient zur Unterstützung. Das Glas mit der linken Hand entgegenzunehmen gilt als grober Etikettenverstoß gegen die inoffizielle koreanische Trinkverordnung. Auch hier herrscht der koreanische kollektivistische Teamgeistgedanke: Nur gemeinsam trinken und betrinken wir uns.

Mit gutem Alkoholpegel im Blut und nach dem Motto »Urihan-beonkkeukkaji gaboja!« (»Lasst uns heute Abend bis zum Ende trinken!«) ging es kollektiv zur zweiten Runde in einer nahe gelegenen Kneipe über. Auch hier flossen Bier und Soju in Strömen. Natürlich durfte bei der Runde das *Anju* (die Beilagen) nicht fehlen. Wir entschieden uns für eine Würstchenplatte und getrockneten Fisch. Irgendwann hatte ich aufgehört, die Bombendrinks *Poktanju* (*Poktan* bedeutet Bombe, *ju* steht für Getränk) zu zählen, die von einem Kollegen spektakulär zubereitet wurden und schnell ins Gehirn einschlugen. Das Getränk wird deswegen *Poktanju* genannt, weil der Bierschaum, der entsteht, wenn das Soju-Glas in das Bierglas reinfällt, dem trüben Rauch bei einer Bombenexplosion ähnelt.

Die etwas mildere Version von *Poktanju* ist *Somaek*. *Somaek* ist wie *Poktanju* eine Mischung aus Bier und Soju, jedoch kann man das Mengenverhältnis selbst bestimmen. Dabei wird der Soju zuerst in das Bierglas geschüttet und danach das Bier. Dann steckt man einen Löffel mit etwas Druck in das Glas, um die Mischung aufschäumen zu lassen. Spektakulär ist auch der *Taekwondo Shot*. Hier werden die Essstäbchen auf das Bierglas gelegt, sodass das Soju-Glas darauf gestellt werden kann. Mit einem gekonnten Schlag mit der Faust auf den Tisch fällt das Soju-Glas in das Bierglas hinein. *Poktanju*, *Somaek* oder *Taekwondo Shot* sind nur einige Drinks in der vielfältigen Trinkkultur Koreas. Koreaner setzen eben bei allem noch einmal eine Schippe drauf. Als ich 2005 im Büro des ehemaligen koreanischen Gesundheitsministers Kim Chong-in arbeitete, glaubte ich nach einigen koreanischen Dreikämpfen, dass meine Leber Korea nicht überleben würde.

Nach mehreren Stunden in der Kneipe und mit einer dezimierten, aber trinkfesten Truppe ging es in die dritte Runde. In der dritten Runde war Singvermögen angesagt. Beliebt waren vor allem koreanische Schnulzen, die sich ab einem bestimmten Alkoholpegel nicht mehr gut anhörten. Die Nacht endete damit, dass einige Kollegen mit Tamburin auf den Tischen tanzten wie Indianer vor dem Feuer und ihre Krawatten zu einem Kopftuch umbanden.

Anders als erwartet, sahen die Kollegen am nächsten Morgen im Büro relativ fit aus. Nur die gewaltige Alkoholfahne mancher Kollegen erinnerte noch an den letzten Abend. Das ganze Büro stank nach Alkohol und die Klamotten nach Barbecue-Rauch. Raumerfrischer, Mundspülung und Kaugummi halfen nicht. In Korea gilt: *Work hard, play hard, party hard*. Zur Mittagszeit gingen wir geschlossen in ein Restaurant, das sich darauf spezialisiert hat, einem den Kater auszutreiben. Auf der Menükarte konnte man unter fünf Anti-Kater-Speisen wählen: »Dried Pollack Hangover Soup«, »Hangover Stew with Ox Blood«, »Hangover Stew with Cabbage«, »Spicy Pork Rib Hangover Stew« und »Pork on the Bone Soup«. Wir bestellten Hangover Stew mit Ochsenblut, zum Nachtisch gab es ein Hangover-Eis. Beim Eisschlecken dachte ich darüber nach, wie es wohl dem koreanischen Präsidenten nach 100 Tagen im Amt gehen und wie sein Bericht an das Volk aussehen würde. Tag 1 – getrunken, gegessen, gesungen. Tag 2 – gesungen, getrunken, gegessen. Tag 3 – gegessen, gesungen, getrunken und immer so weiter. Ein Präsident, der trinkfester als Boris Jelzin und weniger korrupt als Chun Doo-hwan wäre, würde Sympathiepunkte sammeln, wenn er oder sie eines Tages verkünden würde: »Soju ist die Fortsetzung der Politik mit anderen Mitteln!« Einem solchen Mann des Volkes würden die Südkoreaner sicher ein Denkmal setzen.

Suneung – Die Reifeprüfung

Mein Vater hatte die Angewohnheit, meinen zwei Schwestern und mir vor wichtigen Schulprüfungen weißen Klebereiskuchen (*Chapssalddeok*) zu kaufen, der mit roter Bohnenpaste gefüllt war. In Korea hat der Klebereiskuchen nämlich eine symbolische Bedeutung: Es soll dafür sorgen, bei der Prüfung kleben zu bleiben. »Kleben bleiben« meint hierbei, das Examen gut abzuschließen. Es handelt sich also um eine Art Glücksbringer. Im Gegensatz dazu sagt man, dass Seetangsuppe (*Miyeokguk*) Unglück bringe. Denn Seetang ist glitschig und symbolisiert, dass jemand durch das Examen rutscht, es also nicht besteht. In Deutschland führt diese Symbolik schnell zu Missverständnissen, da hier »kleben bleiben« genau das Gegenteil bedeutet: die Nichtversetzung in die nächste Klasse.

Ebenso wie mein Vater unterstützte meine Mutter unseren schulischen Erfolg durch spirituelle Rituale. Ich erinnere mich, wie sie vor dem Physikum meiner älteren Schwester eine Kerze auf dem Wohnzimmertisch anzündete. Dies tat sie auch vor den wichtigen Prüfungen von meiner jüngeren Schwester und mir. Während der Prüfungszeit herrschte absolute Harmonie in unserem Haushalt, um uns positiv auf die bevorstehenden Prüfungen einzustimmen. Bildung ist Familienangelegenheit in Korea. Der Erfolg des Kindes ist der Erfolg der ganzen Familie. Dieses Credo ist bei allen koreanischen Familien tief verankert. Für die Bildung und das Fortkommen der Kinder geben koreanische Eltern sprichwörtlich ihr letztes Hemd. Auch meine Eltern waren bereit, für die Ausbildung von meinen Geschwistern und mir auf jeglichen Luxus zu verzichten. Mein Vater arbeitete nebenbei in der Wäscherei eines Bekannten. Meine Mutter nahm neben ihrer Arbeit als Krankenschwester sogar noch einen Nebenjob als Krankenpflegerin in einem Seniorenheim an, um die teuren Medizinbücher meiner Schwester zu finanzieren. Das Familienauto wurde verkauft, deshalb ging meine Mutter über Jahre hinweg drei Kilometer zu Fuß zur Arbeit.

Natürlich wurden an uns Kinder dann auch große Ansprüche gestellt. Noch heute habe ich die Worte meines Vaters im Ohr: »Martin, du musst im Su- oder Wu-Bereich sein! Mi, Yang und Ga sind sehr schlecht!« *Su* und *Wu* stehen für die Noten »sehr gut« und »gut«. *Mi* ist »befriedigend«, *Yang* entspricht »ausreichend«, und *Ga* steht für »mangelhaft« bis »ungenügend«. Dieses Notensystem existierte in Korea bis zum Jahr 2005. Mein Vater erinnerte uns Kinder ständig daran. »Ga bedeutet weggehen, und zwar von der Schule!«, ermahnte er häufig.

Mein Vater selbst war stets ein guter Schüler gewesen. Mathematik und Boxen gehörten zu seinen Lieblingsfächern, und sein Sportlehrer lobte ihn für sein sportliches Talent. Wegen der hohen Schulgebühren musste mein Vater oft Zwangspausen einlegen, bis wieder genug Geld im Hause war, um die Gebühren zu bezahlen. Und doch schaffte er sein Abitur. Den Eingangstest für die Universität bestand mein Vater mit Bravour und war damit nah daran, seinen Traum, Banker zu werden, zu verwirklichen. Doch die Mittel fehlten, um sein Studium zu finanzieren. Niedergeschlagen, dass sein Traum nicht in Erfüllung gehen würde, packte er eines Abends all sein Hab und Gut und meldete sich bei der Armee, um seinen Wehrdienst abzuleisten. Nach getaner Dienstzeit hielt mein Vater sich mit Gelegenheitsjobs über Wasser. Dann hörte er davon, dass in Deutschland koreanische Bergarbeiter gesucht wurden. Obwohl mein Vater nie unter Tage gearbeitet hatte, überlegte er nicht lang. In Korea hielt ihn nichts mehr – es war ein Land, in dem es für ihn keine Zukunft gab. Und so brach er nach Deutschland auf.

Wenn ich an die Bildungshölle denke, durch die meine koreanischen Cousins und Cousinen gehen mussten, bin ich froh, dass ich meine akademische Ausbildung in Deutschland, Amerika und Brüssel genießen konnte und so etwas wie eine Student-Life-Balance hatte.

Ab dem ersten Highschool-Jahr beginnt in Korea die Vorbereitung auf die Prüfung Suneung und damit ein Leben im akademischen Hamsterrad. Suneung wurde erst im Jahr 1994 eingeführt. »Es ist eine harte, schlaflose und entbehrungsreiche Zeit!«, erzählte mein Arbeitskollege Yong-jun, der nach seiner Schulzeit an der Kangwon National University Deutsch und Literatur studierte. »Suneung ist die Prüfung aller Prüfungen. Sie entscheidet maßgeblich über deine Zukunft. Ehrlich gesagt, habe ich sehr schlecht abgeschnitten. Meine Eltern waren extrem enttäuscht. Für alle koreanischen Eltern ist der Wunsch, dass ihr Kind an einer SKY-Universität landet, sehr groß. Doch für mich war die Kangwon National University meine erste und einzig mögliche Wahl.«

Meinen Cousin Jin-hyeok sah ich morgens um sechs Uhr aus dem Haus gehen und erst weit nach Mitternacht zurückkehren. Die Terminkalender von Jin-hyeok und meiner Cousine Eun-ji waren durchgeplant wie die von Stars. Beide wurden von meiner Tante gemanagt, denn wenn es um die Bildung der Kinder geht, verstehen koreanische Eltern keinen Spaß. Nach der Schule ging es noch zu zahlreichen *Hagwons* (Nachhilfeschulen). »Der Stapel der Lehrbücher, die wir für die Suneung kauften, erreichte fast meine eigene Körpergröße von 1,83 Meter. Die Prüfung ist so etwas wie ein Initiationsritus, der dich zu einem Erwachsenen macht«, sagte Jin-hyeok.

Obwohl ich im Vergleich zu meinem Cousin weniger unter schulischem Leistungsdruck stand, waren auch meine Eltern sehr streng, wenn es um unsere Ausbildung ging. Ich erinnere mich, dass mein Vater eines Tages mit einer Stahltafel nach Hause kam, in die das Einmaleins eingestanzt war, sodass ich bereits in der zweiten Klasse das Einmaleins bis zwanzig perfekt beherrschte. In den Sommerferien befahl mein Vater, die Bücher für das kommende Schuljahr zu kaufen, um sie bis zum Ferienende durchgearbeitet zu haben. Ab und an lebte ein deutsch-koreanischer Mathematikstudent aus Hamminkeln-Dingden in der Ferienzeit bei uns, mit dem Auftrag, mir Mathematik beizubringen. Dabei hatte er die ausdrückliche Erlaubnis, auch koreanische Methoden der Wissensvermittlung anzuwenden, was zum Beispiel beinhaltete, die Fehlerquote durch Schläge mit einem Lineal auf den Unterarm zu verbessern. In Deutschland ist diese Lehrmethode mittlerweile undenkbar und vollkommen inakzeptabel. Doch egal, wo sich koreanische Eltern auf dieser Welt befinden, in den eigenen vier Wänden herrschen koreanische Regeln.

In den Sommerferien weckte mich mein Vater meist um Punkt sechs Uhr in der Früh. Er war mein *Wake-up Call*, einen Wecker brauchte ich nicht. Die warme Decke, an die ich gern noch für ein paar Stunden meinen Körper geschmiegt hätte, riss er mir mit einem kräftigen Schwung weg. Mit strengem Blick befahl er, dass ich mich in die Badewanne begeben sollte. Dann drehte er den kalten Wasserhahn bis zum Anschlag auf, um mir jegliche Hoffnung zu nehmen, dass auch nur ein einziger warmer Tropfen rauskäme, der mich vor dem Kälteschock am Morgen hätte retten können. Mein Vater wollte auf Nummer sicher gehen, dass jegliche Müdigkeit aus meinem Körper entfloh und mein Hirn für die bevorstehenden Matheaufgaben auf Hochtouren lief. Immerhin wählte er damit noch eine sehr gemäßigte Methode, in Korea dagegen greifen viele auf sogenannte Suneung-Dopingmittel zurück, die die Konzentrations- und Leistungsfähigkeit steigern.

Mein bester Freund Jae-woo verbrachte die Ferientage gern mit mir zusammen und übernachtete regelmäßig bei uns. Er war der reinste Zappelphilipp und hatte sich mit dem Lernen nie wirklich anfreunden können. Dennoch ließ auch er die »Ausbau der Stresstoleranz zur Förderung der Gesundheit und des Lernens«-Tortur, wie mein Vater es nannte, über sich ergehen. Für meinen Vater war Gleichbehandlung oberste Priorität, und er stellte Jae-woo die Bedingung, nur dann bei uns übernachten zu dürfen, wenn er seinen Hausregeln folgte. Als ich Jae-woo morgens in der Badewanne in seine großen, ängstlichen Augen sah, zitternd vom kalten Wasserstrahl, wusste ich auf Anhieb, dass ihm unsere Freundschaft wirklich etwas bedeutete. Nach der kalten Dusche fing das Lernen an. Mein Vater gab mir stets mehr Hausaufgaben, als ich an einem Tag hätte bewältigen können, und ließ es sich nicht nehmen, stichprobenartig zu kontrollieren, ob ich noch lernte oder schon erschöpft auf meinem Schreibtisch eingeschlafen war. Manchmal dachte ich, er habe einen Müdigkeitsdetektor, der bei dem kleinsten Anzeichen, dass ich müde sein könnte, sofort Alarm schlug. Zugegebenermaßen erwischte mich mein Vater sehr häufig dabei, dass ich eingeschlafen war. Dann musste ich wieder eine kalte Dusche über mich ergehen lassen.

Koreanische Eltern haben auch ein Faible dafür, dass ihre Kinder klassische Instrumente wie Klavier oder Geige spielen. Neben dem Lernen für die Schule und meinem Hobby, dem Eishockey, wurde ich also dazu verdonnert, Geige zu lernen. Mit dem Instrument konnte ich mich allerdings nie wirklich anfreunden. Zudem verfügen koreanische Eltern über ein enormes Konkurrenzdenken. Weil ich Geige spielte, wurde also auch mein Freund Jae-woo von seinen Eltern dazu genötigt, Geige zu lernen. Meine Schwester lernte Klavier, und meine Eltern kauften ihr für ein halbes Vermögen ein Grotrian-Steinweg-Piano. Dabei sollte das Spielen eines Instruments die Selbstdisziplin fördern, aber keinesfalls den Weg in eine professionelle Musikerkarriere ebnen.

Für viele koreanische Eltern, die im Ausland leben, ist die Zeit und damit auch die gesellschaftliche Entwicklung seit ihrem Fortgang aus Korea stehen geblieben. Dementsprechend scheinen sie nur drei akzeptable Berufe zu kennen, zwischen denen ihre Kinder sich entscheiden sollen: Arzt, Anwalt oder Manager eines großen Unternehmens. Alles andere gilt als brotlose Kunst. Spätestens seit dem wirtschaftlichen Aufstieg Anfang der Sechzigerjahre gelten allerdings selbst in koreanischen Haushalten die Möglichkeiten der freien Berufs- und Studienwahl.

»Meinen Eltern war es egal, was ich studiere, und so habe ich mich für Fashion Design entschieden«, sagte mein Bekannter Seok-cheol, der heute in der Gaming-Industrie arbeitet.

»Für meine Eltern wäre es unvorstellbar gewesen, dass ich ein Fach wie Fashion Design studiere. Sie hätten mich wahrscheinlich aus dem Hause geworfen und enterbt«, entgegnete ich daraufhin.

Mein Cousin Jin-hyeok hatte in der Suneung-Prüfung nach Ansicht meines Onkels nur mit mittelmäßigem Erfolg abgeschnitten. »Du solltest dir einen akademischen Beruf aussuchen!«, hatte mein Onkel meinem Cousin geraten. Jin-hyeok begann also Internationale Beziehungen an der Hankuk University of Foreign Studies (HUFS) zu studieren, und entschied sich gegen eine Wiederholung des Tests. Die Suneung-Prüfung kann nämlich jedes Jahr erneut abgelegt werden, wenn man mit seinem Ergebnis nicht zufrieden ist. Falls man die Prüfung ein zweites Mal ablegt und schlechter abschneidet, gilt das schlechtere Ergebnis.

Mein Bekannter Seung-ho war ein exzellenter Schwimmer, deshalb musste er die Suneung-Prüfung nicht ablegen. Ähnlich wie in den USA garantiert manch einem sein sportliches oder künstlerisches Talent ein Stipendium an einer exzellenten Universität. So habe ich einige koreanische Freunde, die als Eishockeyspieler an der prestigevollen Korea University und Yonsei University angenommen wurden und in ihrer Universitätszeit tatsächlich mehr Athleten als Studenten waren.

Es gibt symbolische Geschenke, die man Suneung-Prüflingen schenkt, mit denen man sie motivieren will. Neben Klebreiskuchen gibt man zum Suneung auch Klopapier und *Yeot* (koreanisches Toffee). Klopapier steht dafür, dass man die Prüfung gut abwickeln soll, und *Yeot* wird, ebenso wie der Klebreiskuchen, aufgrund seiner Klebrigkeit an Prüflinge verschenkt.

Bei *Yeot* muss man allerdings etwas vorsichtig sein. Es kann auch eine andere Bedeutung bekommen: Als die koreanische Fußballnationalmannschaft nach ihrem frühzeitigen Ausscheiden beim World Cup 2014 in Brasilien am Flughafen ankam, schmissen verärgerte Fans *Yeot* auf die Spieler und schrien »Esst Yeot!« und »Schämt euch!«. »Esst Yeot!« ist koreanische Umgangssprache und ein sehr vulgärer Ausdruck. Es bedeutet so viel wie: »Fick dich!« Die Wendung »Er hat Yeot gegessen« wird im alltäglichen Gebrauch außerdem als »Er wurde ausgetrickst« übersetzt. Man sollte also vorsichtig sein, wenn man jemandem *Yeot* anbietet.

Am Tag der Suneung-Prüfung herrscht Ausnahmezustand, und das ganze Land hat Rücksicht auf die Prüflinge zu nehmen. Angestellte und Mitarbeiter von Behörden werden dazu verpflichtet, ihre Arbeit eine Stunde später, also um zehn Uhr, zu beginnen. Selbst die Börse öffnet eine Stunde später, um den Schülerinnen und Schülern den morgendlichen Weg zum Prüfungsgebäude zu erleichtern – in dem üblichen Berufsverkehr liefen sie sonst Gefahr, zu spät zu kommen. In koreanischer und englischer Sprache werden sämtliche Bauarbeiten oder Militärübungen in der Nähe von Orten untersagt, an denen die fremdsprachigen Hörprüfungen durchgeführt werden. Es ist auch verboten, in der Nähe von Prüfungsgebäuden zu hupen und zu krakeelen. Die Polizei, dein Freund und Helfer, eskortiert am Suneung-Tag Zu-spät-Kommende zu den Schulen; die Mütter verbringen den Tag zumeist in einer Kirche oder einem Tempel und beten für das gute Abschneiden ihrer Kinder; Radio- und Fernsehsender berichten über den Prüfungstag, als handle es sich um ein Fußballweltmeisterschaftsfinale. In Deutschland wäre ein solcher Aufruhr am Tag der Abiturprüfungen unvorstellbar.

Brücke des Lebens

Die Mapo-Brücke in Seoul ist eine von insgesamt 31 Brücken, die über den Han-Fluss führen. Die im Jahr 1970 fertiggestellte Brücke ist kein architektonisches Meisterwerk, sie ist einfach und zweckdienlich gebaut. Und doch unterscheidet sie sich von den anderen Brücken. Zum einen ist sie die Hauptverkehrsader für Büroangestellte, Parlamentarier und Investmentbanker, die täglich nach Yeouido pilgern, zum anderen wird sie auch als die »Brücke des Lebens« bezeichnet. Sie diente in der Vergangenheit und dient auch heute noch vielen Menschen als letzter Ausweg. Von der Mapo-Brücke sind bereits viele in den Tod gesprungen. Dabei hat sie schon unterschiedlichste Namen getragen. Anfangs hieß sie Seoul-Brücke, aus Seoul-Brücke wurde Mapo-Brücke und schließlich »Brücke des Lebens«. Diesen Namen erhielt sie aufgrund einer Initiative der Samsung-Lebensversicherung und des Seouler Bezirksamtes, die mit Präventivmaßnahmen die Selbstmordrate zu senken versuchen. Die Brücke ist auch ein beliebtes Motiv in Film und Literatur.

In Südkorea ist Selbstmord unter Menschen mittleren Alters die zweithäufigste Todesursache – direkt nach Krebs. Unter den 34 OECD-Ländern führt das Land damit die Tabelle der Selbstmordrate an. Selbstmord ist eine unerwünschte Nebenwirkung des Wirtschaftswunders vom Han-Fluss.

Als Reaktion auf das traurige Ergebnis dieser Statistik initiierte die Kommunalpolitik die Maßnahme »Aktion Brücke des Lebens«. Im Rahmen der Aktion wurde die etwa 2,6 Kilometer lange Leitplanke der Brücke an den gefährlichen Stellen von 1,5 auf 2,5 Meter erhöht. Außerdem sind entlang der Leitplanke tröstende und aufbauende Sprüche zu lesen. Einer der ersten Sprüche, dem ich auf meinem Weg über die Brücke begegnete, war: »Hast du schon gegessen?« Diese Frage nutzt man in Korea auch zur Begrüßung. Danach folgte die Frage: »Wie ist es dir ergangen?«, weiter ging es mit: »Der Wind ist schön«, »Gab es heute etwas Ungewöhnliches?«, »Vieles war schwer für dich«, »Auch wenn du es nicht sagst, weiß ich, wie du dich fühlst«, »Wie wäre es mit einem Kaffee?«. Einige Meter weiter entdeckte ich Familienfotos mit lachenden Menschen, Fotos von Freunden auf Geburtstagsfeiern sowie Bilder von *Bunsik* (einem koreanischen Snack) und von Gerichten wie dem *Odeng* (einem Fischkuchen), dem *Ddeokbokki* (einem Reiskuchen), den *Twigim* (frittierten Snacks) und noch vielen weiteren Dingen, die eine positive Erinnerung bei den Menschen hervorrufen sollen. All diese Snacks sind fester Bestandteil des koreanischen *Way of Life*.

Neben den Bildern und tröstenden Sprüchen gibt es auch installierte Spiegel, in die die Suizidwilligen vor dem Sprung in die Tiefe schauen und dabei ihre Entscheidung noch einmal überdenken sollen. Nahezu am Ende der Brücke angekommen, entdeckte ich die Frage: »Magst du Jjajangmyeon?« Von diesem Punkt aus ist es nicht mehr weit bis zu meinem Lieblings-*Jjajangmyeon*-Restaurant, es heißt »Hyun Rae-chang«. Beim Lesen all dieser Fragen und Sprüche hatte ich das Gefühl, nicht mehr allein zu sein. Als würde ein unsichtbarer Freund mich auf meinem Spaziergang begleiten. Dieser unsichtbare Freund spendet Trost, stärkt und weicht einem nicht mehr von der Seite, bis man von seinem Vorhaben ablässt.

Koreanische Taxifahrer

Immer wenn ich mit einem koreanischen Taxifahrer unterwegs bin, habe ich den Eindruck, dass die Fahrer ihre Ausbildung auf einer Formel-1-Strecke erhalten haben müssen und wohl nur knapp an einer Karriere als Rennpilot vorbeigeschrammt sind. Statt in Monaco oder Hockenheim ihre Runden vor großem Publikum zu drehen, dienen die nicht prestigeträchtigen Seouler Autobahnen als Renn- und Trainingsstrecke. Sie sind quasi unberührbar und nur ihrem eigenen Gesetz unterworfen. Die koreanischen Formel-1-Taxifahrer nennt man »Bullet Taxi« (*Chongal Taekshi*). Aufs Bremspedal drücken koreanische Taxifahrer nur bei Radarkontrollen. Es gibt verschiedene Arten von Taxis. Die Standard-Taxis (*Ilban Taekshi*) erkennt man an ihrer weißen, silbernen und orangen Farbe. In Seoul liegt der Einstiegspreis für ein Standard-Taxi bei 3000 KRW (circa 2,30 Euro). In Gangneung, das für Seouler als *Schigol* (Dorf) gilt, ist der Startfahrpreis um 200 Won günstiger und fängt bei 2800 KRW an. Ob es sich dabei um ein Bullet-Taxi handelt, kann man dagegen nicht allein anhand der Farbe erkennen. Das erfährt man erst nach dem Einstieg in das Taxi.

Meine Bullet-Taxi-Fahrten erinnern mich immer an die »Zurück in die Zukunft«-Filmszene, in der Marty McFly mit brennenden Reifenspuren in das Jahr 1985 zurückreist. Genauso eilig haben es die Taxifahrer, wenn sie mich zu meinem Zielort befördern. Ich habe meine ganz eigene Theorie zu den Bullet-Taxis entwickelt: Wenn ich im Taxi Platz genommen habe und der Fahrer mich nicht grüßt, sondern diese Arbeit einer automatischen Ansage mit sanfter weiblicher Stimme überlässt, die einen herzlich willkommen heißt und bittet, sich anzuschnallen, und der kurze Dialog sich nur auf die Frage des Zielortes beschränkt, dann weiß ich, dass ich mich in einem Bullet-Taxi befinde. Und dann gibt es Taxifahrer, die den Innenraum ihres Autos mit extravaganten Highlights und liebevollen Details dekoriert haben und so eine Wohlfühl-, Wohnzimmer- oder Discoatmosphäre schaffen. Nach dem Motto: »My Taxi is my castle.« Die Taxis, die mit der Kennzeichnung »Best Driver« versehen sind und deren Fahrer meist ein blaues Hemd tragen, sind keine Bullet-Taxis. Nur wer über Jahre hinweg unfallfrei fährt und die Verkehrsregeln einhält, bekommt den Status »Best Driver« verliehen.

Neben den Standard-Taxis gibt es noch die schwarzen Deluxe-Taxis (*Mobeom Taekshi*), die an der seitlichen Beschriftung »Deluxe« erkennbar sind. *Mobeom*-Taxis bieten ein wenig mehr Komfort als normale Taxis, allerdings zum doppelten Preis. Ein Deluxe-Taxi startet bei 5000 KRW (circa 3,80 Euro). Mit ihnen fahre ich eher selten.

Ab und an musste ich schon ein Taxi nach Mitternacht nehmen, um nach Hause zu kommen. Ab Mitternacht bis vier Uhr morgens wird in der Regel ein Nachtzuschlag fällig. Am Ende der Taxifahrt bezahlte ich bequem mit meiner T-Money Card. Das ist eine sehr praktische Erfindung, die man bequem an Automaten in U-Bahn-Stationen und in Kiosken, die mit T-Money-Logo gekennzeichnet sind, aufladen kann, und mit der sich neben der U-Bahn auch Bus- und Taxifahrten sowie der Einkauf zahlen lassen. In Korea wäre es übrigens ein Affront, Trinkgeld zu geben – im Taxi ebenso wie im Restaurant. Denn Koreaner würden dies als Almosen ansehen.

Neben Seoul erlebte ich in Moskau die wohl verrückteste Taxifahrt meines Lebens. Der Taxifahrer war ein Aserbaidschaner, wie ich herausfand. Als ich einstieg, zog er genüsslich an seiner Zigarette und sagte in gebrochenem Englisch: »Don't worry my friend! We are in Moscow. Everything will be alright!« Dann drehte er sein Radio auf volle Lautstärke und spielte das Lied »Young, Wild and Free« der Rapper Wiz Khalifa und Snoop Dogg ab. In dem Lied geht es um den Genuss von Marihuana. Beflügelt von der musikalischen Untermalung, fuhren wir mit zum Teil 120 Kilometern pro Stunde durch die Moskauer Innenstadt, schlängelten uns durch Fahrzeugkolonnen und ließen sie wie Pylonen aussehen.

In Korea würde sich kein Taxifahrer erlauben, während der Fahrt mit einem Gast an Bord eine Zigarette zu rauchen. Alle Taxis sind verkehrstauglich ausgestattet. Die

Bremsen greifen, der Anschnallgurt verklemmt nicht, und die Blinker funktionieren. Auch bei der Musikauswahl würden koreanische Taxifahrer keine Lieder wählen, die den Konsum von halluzinogenen Substanzen glorifizieren. Stattdessen gibt es eine breit gefächerte Vielfalt an Musikrichtungen, die sich von Achtzigerjahre-Rock, Trot Music (südkoreanische Volksmusik), Liedern von Interpreten wie Lee Jae-sung, Patti Kim, Hong Min, Na Hoona oder einfach nur dem Verkehrssender TBS (Traffic Broadcasting System) spannen. Eines haben koreanische und Moskauer Taxifahrer allerdings gemeinsam, beide sind multitaskingfähig. Koreanische Taxifahrer haben die Gabe, ein Auge auf die Straße zu haben und mit dem anderen Auge auf ihr Display zu schauen, um einer spannenden koreanischen Seifenoper zu folgen.

Ob ein Taxi frei ist, sieht man am LED-Display an der Frontscheibe des Beifahrersitzes. Wenn das Taxi frei ist, steht dort in roter Schrift auf Koreanisch »Bin Cha« (leer), und man kann es vom Straßenrand herbeiwinken. Wenn auf dem LED-Display in grüner Schrift »Yeyak« (reserviert) zu sehen ist, dann ist das Taxi bereits für andere Gäste reserviert. Das einzige Manko koreanischer Taxis ist, dass der Gastank zu viel Platz einnimmt, weswegen für das eigentliche Gepäck im Kofferraum kaum mehr Platz ist. Wenn ich schweres Gepäck hatte, rief ich meist ein »Call Taxi« oder forderte ein Taxi via »KakaoTaxi«, das bis zu unserem Apartment vorfuhr. Die Taxifahrer in Gangneung mochten es eigentlich nicht, ihr Auto durch die engen Gassen bis zu unserem Apartment zu manövrieren.

Einige meiner ausländischen Bekannten erzählten mir von ihrem schwierigen Verhältnis zu koreanischen Taxifahrern, die trotz der Beförderungspflicht, des »Bin Cha«-Zeichens und Herbeiwinkens an ihnen vorbeibrausten. Für meine ausländischen Bekannten wurde das Bestellen des

Taxis zu einem Abenteuer und Lernprozess. Koreanische Taxifahrer können so launisch wie eine Diva sein. Insbesondere an regnerischen Tagen, wenn die Nachfrage das Angebot deutlich übersteigt, sind sie die unangefochtenen Könige der Straßen. Dann sind sie sehr wählerisch, was die Auswahl ihrer Gäste anbelangt. Stark betrunkene Personen, die nicht mehr gerade gehen können, sind bei den Taxifahrern verständlicherweise auch nicht sonderlich beliebt. Und bei der Mitnahme von Ausländern befürchten einige, sich nicht verständigen zu können.

Ich unterhalte mich immer gern mit Taxifahrern, ob über aktuelle Ereignisse aus der Politik, Kultur, die Stimmungslage oder empfehlenswerte Fahrer-Restaurants (*Gisa Shikdang*). Koreanische Taxifahrer sind eine gute Quelle, um herauszufinden, wo gute und authentische Küchen zu finden sind, die nicht unbedingt in Reiseführern stehen. Vor einiger Zeit wurde der Film »A Taxi Driver« veröffentlicht. Damit ist nicht etwa der Film mit Robert De Niro aus dem Jahr 1976 gemeint, sondern ein koreanischer Blockbuster. Der Film war wie Balsam für die geschundenen Seelen der koreanischen Taxifahrer, denn er wertete ihren Beruf auf, der in einer leistungsorientierten Gesellschaft kein hohes Ansehen genießt.

Der Film mit Thomas Kretschmann in der Hauptrolle lockte über zehn Millionen Besucher in die Kinos. Selbst der koreanische Präsident ließ es sich nicht nehmen, ihn anzuschauen. Der Film beruht auf einer wahren Begebenheit. Erzählt wird die Geschichte des deutschen Journalisten Jürgen Hinzpeter, der sich im Mai 1980 gemeinsam mit dem koreanischen Taxifahrer Kim Man-seob auf den Weg nach Gwangju, 250 Kilometer südlich von Seoul, machte, um über die dortigen politischen Ereignisse zu berichten. Zu der Zeit unterlagen die koreanischen Medien der Zensur, weswegen andere Regionen nichts vom Gwangju-

Aufstand mitbekamen. Hinzpeter schaffte es, heimlich gemachte Filmaufnahmen über die blutige Niederschlagung des Aufstands aus Korea herauszuschmuggeln. Und so erfuhren die Menschen in der ganzen Welt davon ebenso wie die Koreaner, die im Ausland lebten. Seitdem gilt Hinzpeter, der im Januar 2016 in Lübeck verstarb, in Südkorea als Volksheld. Haare und Fingernägel von ihm wurden auf seinen Wunsch hin in Gwangju bestattet. Der Film war über Monate in aller Munde, und ich spürte den Stolz der Taxifahrer, der heller strahlte als der Große Preis von Monaco.

Niemand hat die Absicht, eine Corona-Mauer zu errichten!

Die Welt befindet sich aufgrund der Coronavirus-Pandemie seit Monaten im Ausnahmezustand. Außer Nordkorea mit seinem »Rocket Man« Kim Jong-un – es scheint immun gegen allerlei Virusvarianten zu sein. Alpha, Beta, Gamma und Delta scheitern daran, das Land zu infiltrieren. Und so behauptet Nordkorea vehement, dass es bisher keine COVID-19-Fälle zu verzeichnen habe. Aus Vorsicht ließ man eine Mauer – eine Art Anti-Coronavirus-Schutzwall – entlang der Grenze zu Südkorea errichten.

Das Land der Morgenstille hingegen blieb von dem Virus nicht verschont. Trotzdem wurde es weltweit von ausländischen Medien und Gesundheitsexperten für sein Krisenmanagement gelobt. Denn mithilfe umfangreicher und schneller Tests gerade in der Frühphase des Ausbruchs, einer ausgeprägten Überwachungsinfrastruktur, die für europäische Verhältnisse unvorstellbar massiv in die Privatsphäre und Persönlichkeitsrechte eingriff, und strikter Quarantänemaßnahmen konnte das Virus in Schach gehalten werden. Bis August 2021 zählte man insgesamt 2284 Todesfälle.

Mein Freund Felix, der in Daejon lebt und in Seoul arbeitet, berichtete mir davon, dass die koreanische Dreikampf-Kultur in dieser Zeit sehr gelitten habe. Die Feierlaune der Kollegen befand sich auf einem denkwürdigen Tiefpunkt. In Seoul waren Zusammenkünfte nach 18 Uhr während der »Level-4«-Phase (die höchste eines vierstufigen Systems) auf zwei Personen beschränkt, Schulen wurden auf Onlineunterricht umgestellt, auf Sportveranstaltungen waren keine Zuschauer erlaubt, Hotels durften nur zu zwei Drittel ausgelastet sein, Kino und Konzertsäle hatten nach 22 Uhr nicht mehr geöffnet, und Nachtklubs und Bars wurden ganz geschlossen. Selbst in Busan, der zweitgrößten Stadt Koreas, wurden alle Strände abgeriegelt – und das während der Hochsaison! Myeongdeong in Seoul, sonst ein Touristen-Hotspot, wirkte wie eine Geisterstadt.

Dan, ein Freund aus Seoul, erzählte mir, dass die Menschen im Land Disziplin und Gehorsam gewohnt seien, gerade in Zeiten, in denen es notwendig erscheine. Es gab also anders als in Deutschland fast keine Gegenproteste. Die große Mehrheit der Gesellschaft hielt sich an die Regierungsverordnungen. Mit einigen Ausnahmen: »Die Ajummas bodychecken sich noch immer durch die Gegend«, verriet mir Dan. In seinem Fitnessstudio galt sogar ein Spielverbot des Liedes »Gangnam Style« von Psy, weil es mehr als 120 Beats pro Minute hat. Auf dem Laufband war eine maximale Spitzengeschwindigkeit von sechs Kilometern pro Stunde erlaubt. Die Gesundheitsbehörden begründeten diese Verordnungen damit, dass auf diese Weise ein zu schnelles Atmen und Schweißspritzer auf andere Personen verhindert werden sollten.

Südkorea hat schon viele Schicksalsschläge gemeistert. Und wie andere Länder, die von der Pandemie betroffen sind, wird es lernen, mit dem Virus zu leben. Ein koreanisches Sprichwort sagt: »Am Ende der Not kommt Glück!«

Eine bewegte Geschichte

Gwangju-Aufstand

Der Film »A Taxi Driver«, der im Sommer 2017 in Südkorea in die Kinos kam, hatte wesentlichen Einfluss darauf, dass der amtierende Präsident Moon sich veranlasst sah, einen Untersuchungsausschuss einzuberufen, um die Gräueltaten des Gwangju-Massakers (*Gwangju Minjuhwa Undong*) aufzuarbeiten. Wie der Film in zum Teil dokumentarischen Aufnahmen erzählt, war Gwangju, die Hauptstadt in der Provinz Jeollanam-do, im Mai 1980 der Schauplatz eines gewaltvollen Verbrechens der Regierung gegen das eigene Volk. Dieses Ereignis ist ein Schandfleck und ein dunkles Kapitel der koreanischen Nachkriegsgeschichte.

Die Einberufung eines Untersuchungsausschusses war der vierte Versuch einer koreanischen Regierung, die Vergangenheit endlich komplett durch gezielte Aufklärung aufzuarbeiten. Im Zuge des dritten Aufklärungsversuchs, der durch den damaligen Präsidenten Roh Moo-hyun veranlasst worden war, hatte der Untersuchungsausschuss herausgefunden, dass keine militärischen Dokumente über die Geschehnisse des 21. Mai 1980 existieren, jenen Tag, an dem eine Fallschirmjägertruppe gezielt in die demonstrierende Menschenmenge feuerte und so ein großes Blutbad anrichtete. Die Narben dieser Ereignisse sind bis heute nicht verheilt. In der Vergangenheit wurde die Provinz Jeolla bei wirtschaftlichen und strukturellen Reformvorhaben der Regierung traditionell übergangen, benachteiligt und vernachlässigt. Wenn es um hohe Ämter in öffentlichen Positionen geht, werden Kandidaten aus dieser Provinz noch heute diskriminiert. Selbst in Comedyshows wurden Menschen aus der Jeolla-Provinz lange Zeit als Gauner und Diebe porträtiert.

Begonnen hatten die Unruhen, nachdem der koreanische Geheimdienstchef Kim Jae-gyu seinen engen Freund, den Präsidenten Park Chung-hee, am 26. Oktober 1979 bei einem Abendessen erschossen hatte. Mit diesen Schüssen endete die 18-jährige Ära Park Chung-hees. Um das politische Vakuum zu füllen, wurde Premierminister Choi Kyu-ha als Übergangspräsident eingesetzt. Doch Chois Amtszeit war nur von kurzer Dauer. Der General Chun Doo-hwan putschte sich im Dezember 1979 an die Macht, indem er die Führung über das Militär und den Geheimdienst an sich riss. Doch die Fortsetzung einer weiteren Militärdiktatur wollten die Menschen nicht in Kauf nehmen, sie sehnten sich nach demokratischen Verhältnissen. Es folgten Protestkundgebungen, Massendemonstrationen und gewaltsame Ausschreitungen. Um eine weitere Verbreitung der Proteste zu verhindern, verhängte das Militär am 17. Mai 1980 ein landesweit geltendes Kriegsrecht. Damit kam man der Parlamentsabstimmung gegen das Kriegsrecht zuvor, die für den 20. Mai vorgesehen war. Man verbot jegliche Art politischer Betätigung. Politische Gegner – unter anderem der spätere koreanische Präsident

Kim Dae-jung (Amtszeit: 1998–2003) – wurden in Gewahrsam genommen, das Parlament, Politbüros und Universitäten mit dem Verweis auf die Gefährdung der nationalen Sicherheit geschlossen.

Am 18. Mai demonstrierte eine Studentengruppe von rund 600 Menschen gegen die Schließung der Chonnam National University. Eine Fallschirmjägertruppe versuchte, die Demonstration gewaltvoll niederzuschlagen. Doch dies führte zu weiteren Eskalationen und zu einer Solidarisierung der Menschen mit den Studenten. Selbst Bus- und Taxifahrer schlossen sich der Protestbewegung an. Am 20. Mai feuerte das Militär mit scharfer Munition auf die Demonstranten. Auf beiden Seiten hatte man Tote und Verletzte zu verzeichnen. Die Menschen gründeten eine Freiwilligenarmee und plünderten Waffendepots der Polizei und des Militärs. Am 21. Mai schoss das Militär wiederholt in die Menschenmenge. Vierundfünfzig Menschen starben bei dem Massaker, und 500 wurden verletzt. Der Gwangju-Aufstand erreichte seinen Höhepunkt am 27. Mai. Die selbst proklamierte Freistadt wurde vom Militär abgeriegelt. Es gab kein Entkommen vor den über 20 000 Soldaten, die den Zivilen gegenüberstanden. Der Gwangju-Aufstand, der vom 18. bis zum 27. Mai 1980 dauerte, kostete insgesamt 240 Menschen das Leben. Eintausendachthundert wurden verwundet. Inoffiziellen Angaben zufolge liegt die Zahl der Toten bei 2000. Viele verschwanden spurlos – wie viele, weiß bis heute niemand. 1980 lebten in Gwangju rund 750 000 Menschen, von denen, wie man glaubt, 200 000 an dem Aufstand teilgenommen haben.

Für die Koreaner gilt Gwangju als Wiege der koreanischen Demokratie. Heute gedenkt man der tragischen Ereignisse an jedem 18. Mai als dem Tag für den demokratischen Aufstand. Der von Präsident Moon angestoßene vierte Untersuchungsausschuss fand im Februar 2018 heraus, dass die Militärs auch von ihren Helikoptern auf die Menschenmenge gefeuert hatten. Des Weiteren standen munitionierte Kampfflugzeuge bereit, um die Stadt gegebenenfalls zu bombardieren. Der Ex-Diktator Chun Doohwan und andere hochrangige Offizielle des Militärs bestreiten bis heute, einen Schießbefehl auf die Menschen in Gwangju erteilt zu haben. Nach all den Jahren kommt erschwerend hinzu, dass vielen scheinbar die Erinnerung abhandengekommen ist. Eine parlamentarische Anhörung mit den Verantwortlichen des Massakers im Jahr 1988 endete ohne Resultat. Auf spezielle Fragen antworteten sie schlichtweg: »Ich erinnere mich nicht.«

Kerzenlicht-Demonstrationen

Koreanische Präsidenten leben gefährlich. Ihr Ende ist immer tragisch. Der erste Präsident Rhee Syng-man (Amtszeit: 1948–1960) verstarb im Alter von neunzig Jahren an den Folgen eines Schlaganfalls im Exil auf Hawaii. Seine durch Manipulation erreichte Wiederwahl im Jahr 1960 führte zu einer blutigen Eskalation der Aufstände von Studenten, die als »April-Revolution« in die Geschichte einging. Hunderte junger Menschen verloren ihr Leben. Rhee flüchtete auf Hawaii.

Rhees Nachfolger wurde Yun Bo-seon (Amtszeit: 1960 bis 1962). Ihm war nur eine ganz kurze Amtszeit vergönnt. Nach erfolgreichem Coup d'État im Mai 1961 durch den Zwei-Sterne-General Park Chung-hee blieb der entmachtete Yun noch fast ein ganzes Jahr im Amt, um der neuen Regierung Legitimität zu verleihen. Im März 1962 trat Yun dann offiziell zurück. Danach trat er noch zweimal erfolglos als Kandidat zur Präsidentschaftswahl an. Er kehrte der großen Politik den Rücken und verstarb im Alter von

92 Jahren. Der Diktator Park Chung-hee (Amtszeit: 1963 bis 1979) regierte mit eiserner Hand, seine politischen Gegner und Feinde machte er mundtot. 1979 wurde Park von seinem Freund, dem Geheimdienstchef Kim Jae-gyu, erschossen.

Parks Nachfolger Choi Kyu-hah war nicht einmal ein Jahr im Amt. Im Dezember 1979 organisierte der General Chun Doo-hwan erfolgreich einen Militärputsch und sicherte sich die Macht durch ein undemokratisches, indirektes Wahlverfahren. Auf Chun Doo-hwan (Amtszeit: 1980–1988) folgte sein designierter und persönlich ausgewählter Nachfolger Roh Tae-woo (Amtszeit: 1988–1993). Vom Seouler Bezirksgericht wurde Chun Doo-hwan später für seine Beteiligung am Gwangju-Massaker wegen Rebellion und Hochverrats zum Tode verurteilt. Sein Protegé Roh Tae-woo erhielt eine Freiheitsstrafe von 22 Jahren. Chuns Todesurteil wurde ein Jahr später in eine lebenslange Haftstrafe umgewandelt, und Rohs 22 Jahre wurden auf 17 Jahre reduziert. Nach der Verbüßung von zwei Jahren Haft wurden Chun und Roh vorzeitig entlassen.

Das Ende der Militärherrschaft wurde mit Kim Youngsam (Amtszeit: 1993–1998) eingeläutet. Vor seiner Amtszeit wurde Kim zweimal unter Hausarrest gestellt. Park Chunghee hatte Kim aufgrund seiner Aktivitäten gegen ihn im Jahr 1979 sogar aus dem Parlament geworfen. Er verstarb im Alter von 87 Jahren an einer Blutinfektion und Herzinsuffizienz. Der Friedensnobelpreisträger und Sonnenscheinpolitiker Kim Dae-jung (Amtszeit: 1998–2003) kann ebenfalls ein ereignisreiches Leben bis zur Präsidentschaft vorweisen. Kim überlebte Attentate. Er wurde mehrfach unter Hausarrest gestellt und inhaftiert. Ihm wurden seine Bürgerrechte aberkannt, und er wurde zum Tode verurteilt, was später in eine zwanzigjährige Haftstrafe umgewandelt wurde. Er verstarb im Alter von 85 Jahren an einer

Lungenentzündung. Roh Moo-hyun (Amtszeit: 2003 bis 2008), den ich mehrfach persönlich treffen konnte, stürzte sich wegen Korruptionsverwicklungen in den Tod. Lee Myung-bak (Amtszeit: 2008–2013), der die Spitznamen »Ih Megabyte« – *ih* ist auf Koreanisch die Zahl Zwei, wobei böse Zungen behaupten, zwei MB reflektiere seine Speicherkapazität – sowie »Bulldozer« verpasst bekam, wurde nach seiner Amtszeit wegen Korruption angeklagt. Neben der Korruption werden Lee auch Machtmissbrauch, Unterschlagung und Wahlbetrug vorgeworfen. Die Nachfolgerin Lees, Park Geun-hye (Amtszeit: 2013–2017), Tochter des ehemaligen Diktators Park Chung-hees, wurde ebenfalls wegen Korruptionsverwicklungen ihres Amtes enthoben. Vom Seouler Bezirksgericht wurde Park zu 24 Jahren Haft und einer Geldstrafe von 18 Milliarden KRW (circa 16,8 Millionen US Dollar) verurteilt. Zudem wurde Park für weitere acht Jahre wegen Einmischung in die Nominierung von Kandidaten für die Parlamentswahlen 2016 und Annahme von Geheimdienstgeldern verurteilt.

Die Koreaner haben geschichtlich bedingt ein grundsätzliches Misstrauen gegen die etablierte politische Klasse und Staatsgewalt. Amtsmissbrauch, Korruption, Machtbesessenheit, Selbstbereicherung und Vorteilsnahme ziehen sich durch die Amtszeiten nahezu aller Präsidenten, die das Land regierten und die durch ihre Machenschaften das Leben der Menschen in Mitleidenschaft zogen. Wie in anderen Ländern auch wird den Politikern in Korea vorgeworfen, ihre persönlichen Interessen über die des Volkes zu stellen – dies lässt sich in der Geschichte weit zurückverfolgen. Während der ersten Mandschu-Invasion im Jahr 1627 ergriff König Injo von Joseon panisch die Flucht aus Hanseong (dem heutigen Seoul) auf die Insel Ganghwa-do, als die Mandschu-Kavallerie bis in das südliche Hwangju vorgedrungen war, und ließ so sein Volk im Stich. Bei der zweiten Mandschu-Invasion im Jahr 1636 floh König Injo erneut, diesmal in die Bergfestung Namhansanseong. Während des siebenjährigen Imjinkriegs (1592–1598) wurde Korea bei der ersten Invasion von japanischen Truppen regelrecht überrannt. In nur zwanzig Tagen eroberten die Japaner Hanseong, ohne auf nennenswerten Widerstand zu stoßen. Das koreanische Königshaus ergriff auch diesmal die Flucht und ließ die Menschen im Stich.

Auch während des Koreakriegs wurde die Bevölkerung alleingelassen. So erklärte die Regierung in Seoul, man sei dem Sieg sehr nahe, doch dies entsprach nicht der Wahrheit. Nach nur drei Tagen hatten die nordkoreanischen Truppen Seoul erobert. Die Brücke am Han-Fluss wurde gesprengt, um den Feind aufzuhalten. Inmitten des Kriegs verlegte man die Regierung von Seoul nach Busan. Die Menschen, die in Seoul blieben, waren ihrem Schicksal wehrlos ausgeliefert und bezahlten dafür einen hohen Preis. Diese Erfahrungen haben die Koreaner geprägt und gezeichnet und sie der Politiker, Vetternwirtschaft und Selbstbereicherung der Regierenden müde und überdrüssig werden lassen.

Der koreanische Bürger hat es sich zu eigen gemacht, sich in Geduld zu üben. Doch mit der »Choi Soon-sil Gate«-Affäre im Jahr 2016 war die Geduld der Bürger ein weiteres Mal ausgeschöpft. Choi Soon-sil war die engste Vertraute der koreanischen Präsidentin Park Geun-hye. Nun war ans Licht gekommen, dass Choi Einfluss auf die Regierungspolitik genommen und ihre Freundschaft für persönliche Vorteilnahme missbraucht hatte. Im November 2016 waren Dani und ich Zaungäste der vierten Kerzenlicht-Kundgebung gegen die Präsidentin, deren Bilder um die Welt gingen. Rund 500 000 Menschen demonstrierten an diesem Tag für die Amtsenthebung der Präsidentin Park friedlich am Gwanghwamun-Platz in Seoul. Die erste Kerzenlicht-Demonstration hatte im Oktober 2016 mit rund 30 000 Menschen stattgefunden. Mit jeder weiteren Kundgebung steigerte sich die Zahl der Demonstranten, die auf die Straße gingen.

Ich selbst hatte während der Kundgebung mehr das Gefühl, bei einem Volks- oder Musikfestival zu sein. Viele koreanische Rockgrößen traten auf der Hauptbühne auf. Die Menschen sangen ihre Lieder begeistert mit. Rund 10 000 Künstler des Landes hatte das Kulturministerium unter Parks Regentschaft auf die schwarze Liste gesetzt. Überall waren fliegende Händler unterwegs, die Kerzen und andere Leuchtutensilien verkauften. Für den Hunger zwischendurch gab es unzählige Essensstände, die gegrillte Hühnchenspieße, Fischkuchen und andere Snacks anboten. Nur weil die Demonstranten gelegentlich lautstark riefen: »Park Geun-hye raus!«, wurde ich daran erinnert, dass wir uns auf einer politischen Kundgebung befanden, die in die Geschichte eingehen sollte.

Von Helden und Palästen

Bei unseren Besuchen in Seoul haben meine Frau Dani und ich ein bestimmtes Ritual. Vom Künstlerviertel Insadong wandern wir in Richtung der Einkaufsmeile Myeongdeong, zum Gwanghwamun-Platz und der City Hall. Am Gwanghwamun-Platz grüßen wir die Statuen des Königs Sejong und des Admirals Yi Sun-shin (1545–1598) und sind tief bewegt von der Beharrlichkeit der Demonstrierenden, die eine lückenlose Aufklärung der Havarie der *Sewol* seitens der Regierung fordern und nicht müde werden, gelbe Schleifen als Zeichen der Solidarität an die Menschen zu verteilen. Das Schiffsunglück, das sich am 16. April 2014 vor der Küste Südkoreas ereignete, kostete über 300 Menschen das Leben. Nur 172 von 476 Passagieren an Bord konnten gerettet werden. Ein Großteil der Opfer der Katastrophe waren Schüler der Danwon High School in Ansan bei Seoul, die sich auf einer Klassenfahrt befanden. Erst am 23. März 2017, drei Jahre nach dem Fährunglück, wurde die *Sewol* geborgen und zum Hafen von Mokpo gebracht. Der Kapitän der *Sewol* hatte als einer der Ersten das sinkende Schiff frühzeitig verlassen. Er wurde zu einer Gefängnisstrafe von 36 Jahren verurteilt.

Die Koreaner haben Sehnsucht nach einer vertrauensvollen und starken Führungspersönlichkeit, wie es einst Admiral Yi Sun-shin war, der das Wohl seines Volkes über sein eigenes stellte. Aufgrund von Admiral Yis Weitsicht, Mut und strategischer Umsicht konnten die Japaner auch bei der zweiten Invasion von den Koreanern zurückgedrängt werden. Die Schlacht von Myongnyang, die sich im Rahmen des Imjinkriegs im Oktober 1597 ereignete, war Admiral Yis bedeutsamster Sieg. Mit nur zwölf Schiffen war er gegenüber 333 japanischen Schiffen (133 Kriegs- und 200 Versorgungsschiffe) zahlenmäßig stark unterlegen. Und dennoch schaffte er es mit geschickten Strategien und kühnen Angriffen, die Japaner in die Flucht zu schlagen und dabei keines seiner Schiffe zu verlieren. Die Japaner mussten somit eine verheerende Niederlage einstecken. In der Schlacht an der Noryang-Straße wurde Admiral Yi gegen Ende des Kriegs tödlich verletzt und konnte den Triumph seines in die Wege geleiteten Sieges nicht mehr erleben. Mit seinem letzten Atemzug sagte er: »Wir befinden uns auf dem Höhepunkt der Schlacht. Lasst keinen über meinen Tod wissen!« Ihm war klar, dass die Verkündung seines Todes seine Flotte entmutigen würde. König Sukjong von Joseon (1661–1720) hatte einmal über Admiral Yi gesagt: »Ich habe von der Phrase gehört, dass man für die Loyalität stirbt. Aber die erste Person, die das verkörperte, ihr Leben für die Rettung des Landes gab, war Yi Sun-shin.«

In Korea gibt es im Übrigen keine Straßen, die nach den bisherigen Präsidenten des Landes benannt wurden, so wie man es aus der westlichen Welt durchaus kennt, um Politiker für ihre Verdienste zu ehren. Und das spricht für sich. Ein Monument wurde bislang nur Park Chung-hee zuteil, auch wenn das nicht ganz unumstritten ist. Die Statue wurde von Park-Sympathisanten gestiftet, die ihn als Vater des wirtschaftlichen Aufschwungs sehen. Linksliberale dagegen sehen in ihm einen skrupellosen Diktator, der über Leichen ging.

Neben Admiral Yi gibt es weitere bedeutsame koreanische Helden, wie die Widerstands- und Unabhängigkeitskämpfer An Chung-gun, Yun Bong-gil sowie Lee Bong-chang, der nach einem missglückten Attentat auf Japans Kaiser Hirohito im Jahr 1932 hingerichtet wurde. Und nicht zuletzt Yu Gwan-sun, die koreanische Jeanne d'Arc, die 1920, mit gerade einmal 17 Jahren, im Seodaemun-Gefängnis ihren Verletzungen durch die Folter der japanischen Wärter erlag. In dem Gefängnis wurden koreanische Unabhängigkeitskämpfer und später auch Prodemokratie-Aktivisten malträtiert und getötet. Im sogenannten National Resistance Room sind Fotos von ehemaligen Häftlingen ausgestellt. Es ist tief bewegend, diese Bilder zu sehen und die Räumlichkeiten zu besuchen, in denen gezeigt wird, wie die Häftlinge gefoltert wurden. Auch der Politiker Kim Geun tae (1947–2011), einer der führenden Köpfe der Prodemokratie-Bewegung, war hier aufgrund seiner politischen Aktivitäten inhaftiert worden. Während meiner Zeit im koreanischen Parlament hatte ich das Privileg, ihn mehrfach zu treffen. Er hatte es bis zum Gesundheitsminister gebracht, erlag dann aber den Spätfolgen der harten Haft und Folter, der er ausgesetzt gewesen war.

Um mehr über die Geschichte Koreas zu erfahren, ist auch ein Besuch der fünf einzigartigen Paläste empfehlenswert. Der wohl berühmteste unter ihnen ist der Gyeongbokgung – er war der Hauptpalast der Joseon-Dynastie. Im Jahr 1997 hat die UNESCO den Gyeongbokgung-Palast zum Weltkulturerbe erklärt. In der näheren Umgebung der Palastanlage gibt es zahlreiche Hanbok-Verleihläden, denn gekleidet in die koreanische Tracht erhält man freien Eintritt in die Paläste. Der Gyeongbokgung-Palast wurde im Jahr 1395 erbaut. Im Jahr 1592 wurde er im Zuge des Imjinkriegs in Schutt und Asche gelegt. Ganze 275 Jahre lang lag der Palast in Ruinen, bevor er 1867 restauriert wurde. Doch mit der Kolonialisierung des Landes durch Japan wurde er erneut zerstört, bis 1990 mit der originalgetreuen Rekonstruktion begonnen wurde.

Die vier anderen Paläste aus der Joseon-Dynastie sind Changdeokgung, Changgyeonggung, Deoksugung und Gyeonghuigung. Für Nachteulen gibt es durch den Palast Changdeokgung sogar Mondscheinführungen. Es ist sehr aufschlussreich, die Paläste zu besuchen und einen Blick zurück in die Vergangenheit zu werfen. Unter anderem kann man hier erfahren, wie im Jahr 2333 v. u. Z. das erste Königreich, Gojoseon (Alt-Joseon), gegründet wurde. Der 3. Oktober, Gaecheonjeol (der Tag, an dem sich der Himmel öffnete), ist heute ein Nationalfeiertag in Südkorea, der an die Gründung des Landes erinnert.

Die Gründung Koreas beruht auf einem Mythos, nämlich auf der Geschichte von einem Bären und einem Tiger, die sich sehnlichst wünschten, Menschen zu werden. Der Herr des Himmels Hwanin hatte einen Sohn namens Hwanung, der auf der Erde leben wollte. Hwanung, der Sohn des Himmels, lebte auf dem Berg Taebaek. Tiger und Bär baten Hwanung, sie zu Menschen werden zu lassen. Um dies zu ermöglichen, stellte Hwanung den Tiger und den

Bären auf die Probe. Hwanung forderte die beiden Tiere auf, 100 Tage in einer Höhle zu verbringen und sich in diesen Tagen nur von zwanzig Knoblauchzehen und Beifuß zu ernähren. Derjenige, der dies schaffe, so versprach Hwanung, würde seinen Wunsch erfüllt bekommen. Der Tiger warf die Flinte frühzeitig ins Korn. Der Bär aber hielt durch und wurde in eine Frau verwandelt. Die Frau bat Hwanung daraufhin um einen Ehegatten. Da Hwanung sich in die Frau verliebt hatte, heirateten die beiden, zeugten einen Sohn namens Dangun, der im Jahre 2333 v. u. Z. das erste Königreich auf der Koreanischen Halbinsel gründete. Und so nahm die Geschichte ihren Lauf.

Die Geschichte einer Freundschaft

Der koreanische Präsident Park Chung-hee war ein großer Bewunderer Deutschlands. In einem seiner Bücher verlieh er dieser Bewunderung mit dem folgenden Zitat von Heinrich Heine Ausdruck: »O Deutschland, meine ferne Liebe, Gedenk ich deiner, wein ich fast! Das muntre Frankreich scheint mir trübe, Das leichte Volk wird mir zu Last.« Doch die Beziehung zwischen Deutschland und Korea war keinesfalls immer freundschaftlich. Aufgrund seiner strikten Abschottungspolitik wurde das Königreich Joseon vielmehr lange als Einsiedlerkönigreich bezeichnet. Erst der deutsch-koreanische Handels-, Freundschafts- und Schifffahrtsvertrag aus dem Jahr 1883 legte das Fundament für eine Beziehung zwischen den beiden Ländern.

Der erste Deutsche, der Koreas Boden betrat, war der protestantische Missionar Karl Friedrich August Gützlaff. Er kam am 17. Juli 1832 mit einem britischen Handelsschiff nach Korea. Im Jahr 1868 versuchte dann der Hamburger Kaufmann Ernst Oppert sein Glück. Um die Koreaner zur

Öffnung ihres Landes zu bewegen, waren ihm dabei alle Mittel recht. Pietät- und skrupellos versuchte Oppert, der seine Aktion unter der Flagge des Norddeutschen Bundes durchführte, das Grab des Vaters von Prinzregent Daewongun auszurauben. Das erbeutete Gut wollte er erst gegen einen entsprechenden Handelsvertrag wieder zurückgeben. Doch die Mission scheiterte. Für die Aktion wurde Oppert vom Hamburger Obergericht zu einer dreimonatigen Haftstrafe verurteilt. Erst im Jahr 1876, als das Kaiserreich Japan mit einer 800 Mann starken Kriegsflotte angereist war und Korea den japanisch-koreanischen Freundschaftsvertrag aufzwang, wurde das Ende der Abschottungspolitik eingeläutet.

Mit dem erzwungenen Ende der Isolationspolitik war der in Vertragsverhandlungen unerfahrene koreanische König auf einen Berater angewiesen. Die Chinesen, selbst unerfahren in außenpolitischen Angelegenheiten, vermittelten den deutschen Paul Georg von Möllendorff, der in China als Dolmetscher für Konsulate des Deutschen Reichs tätig gewesen war. Seinen Dienst in Korea trat der im brandenburgischen Zehdenick geborene von Möllendorff im Dezember 1882 an. Möllendorff, der aus einer verarmten Adelsfamilie stammte, hatte seit seiner Studienzeit von einer diplomatischen Laufbahn geträumt, und ihm war durchaus bewusst, dass er mit der Beraterstelle eine mächtige politische Position einnehmen würde. Neben seiner Funktion als Berater bei Vertragsverhandlungen mit westlichen Mächten (unter anderem Italien, Russland, Deutschland und Großbritannien) war Möllendorff, der später den koreanischen Namen Mok In-dok annahm, auch beauftragt, die Seezollämter der drei Häfen Busan, Wonsan und Chemulpo (das heutige Incheon) aufzubauen und Tätigkeiten im Außenhandel zu übernehmen. Möllendorff wusste, dass Japan eine Gefahr für Koreas Unabhängigkeit darstellte und China die Expansionswünsche Japans nicht aufhalten konnte. In Russland sah er einen Alliierten, der Koreas Unabhängigkeit gewährleisten konnte. Und so führte Möllendorff geheime Gespräche mit russischen Gesandten, um Russland als Schutzmacht für Korea zu gewinnen. Als die geheimen Verhandlungen Möllendorffs ans Tageslicht kamen, protestierten die Japaner, Engländer und Amerikaner, die seinen Rücktritt forderten. China sah in Möllendorffs Handlung eine ungerechtfertigte Einmischung in die auswärtigen Angelegenheiten Koreas. Im Jahr 1885, nach nur drei Jahren in Korea, musste Möllendorff deshalb von seinen Ämtern zurücktreten. Sechs Jahre später verstarb er in China, wo er nach seiner Zeit in Korea lebte.

Neben Möllendorff spielten noch weitere Personen in der deutsch-koreanischen Geschichte eine bedeutende Rolle, wie zum Beispiel der Komponist Franz Eckert. Eckert ging im Jahr 1901 nach Korea, wo er eine Hofkapelle gründete und koreanische Musiker an westlichen Instrumenten ausbildete. Er legte damit den Grundstein für die Verbindung der Länder auf musikalischer Ebene, noch heute kommen viele koreanische Musikstudenten für ihre Ausbildung nach Deutschland. Ein weiterer Vorreiter des kulturellen Austauschs war Johann Bolljahn, ab 1899 Rektor der Kaiserlich Deutschen Sprachschule in Seoul, der den Deutschunterricht in Korea begründete und zwanzig Jahre im Land lebte. Der dritte Deutsche im Bunde war Richard Karl Franz Georg Wunsch, der im Jahr 1901 als Leibarzt an den koreanischen Kaiserhof ging.

In der deutsch-koreanischen Beziehung nicht wegzudenken ist zudem das bereits erwähnte Anwerbeabkommen, über das auch meine Eltern nach Deutschland kamen. Durch einen Notenwechsel zwischen der Bundesrepublik Deutschland und der Republik Korea kam es im Dezember 1963 zu einer Vereinbarung über ein »Programm zur vorübergehenden Beschäftigung koreanischer Bergarbeiter im westdeutschen Steinkohlenbergbau«, auch zahlreiche koreanische Krankenschwestern wurden für deutsche Krankenhäuser angeworben. Ein Abkommen, das im Jahr 2018 bereits sein 55. Jubiläum feiert und das sicher dazu beigetragen hat, die Freundschaft zwischen beiden Ländern zu festigen.

Losing My Religion

Koreanischer Aberglaube

Als meine Geschwister und ich noch klein waren, hat unsere Mutter uns untersagt, in der Nacht zu pfeifen. Sie behauptete, das bringe Unglück. Näheres erklärte sie nicht. Meine zwei Geschwister hielten sich daran. Doch ich wollte es darauf ankommen lassen, und so pfiff ich eines Abends im Bett vor mich hin. Draußen tobte ein Gewitter, grelle Blitze zuckten, und der Himmel war dunkel. Als ein Blitz für kurze Zeit das Fenster unseres Schlafzimmers in helles Licht tauchte, entdeckte ich darüber ein Spinnennetz und mittendrin eine fette schwarze Spinne, so groß wie eine Kinderfaust. Doch beim zweiten Blitz, der den Raum erhellte, war die Spinne plötzlich verschwunden. Ich war mir sicher, dass ich nicht halluziniert, sondern die Spinne wirklich gesehen hatte. Aus Angst, dass diese Riesenspinne in meine Nähe gelangen könnte, zog ich mir die Decke über den Kopf. Nach diesem Erlebnis habe ich nie wieder in der Nacht gepfiffen.

Erst Jahre später habe ich ausführlich von dem koreanischen Aberglauben erfahren, dass man mit dem Pfeifen in der Nacht böse Geister, Dämonen und Schlangen zu sich rufen würde.

Überhaupt strotzt der koreanische Alltag vor abergläubischen Ritualen, Verboten und Regeln. So gibt es beispielsweise spezielle Tage, die Koreaner nutzen, um in eine neue Wohnung umzuziehen. Umzugsfirmen kennen diese Tage. Schließlich wollen sie nicht, dass die bösen Geister mit in die neue Wohnung der Kunden umziehen.

Wegen einer überzeugten Christin, die meine Eltern bei ihrer Ankunft aus Korea in Deutschland zwangsmissionierte, wurden wir zu Katholiken. Doch meine Eltern waren zuvor Buddhisten, und vor allem meine Mutter war und ist zudem immer noch sehr schamanistisch geprägt. Der Schamanismus ist keine Religion und wird eher als Aberglaube angesehen. In der koreanischen Gesellschaft spielt er jedoch nach wie vor eine bedeutende Rolle. Vor der Suneung-Prüfung ihrer Kinder konsultieren zum Beispiel viele Eltern eine Schamanin, um herauszufinden, wie der Karriereweg des Nachwuchses verlaufen mag. Auch in anderen Lebensfragen sind die Schamanen mit ihrem Ritual »Kut« gefragt, zum Beispiel im Krankheitsfall, bei einer bevorstehenden Geburt oder der Neueröffnung eines Geschäfts. Schamanen sind eine Art Seelsorger, spiritueller Berater und Vermittler zwischen den Lebenden und Toten.

Meine Eltern haben nie die Dienste einer Schamanin in Anspruch genommen, um unseren beruflichen Lebensweg zu erfahren. Mein Vater hatte schließlich seine ganz eigene Methode, uns zu schulischen Höchstleistungen zu pushen. Trotzdem war auch in meinem Elternhaus der Glaube an übersinnliche Kräfte groß. »Du verlierst dein Glück!«, pflegte meine Mutter zu sagen, wenn sie uns beim Wippen mit den Beinen erwischte. Dies bedeutet in Korea nämlich, sein Glück beziehungsweise seinen potenziellen Reichtum wegzuschütteln, und das will man natürlich nicht. Meine Mutter ermahnte uns auch stets, eine Sache nie allein des Geldes wegen zu machen beziehungsweise ihm nie hinterherzujagen. Das Geld sollte von sich aus seinen Weg finden. Das war und ist noch heute ihre Devise. Jedes Mal, wenn ich sie in Krefeld besuche, erinnere ich sie an ihre Worte, denn bisher warte ich vergebens darauf, dass das Geld seinen Weg zu mir findet.

Als Eishockeyspieler hatte ich ebenfalls bestimmte Rituale, die man als Aberglaube bezeichnen könnte, zum Beispiel zog ich stets meinen rechten Knieschoner und rechten Schlittschuh zuerst an. Das sollte Glück bringen. Seoul-Onkel hatte mir zudem davon erzählt, dass es in Korea üblich sei, den Eltern vom ersten Gehalt lange rote Unterkleidung zu kaufen. Zu früheren Zeiten, als es noch sehr teuer war, Stoffe rot zu färben, glaubte man, dass diese Farbe vor Bösem schützen würde. Ich nahm mir die Worte meines Onkels zu Herzen und kaufte, als ich mit 16 Jahren vom Eishockeyklub Krefeld Pinguine mein erstes Gehalt erhielt, meinen Eltern rote Unterwäsche.

Ich bin sonst kein abergläubischer Mensch und glaube auch nicht an übersinnliche Wesen und Kräfte, trotzdem schaue ich mir manchmal Horoskope in der Zeitung an. In der koreanischen Zeitung lese ich ab und an das »Daily Fortune« meines chinesischen Tierkreiszeichens, und in der deutschen Zeitung mein Tageshoroskop. Da ich im Jahr 1979 geboren wurde, bin ich nach dem chinesischen Tierkreiszeichen ein Schaf. Einmal fand ich dort folgenden Eintrag: »Geld wird in deine Hände strömen, aber dir ebenso schnell wieder durch die Finger rinnen. Ordne deine Finanzen.« Beim Lesen dieser Zeilen dachte ich erneut an die Worte meiner Mutter – doch der Geldsegen lässt leider immer noch auf sich warten.

Jede Kultur hat ihren eigenen Aberglauben. Dessen tiefere Wahrheit zu beurteilen bleibt jedem selbst überlassen. In Deutschland gilt die Zahl 13 als Unglückszahl, vor allem Freitag, der Dreizehnte ruft viele zur Vorsicht auf. In Korea ist die Zahl 13 dagegen unbelastet. Dafür gilt die Vier (*Sa*) als Unglückszahl, weil sie so ähnlich klingt wie das chinesische Wort für Tod. In vielen koreanischen Aufzügen wird der Schaltknopf des vierten Stocks nicht nummeriert, sondern mit dem Buchstaben F versehen. Auch die Zahl Neun gilt in Korea als Unglückszahl, weil sie wie das chinesische Wort für »Leiden« klingt.

Auch wenn man eine intensive persönliche Beziehung zu jemandem aufbauen möchte, sollte man in puncto Aberglauben einige Dinge berücksichtigen. Meine Mutter sagte mir beispielsweise immer, dass ich meiner Frau keine Schuhe kaufen sollte. Schuhe stehen als Symbol dafür, dass die Frau vor dem Mann wegrennen kann. Für geizige koreanische Männer ist dieser Aberglaube ein finanzieller Segen, denn die meisten koreanischen Frauen lieben teure Designerschuhe. So aber kann der Mann das Nichtkaufen von Schuhen immer damit verteidigen, dass er seine Frau nicht verlieren möchte. Andersherum kann die Frau dem Mann ein Zeichen geben, wenn sie die Beziehung beenden möchte, indem sie ihn bittet, ihr ein Paar Schuhe zu kaufen. Wenn Koreaner alte Schuhe aussortieren, werfen sie diese lieber weg, selbst wenn sie noch heil sind und jemand anderes sie noch tragen könnte. Denn wenn man seine alten Schuhe an eine andere Person verschenkt, bedeutet das, dass man nichts mit der Person zu tun haben möchte.

Im Unwissen über die zahlreichen Regeln zur Geschenkevergabe überreichte mein Bekannter Seung-ho, ein Deutsch-Koreaner zweiter Generation, seinem koreanischen Nachhilfelehrer zum Abschied ein deutsches Messer aus Solingen. Der koreanische Lehrer fragte Seung-ho: »Willst du, dass sich unsere Wege für immer trennen?« Das wollte Seung-ho auf keinen Fall, hatte er sich doch immer gut mit seinem Lehrer verstanden. Auch verstand er nicht, weshalb dieser ihm eine solche Frage stellte. Der Lehrer klärte ihn darüber auf, dass ein Messer oder eine Schere als Geschenk eine Trennung der Beziehung symbolisiert. Seung-ho verstand und dachte im Stillen: »Man lernt nicht aus, solange man lebt!«

Lord Jesus: Heaven. No Jesus: Hell

Wenn ein Restaurant in einer bestimmten Gegend gut läuft, dann lässt es nicht lange auf sich warten, bis sich ein Konkurrent in der Nähe ansiedelt. Im Viertel Itaewon in Seoul findet man mittlerweile mehrere Dönerläden, nachdem das deutsch-türkische Erfolgsgericht seinen Weg nach Korea gefunden hat. In Gangneung gibt es einen Dönerladen mit dem Namen »Ankara Kebab«, der von einer Koreanerin betrieben wird. Auch in Chuncheon und Pyeongchang kann man nun Döner essen. Ähnlich wie mit dem Siegeszug des Döner Kebabs ist es auch mit der Religion im Land der Morgenstille. Wenn ich in Gangneung zum Einkaufen in die Stadt fahre, dann sehe ich an fast allen strategisch wichtigen Ecken die Verkündiger und Prediger der Zeugen Jehovas in ihren unermüdlichen Bemühungen, neue Glaubensbrüder und -schwestern anzuwerben, auch an den Türen der Häuser klingeln sie, um ihre Überzeugungen loszuwerden.

Mit dem Verteilen ihrer nicht gerade glanzvoll aussehenden Klubmagazine *Wachtturm* und *Erwachet* sind die Glaubensbrüder und -schwestern genauso erfolgreich wie die Verteiler von Restaurantflyern. Aus Mitleid ringe ich manchmal mit mir, ihnen eine Kopie abzunehmen. Doch dann wiederum hält mich mein innerer Dämon davon ab. In Seoul sah ich einmal einen mobilen Flyerverteiler für Potenzmittel, der auf seinem Roller fuhr und die Zettel gezielt vor die Stufen sämtlicher Restaurants schmiss. Not macht erfinderisch. Vielleicht wird diese Art des aggressiven Marketings auch irgendwann einmal von den Zeugen Jehovas übernommen. Und dann gibt es die in Korea lebenden amerikanischen Zeugen Jehovas, die es auf einsame Senioren abgesehen haben, von denen sie wissen, dass diese für ein wenig Aufmerksamkeit und Zuneigung empfänglich sind. Aber auch junge Koreaner, Studenten und Schüler sind angetan, wenn Zeugen Jehovas sie auf Englisch ansprechen. Einige der Studenten und Schüler sehen in diesen Predigern den idealen Partner für ein Sprachtandem und eine günstige Variante, um ihre Nachhilfekosten in Englisch drastisch zu senken.

Mein Cousin Jin-hyeok hat mir erzählt, dass sich einige junge Leute den Zeugen Jehovas nur anschließen, um die Wehrdienstpflicht zu umgehen. Normalerweise führt eine Wehrdienstverweigerung aus Gewissensgründen oder religiösen Motiven direkt zu einer gerichtlichen Verurteilung und zu einer Gefängnisstrafe. Doch das Bezirksgericht Gwangju schuf im Jahr 2015 einen Präzedenzfall, indem man drei Zeugen Jehovas als Militärdienstverweigerer freisprach. Das Urteil hat ein großes Zeichen der Hoffnung gesetzt, den Dienst an der Waffe aus Gewissensgründen ablehnen zu können und dafür nicht verurteilt zu werden. Ein drastischer Anstieg der Mitgliederzahlen bei den Zeugen Jehovas in Korea wurde trotzdem nicht verzeichnet. Obwohl es sich so anfühlt, als wären sie überall.

Incheon-Tante und mein Cousin Huni sind tiefgläubige Christen. Die Sonntagsmesse ist ihnen heilig. Wenn es Nacht wird in Seoul beziehungsweise in ganz Korea, dann kann man ein Meer neonroter Kreuze an den Dächern der Kirchen entdecken. Sobald Myeongdeong in Seoul zum Leben erwacht und sich die Straßen mit Essensständen und Touristen aus aller Welt füllen, nehmen auch die christlichen Prediger ihre Arbeit auf. Und dabei zeigt sich wieder die koreanische Liebe zum Extremen. Ausgerüstet mit Hochleistungsmegafonen, einem Rucksack mit Display und markigen Botschaften wie »Lord Jesus: Heaven. No Jesus: Hell«, Warnweste und Baseballmütze mit Kreuz-Logo führen sie ihre Missionierungsarbeit durch. So hat eine ältere Dame in Myeongdeong an einer Straßenecke ein Zelt Gottes aufgebaut. Mithilfe von Lautsprecheranlagen überfällt sie die Menschen mit ihren Predigten. Sie ist dort fast täglich anzutreffen. Vor dem Zelt ist ein Plakat angebracht, auf dem steht: »Jesus will come soon. Soon, Hell.« In der Nähe des U-Bahn-Ausgangs spielt eine adrett gekleidete Dame Kirchenlieder auf der Gitarre. Ihre grauenhafte Darbietung verscheucht die Engel.

Über diesen Glaubensehrgeiz und Missionierungswettkampf muss ich schmunzeln. In der Raucherecke vor der U-Bahn-Station Euljiro 1-ga steht ein Moped. Es steht dort schon seit langer Zeit. Auf dem Gepäckträger hat der Besitzer eine Lautsprecheranlage eingebaut. Hinter der Helm-Aufbewahrungsbox hat er ein großes Kreuz angebracht, auf dem steht: »Verichip 666 Hell.« So manch eifriger Prediger hat sein Auto in einen rollenden Konzertsaal Gottes verwandelt, aus dem beim Vorbeifahren höllenlaute Predigten schallen. Die Missionare sind auch fleißig im Ausland unterwegs. Weltweit liegt Korea an zweiter Stelle in Bezug auf die Entsendung christlicher Missionare. Nur Amerika entsendet noch mehr Missionare in die Welt.

In Korea gibt es mittlerweile über 70 000 Kirchen. Von klein, mittelgroß bis riesig findet man alles, was das religiöse Herz begehrt. Manche von ihnen sind so groß wie eine mittlere Ortschaft. Allein in Seoul wird die Zahl der christlichen Gotteshäuser auf über 10 000 geschätzt. Es gibt rund 15 Millionen Christen in Südkorea, die sich vorwiegend aus Protestanten, Presbyterianern und Katholiken zusammensetzen. Das sind circa dreißig Prozent der Gesamtbevölkerung. Die Mehrheit der christlichen Koreaner sind evangelisch.

Während der japanischen Kolonialzeit wurden viele Kirchen gegründet, die bei der Unabhängigkeitsbewegung eine wichtige Rolle spielen sollten. Das Christentum war für die Koreaner damals eine Quelle der Hoffnung, und nach der Befreiung von Japan verbreitete es sich im ganzen Land. Mit dem Wirtschaftsaufschwung und der Missionierungsarbeit der Amerikaner erlebte Südkorea sozusagen eine explosive Zunahme des christlichen Glaubens. In nur wenigen Jahrzehnten eroberte er das Herz der Koreaner und etablierte sich zu einer Mainstream-Religion.

Die römisch-katholische Kirche wurde während der späten Joseon-Dynastie durch konfuzianistische Gelehrte importiert, die mit der Religion in China in Berührung gekommen waren. Bereits vor 1608 brachte der Gelehrte und Diplomat Yi Su-gwang katholische Schriften in das Land. Während der Joseon-Dynastie galt allerdings der Konfuzianismus als offizielle Staatsreligion, und das Christentum wurde zunächst nicht beachtet und als westliche Kulturform angesehen. Doch als dessen Popularität in der Bevölkerung zu steigen begann, fing die Regierung an, das Christentum zu unterdrücken. Mehrere Tausend Katholiken wurden verfolgt, gefoltert und getötet. Als Papst Johannes Paul II. im Jahr 1984 Korea besuchte, sprach er 103 Märtyrer heilig.

Trotz der Popularität des Christentums spielt auch der Buddhismus als zweitstärkste Religion im Land eine wichtige Rolle. Am achten Tag des vierten Mondmonats ist

Buddhas Geburtstag. Dieser gilt seit 1975 als nationaler Feiertag. In der Goryeo-Dynastie (918–1392) war der Buddhismus Staatsreligion, und das Laternenfest zu Ehren Buddhas zählte zu den festen Bestandteilen des Brauchtums. Anders war es während der Joseon-Dynastie, hier unterdrückte man den Buddhismus und verbot die organisierten Laternenumzüge im Land. Heute findet in Seoul jedes Jahr im Mai das Lotus-Laternenfestival statt, das auch meine Frau Dani und ich schon zweimal besucht haben. Unzählige Karawanen von Menschen in traditionellen oder Fantasiekostümen ziehen dann mit ihren Laternen oder Fahnen durch die Straßen. Auf großen Wagen gibt es riesige leuchtende Figuren zu sehen, wie zum Beispiel Drachen, Elefanten oder Tiger. Wir waren beide Male sehr beeindruckt von der Schönheit der Parade und der festlichen Stimmung. Schon Tage vorher werden die Straßen und die buddhistischen Tempel mit Lampions und Buddha-Abbildungen dekoriert. Die Lotusblume steht für Buddhas Geburt, die leuchtenden Laternen symbolisieren das Licht der Welt, das Buddha ist.

In Korea leben viele Religionen friedvoll miteinander. Im Ausländerviertel Itaewon in Seoul gibt es eine Moschee sowie acht weitere im ganzen Land. Die Zahl der Muslime in Korea wird auf rund 200 000 geschätzt. Viele Muslime kommen aus Bangladesch oder Usbekistan und arbeiten als Gastarbeiter im Land.

Und dann gibt es noch die Moon Sekte, die ab und an für Schlagzeilen sorgt. Die Moon-Sekte, auch Vereinigungskirche genannt, deren Gründer Moon Sun-myung im Jahr 2012 verstarb, ist bekannt für ihre arrangierten und skurrilen Massenhochzeiten. Moon gründete seine Sekte im Jahr 1954. Der selbst ernannte Messias hatte angeblich am Ostersonntag des Jahres 1935 eine Begegnung mit Jesus Christus, der ihn beauftragt haben soll, die Welt zu retten.

Moon hat mit seiner Vision und Religion ein mächtiges Wirtschaftsimperium geschaffen, das nun von seiner Frau und seinen Söhnen geleitet wird.

Manchmal habe ich in meinen Träumen auch seltsame Begegnungen der vierten Art und visioniere darüber, extraterrestrische Zonen zu erobern. Wenn ich dann aufwache, bin ich immer froh, dass es nur ein Traum war. An solchen Tagen erinnere ich mich an die Worte von Altkanzler Helmut Schmidt, der sagte: »Wer eine Vision hat, der soll zum Arzt gehen!«

Immer eine Reise wert

Gangneung Style

Wahre Freunde schrubben sich gegenseitig den Rücken in der Sauna. So will es die Tradition in Korea – Dan, Nikolay und ich hielten uns daran. Mit seiner englischen Zurückhaltung und Prüderie hatte Dan anfangs Probleme, sich im Adamskostüm zu zeigen. Nikolay dagegen konnte den ersten Aufguss in der Sauna jeweils kaum erwarten. Nach dem Saunagang fuhren wir häufig zum nahe gelegenen Jungang-Fischmarkt. Im Keller des Markts werden die Fische und andere Meeresfrüchte frisch zubereitet und serviert. Oder aber wir besuchten eine der kleinen Brauereien der Stadt, die zumeist von anderen »Aliens« betrieben werden und ausgezeichnetes Bier ausschenken.

Im Sommer mieteten wir einmal ein kleines Boot am Hafen von Anmok, um zu angeln. Für einen festen Preis kann man dort ein Boot inklusive eines Kapitäns mieten, der den frisch gefangenen Fisch als *Hwae* (koreanisches Sashimi beziehungsweise roher Fisch) zum Verzehr zubereitet und mit einer guten Flasche Soju serviert. Vor der Bootsfahrt hätte ich allerdings Ingwer essen sollen, denn auf dem Meer wurde ich seekrank. Was Nikolay dazu antrieb, mit engagiertem Schaukeln einen starken Wellengang zu imitieren, um mein Leiden noch zu verstärken.

Dafür zahlte ich es Nikolay heim, als wir den Berg Seoraksan in Sokcho – Koreas dritthöchster Berg mit 1708 Metern – bestiegen und er unsere gesamten Wasservorräte von circa zehn Litern mit dem Rucksack hochschleppen musste. Die Koreaner lieben Bergsteigen. Es ist eine Volkssportart – schließlich sind siebzig Prozent des Landes bergig. In der Nähe des Seoraksan-Nationalparks gibt es das »Kensington Stars Hotel«, von dessen oberstem Stock man einen wundervollen Ausblick auf den Seoraksan hat. Das Hotel ist britisch angehaucht, und so findet man im Restaurant Erinnerungsstücke an die Beatles und einen Doppeldeckerbus auf dem Parkplatz.

Ein Erlebnis der besonderen Art ist zudem ein »Temple Stay« – Dan, Nikolay und ich nahmen an einem solchen im buddhistischen Woljeongsa-Kloster in Gangneung teil. Das Aufstehen um drei Uhr morgens, die *Yebul* (dreimal am Tag ausgeführter Gruß an Buddha), die Teezeremonie und Zen-Meditation sind mir in guter Erinnerung geblieben.

Der heiße und schwüle Sommer ist in Gangneung wesentlich angenehmer zu ertragen als in Seoul. Von Seoul Station ist man mit dem Hochgeschwindigkeitszug KTX in weniger als zwei Stunden in Gangneung. Vom Terminal ist der Gyeongpo Beach, der größte Strand an der Ostküste, mit dem Taxi nur einen Steinwurf entfernt. Dani als leidenschaftliche Fahrradfahrerin war begeistert, dass man mit dem Fahrrad entlang der Küste von Gangneung bis nach Busan fahren kann. Bis nach Busan haben wir es aus zeitlichen Gründen zwar leider nicht geschafft, aber die Strecke vom Gyeongpo Beach bis nach Jeongdongjin, Masang Beach und zum Jumunjin-Fischmarkt sind wir einmal mit unseren Trekkingrädern abgefahren.

In der Badesaison ist der Gyeongpo Beach ziemlich überfüllt. Vor oder nach der Badesaison (im Jahr 2017 ging diese vom 7. Juli bis zum 20. August) ist das Schwimmen im Meer nicht erlaubt. Aber das interessierte Nikolay nicht. Er suchte sich immer einen Ort, wo er auch nach der Badesaison noch schwimmen konnte. Wenn Nikolay erwischt wurde, spielte er den verrückten *Waegookin*, der von der Regel nichts wusste. Die Koreaner schwimmen dabei meist gar nicht, sondern planschen nur mit ihren Schwimmreifen und anderen aufblasbaren Gummitieren im Wasser. Die meisten koreanischen Männer baden in T-Shirt und Badeshorts, die Frauen gehen nahezu voll bekleidet ins Wasser, um ihre Haut vor der Sonne zu schützen. Denn in Korea gilt weiße Haut als Schönheitsideal. Auch nach der Badesaison spazierten Dani und ich oft zum Gyeongpo Beach. Am Strand breiteten wir unsere Decke aus, legten uns hin, hörten dem Meeresrauschen zu, sammelten Muschelschalen und wateten durchs Wasser.

Die Stadt Gangneung hat auch kulturell viel zu bieten. Im Seongyojang-Haus kann man beispielsweise sehen, wie der Adel der späten Joseon-Dynastie gelebt hat. Ein ebenso lohnenswertes Ziel ist das Ojukheon-Haus, die Geburtsstätte der Malerin, Kalligrafin und Poetin Shin Saim-dang (1504–1551) und ihres Sohnes Yi Yul-gok (1536–1584). Shin Saim-dang verkörpert das Ideal einer weisen Mutter, sie ist auf der 50 000-KRW-Note verewigt. Ihr Sohn Yi Yul-gok gilt als einer der bekanntesten Akademiker, Sozialreformer und Politiker der Joseon-Dynastie. Eines der zwei Eisstadien für das olympische Eishockeyturnier sollte eigentlich nach ihm benannt werden. Doch man entschied sich letztendlich für den Namen »Gangneung Hockey

Centre«. Dafür ist Yi Yul-gok auf der 5000-KRW-Banknote abgebildet. Wundervoll ist im Übrigen auch der Gedenkpark für den Dichter, Schriftsteller und Gelehrten Heo Gyun (1569–1618) und die Dichterin Heo Nanseolheon (1563–1589). Dort kann man die Geburtsstätte der Geschwister besuchen, oder auch einfach einen Spaziergang im umliegenden Kiefernwald machen.

Das Highlight von Gangneung ist das jährlich stattfindende Dano-Festival (*Dan* steht für »erstens« und *o* für »fünf«). Es wird am fünften Tag im fünften Mondmonat gefeiert und wurde von der UNESCO auf die Liste des immateriellen Kulturerbes der Menschheit aufgenommen. Die Zahl Fünf gilt als Glückszahl. Das schamanistisch angehauchte Volksfest hat eine über tausendjährige Geschichte. Bei diesem traditionellen Fest wollte man die Schutzgötter gnädig stimmen und um einen reichen Fischfang sowie eine reiche Ernte bitten. Am Dano-Tag stand man frühmorgens auf, wusch sich sorgfältig und zog sich neue Kleider an. Der sogenannte Changpotang, das Waschen der Haare und des Gesichts mit Irisblütenwasser, war ein fester Bestandteil dieses Rituals. Schließlich musste man adrett und gepflegt vor dem Ahnenschrein der Familie erscheinen. Wäre man schmutzig vor die Ahnen und Schwiegereltern getreten, so hätte das als tiefe Beleidigung gegolten. Das einwöchige Dano-Festival hat ein extensives Rahmenprogramm, von dem Dani und ich bei unserem Besuch sehr beeindruckt waren. Es umfasst schamanistische Rituale, koreanisches Wrestling (*Ssireum*), Schaukeln (*Geune*), Pfeilwerfen (*Tuho*), Seilziehen (*Juldarigi*), die Herstellung der grünlichen Reiskuchen *Surichwi*, den *Gwanno*-Maskentanz und das Waschen der Haare mit Iriswasser.

Eine Reise nach Gangneung lohnt sich definitiv. Seine Menschen erinnern mich mit ihrer gewissen Distanziertheit und Skepsis gegenüber Neuankömmlingen an die nordisch-kühlen Hamburger. Doch wenn man es schafft, das Herz dieser Stadt und der Menschen zu erobern, dann wird aus Distanziertheit Nähe, und die anfängliche Skepsis verwandelt sich in Vertrauen. Das passiert nur eben nicht von heute auf morgen.

Nakwon-dong – Paradies der alten Männer

So hart, wie die Koreaner auch arbeiten, dreimal so hart feiern, trinken, singen, lieben und essen sie. Daran fühle ich mich jedes Mal erinnert, wenn ich abends durch die Straßen von Nakwon-dong in Seoul gehe. Hier herrscht das koreanische Dolce Vita im Eilverfahren. Bei einem meiner Streifzüge durch das Viertel steht ein schwer betrunkener Mann mitten auf der Straße, hebt seine Faust in die Luft und lallt lautstark koreanische Arbeiterprotestlieder, wobei er auf der Stelle marschiert. Auch von gefährlich nah heranfahrenden Autos und schimpfenden Motorradfahrern lässt er sich nicht abhalten, seinem Protest Gehör zu verschaffen.

»Nakwon-dong ist berühmt!«, bekomme ich aus einem Gespräch zweier Koreaner mit, die direkt vor mir laufen. »Wusstest du, dass Nakwon so viel wie Paradies bedeutet?«, fragt der eine, bevor er auf den Boden spuckt und sich eine Zigarette in den Mund steckt.

An den Abenden in Nakwon-dong sieht man torkelnde Menschen, die sich nach der zweiten Runde (*Ilcha*) ihres Geschäftsessens gegenseitig stützen müssen, um nicht hinzufallen. Der Alkohol fordert seinen Tribut. Ich sehe glückliche, liebende und frustrierte Menschen, die sich in den berühmten orangefarbenen, zeltähnlichen Planenbauten (*Pojangmacha*) über alltägliche Probleme austauschen – über mehrere Soju- oder Makgeolli-Flaschen hinweg und bis in die frühen Morgenstunden. Komfort sucht man in einem *Pojangmacha* vergebens. Hier sitzt man in einem engen Raum auf unbequemen Plastikhockern und an Campingtischen. Eine Rolle Klopapier dient als Serviettenersatz, und das Essen wird in kleinen Plastikschüsseln serviert, die wiederum in Einwegplastiktüten verpackt werden. Doch wer auf der Suche nach einem Stück authentischen Korea ist, der findet es im *Pojangmacha*.

Auf den Bürgersteigen drängt sich ein ganzes Zeltlager von Wahrsagern. Zeichen dafür, wie stark der schamanistische Einfluss in Korea immer noch ist. Im Vorübergehen sehe ich junge Paare, die sich von einer Wahrsagerin aus der Hand lesen lassen, sie ist laut eigener Angabe auf die Themen Heirat und Karriere spezialisiert. Vor einem anderen Zelt fragt gerade ein gut angezogener Geschäftsmann eine Hellseherin, ob die Zeit gekommen sei, bestimmte Aktien zu kaufen. Bei einem meiner Aufenthalte in Korea kam auch ich in den Genuss einer persönlichen Prophezeiung. Meine damalige koreanische Freundin bestand darauf, eine Wahrsagerin aufzusuchen, um auf Basis des Geburtsdatums und der Uhrzeit der Geburt unser zukünftiges Leben vorherzusagen. An die Antwort erinnere ich mich nicht mehr, nur daran, dass ich für diese Dienste um die 20 000 KRW (circa 16 Euro) bezahlen musste.

Ebenfalls in Nakwon-dong befindet sich der Tapgol-Park (Tapgol Gongwon). In diesem Park trifft moderne Realität auf den Geist der Unabhängigkeitsbewegung vom 1. März 1919 (in Korea als »Samil undong« bezeichnet). Damals ereilte eine Nachricht das Land wie ein Lauffeuer: Koreanische Studenten aus Tokio wollten die Pariser Friedenskonferenz im Jahr 1919 dazu nutzen, um die koreanische Unabhängigkeit auszurufen. Eine Revolution lag in der Luft. Byeong-hee, im April 1861 als Sohn einer Konkubine geboren, wurde zu einer der Schlüsselfiguren der

Unabhängigkeitsbewegung. Er schaffte es, führende Persönlichkeiten des christlichen und buddhistischen Glaubens für seine Sache zu gewinnen. Und so trafen sich 33 Führungspersönlichkeiten und Vertreter des koreanischen Volkes am 1. März 1919 im Tapgol-Park, um die Proklamation der Unabhängigkeit Koreas zu verlesen. Es kam zu landesweiten Protesten, die von den Japanern blutig niedergeschlagen wurden. Der 1. März, heute ein koreanischer Feiertag, ist ein bedeutender Tag in der koreanischen Geschichte, auch wenn die Unabhängigkeit damals nicht errungen werden konnte.

Heute steht in der Mitte des Parks eine Bronzestatue von Byeong-hee. Der Statue zu Füßen sitzt meist eine Armee müder Rentner, die sich auf den Weg in den Park gemacht haben, um die Mittagssonne zu genießen. Menschen über 65 Jahre dürfen in Südkorea die öffentlichen Verkehrsmittel kostenlos nutzen. Es ist die Generation meines Vaters, die Generation, die die japanische Kolonialzeit und den Koreakrieg miterlebt hat. Sie haben das Land aufgebaut und gehörten zu den Ersten, die im Zuge der Finanzkrise »IMF« 1997 wegrationalisiert wurden. Hier im Tapgol-Park, den engen Gassen von Nakwon-dong und Jongmyo sind sie unter ihresgleichen. Sie spielen bei fast jeder Wetterlage *Janggi* (eine koreanische Schachvariante) und *Baduk*, oder lassen sich bei einem der zahlreichen *Ibalso* die Haare schneiden oder färben. Auf den Bürgersteigen am Rande des Parks sitzen Gruppen von Kartonsammlern und Obdachlosen, die in den Morgenstunden bereits einige Flaschen Makgeolli geleert haben. Diese Gegend hat eine besondere Duftnote. Sie stinkt nach Ginkgosamen, Erbrochenem, Urin und Soju.

Am Abend hört man in den Gassen von Nakwon-dong, in denen zahlreiche Karaokebars angesiedelt sind, koreanische Schlager vergangener Tage. Diese Musikrichtung wird hier Trot-Musik genannt oder *Bongjak*. Mein Vater liebt diese Art von Musik. In seinen Ohren ist Bryan Adams Heavy Metal. Bei einem meiner Besuche in Korea kaufte mein Onkel mir eine Gitarre in der Nakwon Music Mall. Dort sind über 260 Geschäfte angesiedelt – ein Paradies für Musiker. Irgendwie bin ich gern in dieser Gegend um Nakwon-dong. »Nakwon-dong hat seinen Charme. Dennoch ist es ein bisschen ironisch, dass dieser heruntergekommene Ort ›Paradies‹ genannt wird!«, hatte meine Kollegin Seung-hee einmal bei einem gemeinsamen Mittagessen zu mir gesagt. Wahrscheinlich zieht mich dieser Ort aus demselben Grund an wie die Rentner. Es ist ein kleines Refugium, wenn nicht ein Stück Paradies inmitten des Betondschungels von Seoul.

River Land, Busan und Baseball

Bei den Vorbereitungen der Olympischen Winterspiele 2018 war es eine enorme Herausforderung, freiwillige Helfer von der Hauptstadt Seoul in die Provinz nach Gangneung zu locken. Selbst einige Kollegen der Marketingabteilung, die zunächst im Seouler Büro angesiedelt waren, quittierten ihren Job im Zuge der Verlegung nach Pyeongchang. Für die Großstadthelden, die von Seoul mit allem verwöhnt werden, was das Herz begehrt, ist ein Leben im Dorf nichts. In Seoul, sagen sie, gebe es alles. Alle wollen in dem Zwölf-Millionen-Betondschungel leben. Mein Freund Sang-hyun ist ein *Seoul Kkakjaengi* (Großstädter), wie man die Großstadthelden in Korea nennt. *Chonsaram* wäre das Gegenteil und ist ein herabwürdigender Begriff für einen einfach gestrickten Dorfmenschen.

Sang-hyun findet das Dorfleben langweilig und einsam. Er liebt Trubel und Menschenmengen. »Wenn ich vom

Trubel wegwill, dann muss ich nur etwa eine Stunde raus nach Gapyeonggun (in der Provinz Gyeonggi-do) zum Cheongpyeong River Land fahren. Dort habe ich Natur und kann Wasserski fahren. Abends kehre ich dann zurück in die Stadt«, erklärte er mir. Den Cheongpyeong-See hatte ich schon einmal besucht. Mit dem Bau des Cheongpyeong-Staudamms im Bukhangang-Fluss war dieser künstliche See entstanden. Er ist ringsum von Bergen eingeschlossen und verleiht dem Ort ein wunderschönes Panorama.

Mit meinem Cousin Huni und seiner Familie hatten wir ein Wochenende im River Land verbracht. Dazu mieteten wir ein *Condo* (kleines Haus) in der Nähe vom See. Der Ort ist sehr entspannend. Hunis Frau hatte Meeresfrüchte wie Shrimps, Tintenfisch, Muscheln und Abalone-Fische vorbereitet, die wir gegrillt aßen. Gemeinsam fuhren wir für einen Tagestrip zur Daebudo-Insel. Die Insel gilt als das Hawaii von Ansan (einer Stadt in der Provinz Gyeonggi-do). Dort wanderten wir an den schlickigen Wattflächen entlang und besuchten das Sihwa-Narae-Observatorium. Als die Hitze im Sommer unerträglich wurde, fuhren wir zum Familienbadeparadies »Everland Caribbean Bay«. Gefühlt war dort ganz Korea anwesend. Der In- und Outdoorwasserpark war voll mit vergnügt herumtobenden Kindern und nicht gerade ein idealer Ort zur Entspannung.

Busan-Tante hatte mich gebeten, sie vor meiner Abreise nach Deutschland zu besuchen. Gesagt, getan. Ich wollte mir schon immer mal in der zweitgrößten Stadt Koreas ein Baseballspiel der Lotte Giants im Sajik-Stadion anschauen. Wenn die Fans Sprechgesänge oder das Lied »Busan Galmaegi« (»Busan-Möwe«) anstimmen, dann verwandeln sie das Baseballstadion in ein riesiges *Noraebang* (Karaokearena). Die verrückten Busan-Fans sind legendär. Schon dies allein ist eine Reise nach Busan wert.

Die Stadt hat einen Bezug zu Deutschland. Ein Jahr nach dem Koreakrieg, von 1954 bis 1959, wurden im Rotkreuz-Krankenhaus in der vorläufig ernannten Hauptstadt Busan mit Unterstützung deutscher Mediziner rund 250 000 Patienten versorgt. Busan war für 1023 Tage die Hauptstadt Koreas und Zufluchtsort für Verletzte und Kriegsflüchtlinge aus dem ganzen Land gewesen. Die Stadt blieb von der kriegerischen Zerstörung weitgehend verschont und war von nordkoreanischen Truppen nicht vereinnahmt worden. Und so besuchte ich mit meiner Tante das als »Nummer 53« deklarierte historische Monument Busans, nämlich die Provisional Capital Memorial Hall. Von hier regierte der koreanische Präsident Rhee Syngman. Auf den Spuren der damaligen Flüchtlinge konnte ich mir gut vorstellen, wie die Menschen das Lied »Be strong, Geum-soon!« gesungen und auf bessere Zeiten gehofft haben.

Busan-Tante hatte sich vorgenommen, mir die Stadt zu zeigen. Wir besuchten den Haedong-Yonggungsa- und den Beomeosa-Tempel. Der am Meer gelegene Haedong Yonggungsa befindet sich ziemlich weit außerhalb der Stadt. Danach fuhren wir zum 120 Meter hohen Busan Tower, der sich im Yongdusan-Park befindet. Dort aßen wir die berühmten Fischkuchen (*Eomuk*) und kalte Nudeln mit Mandus (*Choryang Milmyeon*). Am nächsten Tag besuchten wir das Gamcheon Cultural Village, das als Santorin der Ostküste Koreas gilt. Das Village beherbergte einst die Flüchtlinge, die in slumartigen Barackensiedlungen lebten, und war lange Zeit Herberge für die Armen und Alten. Mithilfe von Künstlern, Beamten und Dorfbewohnern entwickelte sich die Siedlung allerdings im Laufe der Zeit zu einer Touristenattraktion.

Gemeinsam mit meiner Tante besuchte ich auch den Haeundae Beach, den Jagalchi-Fischmarkt und den berühmten Gukje-Markt, der in dem südkoreanischen Blockbuster »Ode to My Father« eine zentrale Rolle spielt. Auch mein Vater hatte den Gukje-Markt bei seinem Aufenthalt in Busan vor einigen Jahren besucht. Ich besitze ein Foto davon, auf dem man von seinem Gesicht ablesen kann, wie er sich dabei in seine Kindheit zurückversetzt gefühlt haben muss. Denn wenn er als Junge Hunger hatte, dann ging er immer zum Markt, wo eine Verkäuferin sich seiner erbarmte und ihm eine kleine Schüssel Weizennudeln zum Essen gab. Busan hat zwar nicht die Vielfalt an kulturellen Unterhaltungsprogrammen wie Seoul, doch es ist eine authentische koreanische Stadt mit viel Flair – und damit definitiv eine Reise wert.

Die Insel Jeju

Warum die vor über 1,8 Millionen Jahren durch Vulkanausbrüche gebildete Insel Jeju als beliebtes Ziel für Flitterwochen und als Hawaii Koreas gilt, ist leicht zu begreifen: Hier gibt es sagenumwobene Berge, mystische Lavahöhlen, endlose Sandstrände, eine vielfältige Flora und Fauna und einen skurrilen Skulpturenpark mit dem Namen »Love Land«. Bei dem feuchten subtropischen Klima gedeihen die Hallabong-Orangen und -Mandarinen prächtig. Sie sind eine Spezialität der Insel und kosten auch ein wenig mehr als die handelsüblichen. Aus diesen beiden Botschafterfrüchten der Insel wird fast alles gemacht – Säfte, Kuchen, Eis, Schokolade.

Im Mai 2017 besuchten auch Dani und ich Jeju-do. Ulsan-Tante besitzt auf der Insel eine Pferdezucht. Seoul-Onkel hatte mich vorgewarnt, dass insbesondere die älteren Insulaner aufgrund ihrer Anwendung von Fremdwörtern aus dem Japanischen, Mandschurischen, Chinesischen und

Mongolischen wohl schwer zu verstehen sein würden. Der Jeju-Dialekt ist vom Aussterben bedroht. Nach aktuellen Schätzungen beherrschen ihn nur noch ungefähr 10 000 Menschen.

Mit einem Mietwagen fuhren wir zum »Tuffring Seongsan Ilchulbong«. *Seongsan* bedeutet Festungsberg und *Ilchulbong* Sonnenaufgangsgipfel. Seoul-Onkel hatte uns empfohlen, uns von dort aus den Sonnenaufgang anzusehen. Doch dafür waren Dani und ich zu spät dran. Trotzdem machten wir uns auf die rund vierzigminütige Wanderung den Berg hinauf. Der Berggipfel ist 182 Meter hoch und bietet eine tolle Sicht auf das Meer und eine Kratervertiefung, die einen imposanten Durchmesser von rund 600 Metern vorzuweisen hat.

Nachdem wir einen Zwischenstopp am »Jeju World Cup Stadium« eingelegt hatten, das unter anderem als Spielort für die Fußball-WM 2002 gedient hatte, fuhren wir weiter zum Wasserfall Jeongbang. Das Wasser stürzt hier aus 23 Meter Höhe in ein kleines Vorbecken, das von zahlreichen Steinbrocken umgeben ist. Das stetige Rauschen Jeongbangs hat etwas Beruhigendes und Friedliches. Kein Wunder, dass einige der jüngeren Koreaner die Insel als Zufluchtsort vor der sogenannten Hell Joseon sehen. *Hell Joseon* ist ein sarkastischer Begriff, der von jungen Leuten aus der Generation meiner Cousins genutzt wird, die in Korea eine Hölle auf Erden sehen, gesteuert von einer privilegierten Klasse und bestimmt von einer immer größer werdenden Einkommensungleichheit. Man kann die Frustration dieser Generation verstehen. Der endlose Konkurrenzkampf und der extreme Bildungsdruck, um in einem guten Job zu landen, sind ermüdend. Das schnelle Leben in der Hauptstadt kann einen ausbrennen und verbittern. Mit dem langsamen Leben auf der Insel kann man seine leer gewordenen Batterien wieder richtig aufladen.

Zusammen mit den Cheonjiyeon- und den Cheonjeyeon-Fällen gehört der Jeongbang-Wasserfall zu den drei bekanntesten Wasserfällen der Insel. Der Legende nach hatte der chinesische Kaiser Ying Zheng (259–210 v. Chr.) seinen Diener Seobul auf die Reise geschickt, ein Elixier für das ewige Leben zu finden. Doch ein Zaubermittel für ein ewiges Leben fand dieser nicht. Stattdessen schlug er seinen Namen Seobul in die Klippe, wo das Wasser fiel. Dani und ich blieben ungefähr zwei Stunden am Jeongbang, der direkt ins Meer fällt, und beobachteten die *Haenyeo*-Frauen, das sind Taucherinnen, die hier nach Meeresfrüchten suchen. Die *Haenyeo*-Frauen sind wie die *Dolharubang* (Großvaterfiguren aus Lavagestein), die überall auf der Insel anzutreffen sind, ein wichtiges Wahrzeichen. Die *Haenyeo* hatten einen kleinen Stand aufgebaut, an dem sie die frisch geernteten Meeresfrüchte sofort zubereiteten. Dani und ich konnten nicht widerstehen und ließen uns die frischen Muscheln, Seealgen und Tintenfische schmecken.

Gut ausgeschlafen fuhren wir am nächsten Tag zur Vulkanhöhle Manjanggul. Mit 13,4 Kilometer Länge ist Manjanggul die längste Lavahöhle der Welt, wobei sie nur auf etwa 1000 Metern zu begehen ist. Es war beeindruckend zu sehen, was die Natur alles hervorbringt. Im Anschluss besuchten wir den Steinpark Jocheoneup. Das rund 100 000 Quadratmeter umfassende Areal spiegelt den geschichtlichen und kulturellen Bezug der Insel anhand der Steine wider. So sind neben zahlreichen *Dolharubangs* (Großvaterfiguren aus Lavagestein) auch die Schöpferin der Insel, Großmutter Seolmundae (*Seolmundae Halmang*) und ihre 500 Kinder zu sehen. Der Legende nach war Großmutter Seolmundae eine riesige Göttin, die von ihrem Vater, dem großen Jadekaiser, zur Bestrafung dafür, dass sie Himmel und Erde geteilt hatte, auf die Erde verbannt wurde. Seolmundae fand Gefallen am Leben auf der Erde, wo sie die Insel Jeju, den 1950 Meter hohen Berg Hallasan und die kleinen Vulkane erschuf und 500 Söhne gebar. Eines Tages, als ihre 500 Söhne auf der Jagd waren, ereignete sich eine Tragödie. Durch ein Missgeschick fiel Großmutter Seolmundae in den riesigen Suppentopf, den sie für ihre Söhne vorbereitet hatte. Als die Söhne von der Jagd heimkehrten, aßen sie eilig die Suppe auf, unwissend, dass die Mutter sich im Topf befand. Schon bald fanden die Söhne heraus, dass sie ihre eigene Mutter verspeist hatten. In tiefer Trauer erstarrten die Söhne zu Felsen. »Großmutter Seolmundae wacht über uns alle« ist ein beliebtes Sprichwort der Insulaner.

Dani und ich besuchten auch noch die Grünteeplantage Seogwang, die als größte im Land gilt. Als ich in die Weite der grünen Teeplantage schaute, dachte ich an die Worte meines Bekannten Hae-jong. Hae-jong, ein *Jaeil Kyopo* (ein in Japan lebender Koreaner) aus Sapporo, hatte mir seine Familiengeschichte erzählt, die auf Jeju-do beginnt. Seine Großeltern flohen damals vor dem grausamen Massaker nach Japan, das sich im April 1948 auf der Insel ereignete, und entkamen so dem sicheren Tod. Sie kehrten nie wieder nach Jeju-do zurück. Bei dem Massaker wurden über 30 000 Menschen auf brutalste Weise getötet, und auch die Amerikaner unterstützten die Aktion damals im Zuge ihrer Mission gegen den Kommunismus. In Korea ist das traurige Ereignis als *Sa Sam* (*Sa* = 4, *Sam* = 3; die Zahlen beziehen sich auf das Datum 3. April) bekannt.

Lange Zeit war es ein Tabu, über das Jeju-Massaker zu sprechen, erst mit der mühsamen Demokratisierung des Landes wurde es zunehmend thematisiert und die Ereignisse aufgearbeitet. Das Hawaii Koreas war einst die Hölle auf Erden oder die »Insel des Todes«, wie die Insulaner Jeju früher nannten. Der koreanische Film »Jiseul« des Regisseurs O Muel behandelt den Jeju-Genozid, bei dem ganze Dörfer dem Erdboden gleichgemacht wurden. Der Independent-Film gewann in der Kategorie »Spielfilm« auf dem Sundance Film Festival 2013. Eine große Jeju-Diaspora findet man im japanischen Osaka, Geburtsort meines Bekannten Hae-jong. In dieser Community wurde sogar der Jeju-Dialekt konserviert.

Dani und ich reisten mit schönen Erinnerungen im Gepäck zurück nach Gangneung. Dort hatte ein verheerender Waldbrand gewütet, der ein Menschenleben gekostet, dreißig Häuser beschädigt und viel Land zerstört hatte. Als wir in Gangneung ankamen, hatten die Löschkräfte das Feuer nach mehrtägigem Kampf unter Kontrolle gebracht. Vom Bus aus konnten wir einen Teil des Ausmaßes der Katastrophe erkennen. Viele Bäume waren verkohlt, und der Boden war bedeckt mit noch rauchenden Zweigen und Blättern.

Dokdo

Als wahrer koreanischer Patriot besuchte mein Arbeitskollege Seok-cheol einige Tage vor dem koreanischen Unabhängigkeitstag (15. August) die Dokdo-Insel. »Es gibt drei Dinge, die ein Koreaner in seinem Leben gemacht haben muss. Eines davon ist der Besuch der Dokdo-Insel«, sagte Seok-cheol zu mir, als ich ihn nach dem Grund für seine Reise fragte. Kaum angekommen, lud er voller Stolz ein Beweisbild in unserer »KakaoTalk«-Gruppe hoch: er vor der Insel, in der Hand die koreanische Flagge (*Taegeukki*).

Die am Ostmeer liegenden Felseninseln Dokdo umfassen eine Gesamtfläche von 187,554 Quadratmetern. Ihren koreanischen Namen erhielten sie im Jahr 1881. Bis dahin waren sie auch unter den Namen Usando, Gajido und

Dokseom bekannt. Die Dokdo-Inselgruppe besteht aus der Ost- und Westinsel, die Dong-do und Seo-do genannt werden, sowie 89 kleineren Felsen und Riffen. Seo-dos höchster Punkt liegt bei 168,5 Meter über N. N., damit ist sie insgesamt höher als Dong-do, deren höchster Gipfel bei 98,6 Meter über dem Meeresspiegel liegt. Letztere beherbergt eine Küstenwache, einen Leuchtturm inklusive Personal, eine Schiffsanlegestelle (bis zu 500 Tonnen) und einen Heliport. Auch die Touristenfähren legen im Hafen von Dong-do an. In der Nähe des höchsten Punkts der Insel ist ein Steinpfosten angebracht, auf dem in chinesischer Schrift »Korean Territory« steht. Bewohnt ist dabei nur die Insel Seo-do, hier gibt es einen Wanderweg und eine Trinkwasseranlage.

Dreiundzwanzig Personen (zwei Einwohner, 15 Personen von der Küstenwache und sechs Leuchtturmwärter) leben auf der Insel, rund vierzig Polizeioffiziere und weiteres Personal arbeiten in Schichten dort. Der erste offizielle Bewohner Dokdos war der Fischer Jong-deok Choi, der seit 1965 mehr oder minder auf der Insel verweilte. Obwohl Choi seit 1965 auf Dokdo fischte und lebte, ließ er erst 1981 seinen permanenten Wohnsitz von der Insel Ulleungdo nach Dokdo verlegen. Die Tochter und ihr Ehemann wurden weitere Bewohner der Insel. Nach dem Tod von Jongdeok Choi im Jahr 1991 wurde sein Mitarbeiter Seong-do Kim zum offiziellen Einwohner Dokdos. Im Jahr 2007 wurde Kim zum Dorfvorsitzenden ernannt.

Dokdo ist seit Ende des Zweiten Weltkriegs Gegenstand der politischen Auseinandersetzung zwischen Japan und Südkorea. Beide Staaten beanspruchen die Herrschaft über die Inselgruppe für sich. Der politische Standpunkt Koreas ist dabei klar – Dokdo ist kein Gegenstand juristischer Verhandlungen, weil es historisch, geografisch und völkerrechtlich immer schon zu Korea gehörte. Im November

1982 ernannte Korea Dokdo gar zum nationalen Kulturerbe und setzte damit ein klares Zeichen in der internationalen Debatte.

Für diese aus Sicht der koreanischen Regierung unanfechtbare Haltung gibt es diverse historische Belege, die die Position der Koreaner untermauern. In Korea wurde vor Kurzem gemeldet, dass in Japan eine Koreakarte aus dem 19. Jahrhundert entdeckt worden war, welche die Dokdo-Inseln beinhaltete. Jedes Mal, wenn solche historischen Dokumente auftauchen, entflammt der Streit um die Inselgruppe aufs Neue. Aufgrund dieser dauerhaft angespannten Situation wird in der Öffentlichkeit auch auf kleinste Details geachtet, die den Konflikt verschärfen könnten. So müssen Personen, die ein öffentliches Amt bekleiden, allen voran der koreanische Präsident, darauf achten, dass sie keine japanische Markenkleidung tragen, wenn sie im Zusammenhang mit dem Thema Dokdo-Inseln in den Nachrichten erscheinen. Im Jahr 2009 hatte die Bank of Korea außerdem angekündigt, neue 100 000-KRW-Scheine mit Dokdo-Motiv zu veröffentlichen. Doch aufgrund politischer Spannungen zwischen Südkorea und Japan wurde die Veröffentlichung annulliert.

Die heftige öffentliche Kritik an der ehemaligen koreanischen Präsidentin Park Geun-hye, nachdem sie bei der »First Pitch Ceremony« eines Baseballspiels versehentlich Turnschuhe des japanischen Sportartikelherstellers Asics trug, demonstriert einmal mehr die Sprengkraft der politischen Auseinandersetzung um die Dokdo-Inseln.

Ich betrachtete Seok-cheols Selfie vor der Insel, das er in unsere »KakaoTalk«-Gruppe hochgeladen hatte. Für die Reise hatte er sogar sogenannte Dokdo-Unterstützer-Sneaker angezogen, die er zuvor online erstanden hatte. Von seiner Wohnung in Gangneung war Seok-cheol mit dem Taxi zum Anmok Ferry Terminal gefahren. Dabei hatte er ständig auf sein Handy geschaut, um zu checken, ob die Fähre sich aufgrund von schlechten Wetterbedingungen und hohem Seegang verspätete, was häufig der Fall ist. Aber alles lief nach Plan. Von Ulleungdo nahm er die Fähre bis zu den 87,4 Kilometer entfernten Dokdo-Inseln. Natürlich ließ er es sich nicht nehmen, vorher noch die Seepocken-*Kalguksu*, eine-Spezialität des Orts, zu verzehren. Dadurch blieb ihm zwar keine Zeit mehr, das Dokdo-Museum zu besuchen, aber manchmal muss man im Leben eben Prioritäten setzen.

Die Überfahrt dauerte etwa zweieinhalb Stunden. Der starke Wellengang machte Seok-cheol seekrank, doch die Aussicht, diese geschichtsträchtige Insel zu betreten, ließ ihn tapfer durchhalten – obwohl die offizielle Besuchsdauer auf gerade einmal dreißig Minuten beschränkt ist. Doch auch ein noch so kurzer Ausflug auf die Insel ließ Seok-cheol vor Stolz fast platzen. Mein Arbeitskollege hatte von dem Rabatt profitiert, der den Einwohnern von Gangneung, Samcheok und Donghae am koreanischen Unabhängigkeitstag gewährt wurde. Nur so hatte er sich die Überfahrt leisten können. Dass Koreaner die Insel besuchen dürfen, ist dabei schon eine Errungenschaft an sich: Erst seit März 2005 gestattet die koreanische Regierung den Besuch der politisch umkämpften Insel.

Als ich Seok-cheols Bild mit koreanischer Flagge vor der Insel betrachtete, dachte ich an den koreanischen Fußball-Nationalspieler Park Jong-woo, der nach dem Sieg über Japan während der Olympischen Spiele in London 2012 ein Plakat hochgehalten hatte, auf dem in koreanischer Schrift stand: »Dokdo is our territory.« (»Dokdo Uridang.«) Damit löste Park einen diplomatischen Disput zwischen Japan und Korea aus. Doch nicht nur das, auch seine Karriere als Sportler wurde arg in Mitleidenschaft gezogen: Weil politische Botschaften bei IOC-Veranstaltungen untersagt sind, verhängte die FIFA gegenüber Park eine Geldstrafe in vierstelliger Höhe. Zudem wurde er für zwei World-Cup-Qualifizierungsspiele gesperrt und von der Medaillenzeremonie der Olympischen Spiele ausgeschlossen. Seine Bronzemedaille bekam Park deshalb erst zu einem späteren Zeitpunkt ausgehändigt.

Bei der weiteren Betrachtung von Seok-cheols Bild konnte ich im Hintergrund schwer bewaffnetes koreanisches Militärpersonal sehen, das die Insel absicherte. Japan, das die Insel »Takeshima« nennt, sieht die Überwachung durch koreanisches Militärpersonal als Besetzung ihres Landes an.

Von seiner Reise brachte Seok-cheol kleine Gebäckstücke in Form der Dokdo-Insel mit und verteilte sie nach seiner Rückkehr als Geschenke an die Kollegen. Überschwänglich gratulierten ihm alle zur Erfüllung seiner patriotischen Pflicht, denn als solche wurde seine Reise wahrgenommen. Das »Dokdo-Brot« hatte ein Bäcker aus Pohang erfunden, nachdem er verärgert festgestellt hatte, dass ein japanischer Bäcker ein Gebäckstück in Form der Insel als »Takeshima-Brot« verkaufte. Die koreanischen Kollegen, die das »Dokdo-Brot« von Seok-cheol erhielten, weigerten sich allerdings, das Gebäck zu essen. Ein Kollege sagte zu Seok-cheol: »Ich kann doch unsere Dokdo-Insel nicht aufessen. Das wäre skandalös und unpatriotisch!« Und tatsächlich traute sich keiner der Kollegen, es zu essen. Hätte es doch einer gewagt, wäre es unter den Kollegen womöglich zu einem harschen Disput gekommen.

Der Nachbar Nordkorea

Im Dienste des geliebten Führers

Mein Vater hat ein Faible für perfekt geschnittenes Haar, das keinen Zweifel an konservativen Werten und absolutem Gehorsam lässt. In seinen über siebzig Jahren hat er, laut eigenen Aussagen, nie Experimente mit seiner Frisur gewagt. Vater trägt bis heute den gleichen kurz geschorenen Militärhaarschnitt, den er schon als Schuljunge trug. Und die erste Frage, die er mir stellt, egal wie lange wir uns nicht gesehen haben, ist nicht etwa: »Hallo, mein Sohn! Wie ist es dir ergangen?«, sondern: »Hallo, mein Sohn! Wann gehst du endlich zum Friseur?«

Vor Kurzem veröffentlichte die nordkoreanische Regierung eine Liste von 28 genehmigten Frisuren (18 Frisuren für Frauen, zehn für Männer), die Nordkoreaner künftig tragen dürfen. Während sich die westliche Welt über diese Bevormundung empört zeigte, freute sich mein Vater sehr darüber und kommentierte dies in seinem gebrochenen Deutsch mit: »Barum 28 Prisuren? Eine genug!« Ein glücklich geflüchteter, im Exil lebender Nordkoreaner erzählte den westlichen Medien, dass die Frisur des »geliebten Führers« sehr unpopulär sei und unter dem Volk als »chinesische Schmugglerfrisur« gelte.

Seit 1993 bin ich nun offiziell Deutscher, ich bin in Deutschland geboren, spreche die schwierige Sprache akzentfrei, und trotzdem hindert es meine deutschen Mitbürger nicht daran, mir Fragen zur brisanten politischen Lage auf der Koreanischen Halbinsel zu stellen. Viel lieber würde ich über die Verfehlungen der Bundesregierung reden. Aber das möchte keiner hören, und ich möchte mich nicht beklagen. Dialog ist schließlich besser als Monolog.

Mein türkischer Bäcker etwa ist nicht nur für frische Schrippen und Börek zuständig, sondern muss den Kunden auch Rede und Antwort stehen über die Verfehlungen Erdoğans sowie außen- und innenpolitische Fragen zur Türkei. Der iranische Taxifahrer mit deutschem Pass muss sich bei seinen Fahrgästen wegen des iranischen Atomprogramms und Ahmadinedschads antisemitischer Rhetorik rechtfertigen und auch Einschätzungen zu dessen Nachfolger Hassan Rohani abgeben. Der Besitzer des indischen Asia-Markts meines Vertrauens wird um Beurteilungen zum Kaschmir-Konflikt gebeten und wirbt trotz negativer Schlagzeilen über den Umgang mit Touristinnen in Indien unermüdlich dafür, weiterhin Land und Leute auf individuelle Art kennenzulernen. Nur mein vietnamesischer Änderungsschneider hatte die Nase voll, Stellung zu unnachvollziehbaren politischen Handlungen Philipp Röslers zu beziehen. Kunden, die ihn über Rösler ausfragten, schmiss er aus seinem Laden. Sogar ein Plakat brachte er an seiner Tür an mit der Mahnung: »Keine Fragen zu Philipp Rösler! Sonst Hausverbot!« Nach seinem Wahldebakel mit der FDP war Rösler außer Landes geflüchtet, und Fragen über den ehemaligen Vizekanzler im schnelllebigen Geschäft der Politik hatten sich erübrigt.

Im Alltag lösen meine Bekannten somit weit mehr als bloß den Fachkräftemangel im Land – sie sind die wahren bürgernahen Außenminister ihres jeweiligen Landes, die jederzeit in die Rolle des Experten schlüpfen und Auskunft über Menschenrechte, Wirtschaft, Kultur und Entwicklungsfragen ihres Landes geben können. Migranten werden zwar nicht mit einem silbernen Löffel im Mund geboren, aber dafür wird ihnen die Rolle des Außenministers in die Wiege gelegt. Anders als Berufspolitiker können Migranten mit gutem Gewissen von sich behaupten, durchaus für die Politik berufen worden zu sein.

»Wird es zu einer Wiedervereinigung Nord- und Südkoreas kommen?«, »Wollen Ihre Landsmänner eigentlich die Einheit des Landes?«, »Die Nordkoreaner haben das Waffenstillstandsabkommen aufgekündigt. Wird es zu einem Krieg kommen?«, »Die Nordkoreaner haben die Atombombe. Wie nehmen das Ihre Landsleute auf?« sind nur einige der Fragen, die man mir gern stellt. Und immer dann, wenn Bilder von Kim Jong-un um die Welt gehen, wie er sich zum Beispiel gefrorene oder getrocknete Fische, Soldaten, Matratzen, Wodkaflaschen, Werkzeug oder sonstige skurrile Dinge anschaut, muss ich den Menschen erklären, was es damit auf sich hat. Die Sorgen der Bevölkerung nehme ich als koreanischer Außenminister und Nordkoreaexperte sehr ernst. Und da hat der Ex-NBA-Star Dennis »The Menace« Rodman, persönlicher Freund des nordkoreanischen Diktators recht, der sagte: »Du kannst alles über Nordkorea berichten und erzählen. Die Menschen würden es glauben.«

Zum Tod des »geliebten Führers« Kim Jong-il, der mit 69 Jahren an Herzversagen starb, bat mich ein Radiosender um ein Statement. Ich sollte meine Einschätzung zur Zukunft des Landes geben. »Wissen Sie!«, sagte ich zu dem Radiomoderator. »Heute ist ein Freudentag für alle Feld- und Osterhasen in Deutschland. Die für den Export gemästeten Feldhasen aus dem brandenburgischen Finsterwalde sollten die Hungersnot in Nordkorea besiegen. Durch den Tod des Führers ist der Deal erst einmal auf Eis gelegt, und so hoppeln die Hasen glücklich und frei im unglücklichsten Bundesland durch die Gegend!«

Als der »geliebte Führer« Kim Jong-il geboren wurde, so die Legende, stieg ein Stern am Himmel auf, und es formierte sich ein doppelter Regenbogen, um den auserwählten Erdenbürger auf dieser Welt willkommen zu heißen. Der nordkoreanische Albert Einstein, der Auserwählte und Ausnahmemensch konnte bereits mit drei Wochen allein laufen und seine Windeln wechseln. Er war besser beim Golfspielen als Tiger Woods, Arnold Palmer und Bernhard Langer zusammen. Der Kulturproduzent und Bestsellerautor vermachte seinem Volk 1500 Bücher und zahlreiche Operetten. Und er besaß selbst die Gabe, das Wetter mittels seiner Laune zu beeinflussen. Bei seiner Ankunft auf Erden ging der Winter sofort in den Frühling über.

Kim Jong-il mag an einem Tag geboren sein, an dem ein doppelter Regenbogen und ein Stern am Himmel aufgingen. Doch am Todestag des »geliebten Führers« regnete es in Berlin, und irgendwo in China fiel ein Sack Reis um. In dieser Nacht legte ich mich beruhigt schlafen, zuversichtlich dass ich meinen Posten als auf Lebenszeit berufener Außenminister Koreas in Deutschland weiter mit großer Würde und Engagement ausführen würde. Und welcher einheimische Politiker träumt nicht davon, stets im Dienste zu sein.

Mein nordkoreanischer Freund

Bei der Eishockey-Weltmeisterschaft der Frauen im April 2017 nahm neben Südkorea auch Nordkorea teil. Lange Zeit war die Teilnahme unklar gewesen. Seit den Asian Games 2014 war keine nordkoreanische Mannschaft mehr bei Sportevents in Südkorea dabei. Nachdem also feststand, dass die nordkoreanischen Spitzensportlerinnen bei der Weltmeisterschaft mitmachen würden, rief dies auch die Regierung auf den Plan. Der südkoreanische Geheimdienst gab uns nun im Vorfeld der Weltmeisterschaft vor, dass pro-nordkoreanische Symbole oder politische Äußerungen auf Plakaten bei den Zuschauern nicht geduldet werden würden. Selbst südkoreanische Flaggen einer bestimmten Größe durften zu den Eishockeyspielen nicht mitgebracht werden, um keine unnötigen Provokationen herbeizuführen, die die Beziehung beider Länder weiter verschlechtern könnte.

Außerdem wurden die nordkoreanische Nationalhymne und die Flagge auf ihre Richtigkeit hin überprüft. Darauf bestand der Teammanager der nordkoreanischen Mannschaft, der eine Anstecknadel mit den Porträts von Kim Il-sung und Kim Jong-il am Revers seines Jacketts trug. Das Wiedervereinigungsministerium hatte uns strikt untersagt, Nordkorea als »Bukhan« zu bezeichnen. »Bukhan« ist der unter Südkoreanern gängige Begriff für Nordkorea. Die offizielle Bezeichnung, die ausschließlich verwendet werden durfte, lautet dagegen »Demokratische Volksrepublik Korea«.

Die nordkoreanische Mannschaft wurde überallhin von einer Polizeieskorte begleitet und war stets von mindestens zwanzig Geheimdienstlern und Sicherheitsbeamten umgeben. Bei dem Anblick musste ich an meinen ehemaligen Mannschaftskameraden und Freund Peter denken, der zuzeiten des Eisernen Vorhangs für die damalige tschechoslowakische Nationalmannschaft gespielt hatte und bei der Weltmeisterschaft 1982 in Finnland über Schweden in die Freiheit geflüchtet war. Unter den Sicherheitsbeamten spürte ich eine große Anspannung. Ein Republikflüchtling aus dem Norden, der versuchen würde, sich in Südkorea abzusetzen, wäre von erheblicher politischer Brisanz. Die ehemalige nordkoreanische Nationalspielerin Young Hwang-bo war 1997 mit ihrer Familie nach Südkorea geflüchtet. Als Young bei den Asian Games im Jahr 2003 in Japan das Trikot der südkoreanischen Mannschaft trug und gegen ihr altes nordkoreanisches Team spielte, wurde sie mit Beschimpfungen überhäuft und als Verräterin bezeichnet.

Immer da, wo sich die nordkoreanische Delegation befand, war daher eine Traube von Sicherheitsbeamten in neongrünen Skijacken nicht weit entfernt – ob in unmittelbarer Nähe der Spielerbank, im Fitnessraum, der Kabine, auf der Tribüne oder im Hotel. Meine Kollegen hatten mir erzählt, dass jeder direkte Kontakt zwischen Südkoreanern und Nordkoreanern streng verboten worden sei. Falls es doch zu einem Kontakt kommen sollte, würde man anschließend vom Geheimdienst zum Verhör geladen.

Doch der politische Aspekt interessierte mich weniger. Ich betrachtete die Situation aus sportlicher und menschlicher Perspektive. Wir befanden uns nicht bei einer UNO-Generalversammlung, sondern in einer Sportstätte. Anders als meine südkoreanischen Kollegen traute ich mich, auf die nordkoreanische Delegation zuzugehen. Die Geheimdienstler und Sicherheitsbeamten wussten, dass ich zwar koreanisch aussehe, aber in Deutschland geboren und deutscher Staatsbürger bin. Seit 2001 unterhält Deutschland offiziell diplomatische Beziehungen zu Nordkorea. Mit meinem deutschen Pass genoss ich eine Art Immunität und war frei in meinem Handeln und im Umgang mit den

Nordkoreanern. Meine südkoreanischen Kollegen hatten dagegen fast schon paranoide Angst und scheuten jeglichen Kontakt. Selbstverständlich diskutierte ich mit den Sportlern aus Nordkorea nicht über Politik oder andere sensible Themen, die sie in unnötige Gefahr gebracht hätten. Aber wer redet schon bei seinem ersten Treffen über brisante politische Themen.

So schloss ich Freundschaft mit dem nordkoreanischen Assistenztrainer Thae Ki-chol, der früher selbst einmal Eishockey gespielt hatte. Er war groß und schlank mit markigem Gesicht. »Wir sind Freunde!«, sagte er zu mir. Auch wenn in Korea das Senioritätsprinzip gilt, aufgrund dessen eine ältere Person eine jüngere Person nie als Freund bezeichnen kann, stimmte ich ihm zu. »Ja. Wir sind Freunde!«, antwortete ich ihm. Wir sahen uns fast täglich und tauschten uns aus. Und so entstand über die Tage der Weltmeisterschaft eine enge Freundschaft zwischen Ki-chol und mir. Viele meiner südkoreanischen Kollegen reagierten darauf allerdings mit Unverständnis. Für mich war der Kontakt zum nordkoreanischen Team keine große Sache. Lediglich das Aufwärm- und Einstimmungsritual der nordkoreanischen Mannschaft war für mich ungewohnt. Als ich noch selbst aktiv spielte, stimmten wir uns immer mit harter Rockmusik auf das Spiel ein. Die Nordkoreaner taten dies mit nordkoreanischen Volksliedern in Instrumentalversion.

Am letzten Spieltag der Weltmeisterschaft ging ich in die Kabine der nordkoreanischen Mannschaft, um mich von meinem Freund Ki-chol zu verabschieden. In der Kabine herrschte eine bedrückte Stimmung. Die nordkoreanische Mannschaft hatte ihr letztes Spiel gegen Südkorea vor einer Kulisse von 5800 Zuschauern mit 3:0 verloren. Mit gesenktem Kopf und hängenden Schultern, traurig und niedergeschlagen saßen die Spielerinnen vor ihren Spinden. Vor der Kabine wartete bereits eine Horde südkoreanischer Geheimdienstagenten, um die Mannschaft zum Hotel zu begleiten. Ich ging auf Ki-chol zu, umarmte ihn wie einen Bruder, schaute ihm in die Augen und sagte: »Mein Freund! Wir werden uns wiedersehen!«

»Ja. Wir sehen uns wieder, mein Freund!«, antwortete er mit rauer, gebrochener Stimme. »Ich kann dir nicht viel geben. Aber ich werde dir meine Akkreditierungskarte als Andenken dalassen. Das verspreche ich dir!«, fügte er zum Abschluss hinzu.

Mein nordkoreanischer Freund Ki-chol hielt sein Versprechen. Einige Tage später händigte mir eine Kollegin, die als Team Hostess für die nordkoreanische Mannschaft arbeitete, seine Akkreditierungskarte aus. Durch einen Mittler konnte ich Ki-chol noch eine letzte Videobotschaft übermitteln, die er sich vor seiner Abreise nach Nordkorea ansehen konnte. Ich glaube fest daran, ihn irgendwann einmal wiederzusehen.

DMZ

Statt zur Kim-Il-sung-Villa, bekannt als Hwajingpo-Schloss, in Goseong-gun (Gangwon-do) zu fahren, die von 1948 bis 1950 hochrangigen nordkoreanischen Funktionären und Kim Il-sung als Sommerhaus diente, entschieden wir uns für die DMZ. Die demilitarisierte Zone wurde nach Beendigung des Koreakriegs 1953 als neutrale Sperr- und Pufferzone eingerichtet und ist fast schon ein Muss für jeden Südkorea-Reisenden. Informationsbroschüren von zahlreichen Anbietern sind oft an den Rezeptionen der Hotels gut sortiert vorzufinden. Es gibt verschiedene Angebote, die sich entweder über einen halben oder einen ganzen Tag erstrecken. Eine Halbtagestour kostet je nach

Anbieter zwischen 46 000 KRW (37 Euro) und 60 000 KRW (48 Euro), eine Ganztagestour in etwa das Doppelte.

Im Jahr 2010 hatte ich zusammen mit meinem Freund und Schriftstellerkollegen Wladimir Kaminer und seiner Frau Olga einmal den vollen Tag gebucht. Dieser beinhaltete Stationen wie den Ort Panmunjeom, an dem 1953 der Waffenstillstand besiegelt wurde, Camp Bonifas, die Brücke ohne Wiederkehr, an der es im Jahr 1950 zu einem Austausch von Kriegsgefangenen kam, sowie das »Freedom House« (Haus der Freiheit), das unter anderem als Begegnungsstätte für nord- und südkoreanische Delegationen dient.

Im September 2016 besuchten uns zwei Brüder meiner Frau Dani – alle in der ehemaligen DDR geboren –, um die Grenze zwischen Nord- und Südkorea gemeinsam mit uns zu besuchen. Am Morgen der Abreise stellte sich heraus, dass zudem noch drei lautstarke Amerikaner und ein stiller Zeitgenosse aus Singapur die Reise an die Grenze mit uns antreten sollten. In einem Minivan ging es fünfzig Kilometer gen Norden. Die drei Amerikaner versuchten auf der Fahrt noch jeden erdenklichen Witz zu präsentieren, den sie kannten. Denn an der Grenze würde es ein Ende damit haben, da der nordkoreanische Diktator in seinem Land keine Witze duldet.

Einen fand ich jedoch sehr lustig: Er berichtete von Kim Jong-uns Besuch in einem Gemeindebauernhof. Dort betrachtete Kim mehrere gesunde Schweine. Sichtlich zufrieden, befahl er seinem Assistenten, ein Foto mit ihm und den Schweinen zu schießen. Das Bild mit Kim und den Schweinen wurde sofort an die nordkoreanische Arbeiterzeitung *Rodong Sinmun* weitergeleitet. In der Redaktion quälte sich der Herausgeber mit einem geeigneten Titel. Und so überlegte er: »Genosse Kim Jong-un steht mit Schweinen.« Das ging nicht. »Schweine mit Kamerad Kim

Jong-un.« Das würde ihm seinen Kopf kosten. Nach langem Überlegen entschied er sich für: »Genosse Kim Jong-un ist der Dritte von links!«

Der Witz spielt auf die Zeit an, in der Bilder von Kim Jong-un um die Welt gingen, wie er sich Militäreinrichtungen, Schulen oder Fabriken anschaute. In den sogenannten Field-Guidance-Exkursionen inspizierte er die besuchten Orte und gab Vor-Ort-Anleitungen, die von seiner Gefolgschaft akribisch notiert wurden.

Unsere koreanische Reiseführerin nutzte die Gelegenheit, um die Geschichtskenntnisse der Amerikaner zu testen, und fand heraus, dass diese ihren General Mac Arthur nicht kannten, der während des Koreakriegs mit der »Operation Chromite« einen erfolgreichen Gegenschlag gegen die Nordkoreaner durchgeführt hatte. Die Reiseführerin berichtete uns außerdem vom Freiheitsdorf Daesong-dong, in dem etwas über 200 Menschen (circa fünfzig Familien) leben. Aufgrund ihrer gefährlichen Lebenssituation im Grenzgebiet müssen sie keine Steuern zahlen, sind vom Wehrdienst befreit und erhalten noch weitere Vergünstigungen.

Unser erster Stopp fand am Imjingak-Park statt. Mit seinen Karussells sorgt er für Rummelplatz-Atmosphäre – eine Art Disney World des Kalten Kriegs. Von dort gingen wir zur Freiheitsbrücke. Jedes Mal, wenn ich die Vermisstenanzeigen und Liebesgrüße lese, die am Stacheldrahtzaun befestigt sind, berührt mich das zutiefst. Eine Lokomotive aus dem Koreakrieg erhebt sich wie ein Mahnmal, sehnsüchtig wartend auf den Tag, an dem beide Länder wieder vereint sein werden.

Danach führte unser Weg zum Dritten Invasionstunnel. Der rund 1,6 Kilometer lange Tunnel, der 52 Kilometer von der Hauptstadt Seoul entfernt liegt und sich rund 73 Meter unter der Erde befindet, wurde 1978 entdeckt.

Der erste Tunnel wurde im Jahr 1974 und der zweite im Jahr 1975 aufgespürt. Der vorerst letzte und vierte Tunnel wurde 1990 gefunden. Man spekuliert, dass noch viele weitere unentdeckte Invasionstunnel existieren. Damit wir uns nicht die Köpfe an den niedrigen Decken stießen, bekam jeder einen Schutzhelm. Die Reiseführerin hatte uns im Bus noch erzählt, dass innerhalb einer Stunde circa 10 000 Soldaten durch den Tunnel durchgeschleust werden können. Betonplatten blockieren den Weg von Norden nach Süden.

Unsere nächste Station war die Dora-Observationsplattform. Dort schnappte sich jeder von uns ein Münz-Fernglas, um einen Blick auf den Norden zu erhaschen. An klaren Tagen kann man bis Kaesong sehen.

Zuletzt führte unser Weg zum Bahnhof Dorasan. Von Dorasan Station bis in die nordkoreanische Hauptstadt Pyeongyang sind es noch 205 Kilometer. Der Bahnhof war wie erwartet gespenstisch leer. Bei Dani und ihren Brüdern kamen Erinnerungen an den Tränenpalast in Berlin hoch. Gemeinsam machten wir ein Erinnerungsfoto vor dem geschlossenen Bahnsteig und dem Hinweisschild »To Pyeongyang«. Ich hoffe, dass dieser Zug eines Tages fahren wird und ich ihn dann nehmen kann, um meinen Freund Ki-chol wiederzusehen.

Leben im Paradies

»Du Hundesohn! Schon bald werde ich wieder in den Armen des Generals liegen. Du hättest einfach netter zu mir sein müssen!«, schrie der Krabbenfischer Lee Hyeok-cheol in sein Handy, als ihm sein erzürnter Chef befahl, sofort umzukehren. Der Nordkoreaner Lee Hyeok-cheol war als junger Mann unter Lebensgefahr aus Nordkorea geflohen, in der Hoffnung auf ein besseres Leben in Südkorea. Lee fand Beschäftigung als Krabbenfischer. Die südkoreanischen Kollegen waren ihm fremd und grenzten Lee aus. Lee wurde zunehmend unzufrieden mit seiner Situation. Er sehnte sich nach seinem alten Leben in Nordkorea. Eines Abends schnappte sich Lee das Fischerboot seines Vorgesetzten und steuerte direkt auf Nordkorea zu. Schließlich ist Heimat da, wo das Herz zu Hause ist.

Ähnliches dachten sich wohl auch jene in Südkorea stationierten amerikanischen Soldaten, die Anfang der 1960er-Jahre Fahnenflucht nach Nordkorea begingen. Der amerikanische Obergefreite James Dresnok wollte einen Schlussstrich unter seinen monotonen Alltag ziehen und ein neues Kapitel beginnen. Dresnok, ein Schulabbrecher, der sich bereits mit 17 Jahren für die Armee gelistet hatte, wollte herausfinden, was sein Leben noch für ihn bereithielt. Und das, so war Dresnok in seinem jugendlichen Leichtsinn und dem Wunsch nach Rebellion überzeugt, konnte ihm nur das Land der begrenzten Möglichkeiten Nordkorea bieten.

Als Dresnoks amerikanische Kameraden zu Mittag aßen, sah er die Zeit gekommen, seinen Entschluss in die Tat umzusetzen. Beherzt sprintete er über die gefährlichen Minenfelder in den Norden hinüber und wurde dort mit offenen Armen empfangen. Im neuen Land lebte bereits der Obergefreite Larry Allen Abshier, der Monate zuvor nach Nordkorea desertiert war.

Die erste Zeit ihres neuen Lebens im selbst gewählten Paradies verbrachten die Deserteure mit Trinkgelagen, stundenlangem Angeln und dem intensiven Studium der Werke des großartigen Führers Kim Il-sung. Doch nach Jahren des Betrinkens, des Fischens und des monotonen Büffelns von Kim Il-sungs Schriften holte sie das Heimweh ein. Die Überläufer sehnten sich nach ihrem alten amerikanischen Leben, und so schmiedeten sie einen genialen Plan. Sie beschlossen, in die Hauptstadt Pyeongyang zu fliehen, um dort politisches Asyl in der sowjetischen Botschaft zu beantragen. In der Botschaft angekommen, wurden die Amerikaner alles andere als erfreut empfangen. Warum sie ausgerechnet die sowjetische Botschaft aufsuchen würden, wo sie doch wissen müssten, dass Russland und Amerika ein kompliziertes Verhältnis zueinander hätten, wurden sie gefragt. Am Ende des Gesprächs legten die Russen den Amerikanern nahe, die Botschaft zu verlassen und nach Hause zurückzukehren.

Nach dem fehlgeschlagenen Fluchtversuch waren die Nordkoreaner sehr bemüht, ihren Amerikanern ein abwechslungsreicheres Leben zu bieten. So wurden einige von ihnen als Englischlehrer an der Pyeongyang-Universität eingestellt. Unter ihnen auch der ehemalige Stabsunteroffizier Charles Robert Jenkins. Die Amerikaner sollten helfen, nordkoreanische Geheimagenten auszubilden. Nur entging den Nordkoreanern, dass Jenkins einen schweren texanischen Akzent besaß, den er natürlich an seine Schüler weitergab. Wie viele der nordkoreanischen Geheimagenten, die Jenkins' Sprachausbildung durchliefen, durch ihren Akzent enttarnt wurden, ist leider nicht bekannt. Aber die Quote der entlarvten nordkoreanischen Spione mit texanischem Akzent muss hoch gewesen sein. Jenkins' Karriere als Englischlehrer war damit beendet.

Erneut mussten sich die Nordkoreaner Gedanken machen, welche Arbeitsbeschaffungsmaßnahmen den Amerikanern zuzumuten waren. Und so kamen die Herrschaften auf die brillante Idee, aus den Amerikanern Filmstars zu machen. Damit würden sie zwei Fliegen mit einer Klappe schlagen. Die nordkoreanische Filmindustrie benötigte händeringend amerikanische Charaktere für ihre Propagandafilme. Da kamen die amerikanischen Ex-Soldaten wie gerufen.

Zwar mussten die Amerikaner immer Bösewichte spielen, aber dafür wurden sie mit Frauen belohnt, die nordkoreanische Geheimagenten extra ihretwegen aus verschiedenen Ländern entführten. Islamistische Selbstmordattentäter müssen sich für 72 Jungfrauen und ewige Glückseligkeit im Paradies in die Luft sprengen. Für Amerikaner in Nordkorea liefert der Geheimdienst die Frauen dagegen bis an die Wohnungstür.

Jenkins, der mit seinem Südstaatenakzent zur Enttarnung zahlreicher nordkoreanischer Spione beitrug, starb als freier Mann mit 77 Jahren an Herzversagen in Japan, der Heimat seiner Frau, in der er bis zuletzt in einem Touristenpark arbeitete. Auch die anderen Amerikaner sind alle bereits eines natürlichen Todes gestorben. Dresnok, der letzte verbliebene Amerikaner in Nordkorea, ließ wenige Jahre vor seinem Tod noch über seinen »Twitter«-Account verlauten: »Licht und Internet sind aus in Pyeongyang. Drückt mir die Daumen, dass ich bald wieder online bin.« Auch das Paradies hat seine Kehrseite.

Der letzte Vorhang

Es war ein regnerischer Tag im August in Gangneung. Die Beziehung zu Nordkorea hatte sich wieder einmal verschlechtert. Zuvor war der amerikanische Student Otto Warmbier, der mit einem chinesischen Reiseveranstalter nach Nordkorea eingereist war, beim Versuch, ein Propagandaplakat in einem Hotel in Pyeongyang abzunehmen, auf frischer Tat ertappt worden. Warmbier wurde für seine Tat wegen »feindlicher Handlungen« gegen Nordkorea zu einer 15-jährigen Haft im Arbeitslager verurteilt, nachdem er bereits 18 Monate gefangen gehalten worden war. Im Juni 2017 wurde Warmbier im Wachkoma nach Amerika zurückgeführt, wo er sechs Tage später im Beisein seiner Familie verstarb. Die Nordkoreaner erklärten, dass Warmbiers Zustand durch Botulismus, eine schwerwiegende Form der Lebensmittelvergiftung, herbeigeführt worden sei. Die amerikanischen Mediziner dementierten und erklärten, dass keine für die Krankheit typischen Bakterien in seinem Körper gefunden worden seien. Seit 1996 wurden 16 Amerikaner in Nordkorea verhaftet. Bislang war kein US-Bürger in nordkoreanischer Haft verstorben.

Nachdem bekannt geworden war, dass Nordkoreas »Rocket Man« Kim Jong-un einen Angriff auf die Insel Guam plante, drohte der amerikanische Präsident Donald Trump mit einem noch nie da gewesenen »Feuer und Zorn«-Gegenschlag, »wie ihn nur wenige Staaten zuvor erfahren haben«. Meine Freunde in Deutschland waren angesichts dieser Nachrichten sehr besorgt und befürchteten einen sich anbahnenden Krieg. Ich beruhigte sie und erklärte, dass die deutsche Botschaft in Seoul noch keine Warnung für eine mögliche Evakuation aus dem Land ausgegeben hatte. Dazu erzählte ich meinen Freunden von einer Diskussion, die ich mit einem Taxifahrer in Seoul hatte und die repräsentativ für die Gemütslage des Landes war.

»Sorgen Sie sich eigentlich wegen der politischen Lage, dass es zu einer Konfrontation mit Nordkorea kommen könnte?«, hatte ich den Mann gefragt.

»Ich mache mir mehr Sorgen darüber, was ich zum Frühstück essen kann!«, antwortete der Taxifahrer genervt.

So hatte die südkoreanische Regierung parallel zur Nordkorea-Diskussion gerade eine Warnung herausgegeben, dass die Eier im Land mit dem Insektenschutzmittel Fipronil verseucht seien und auch von der Regierung genehmigte Bio-Eier Spuren von Insektiziden aufwiesen. Daraufhin waren sämtliche Eier aus dem Handel genommen worden. Verärgert sagte der Taxifahrer: »Jetzt kann ich kein Ei mehr essen und muss auf mein geliebtes Hühnerfleisch verzichten! Wie soll ich mich nun vernünftig ernähren?« Nach kurzem Schweigen ergänzte er: »Ach ja, was Nordkorea betrifft, machen Sie sich keine Sorgen. Die nordkoreanische Elite lebt trotz Sanktionen zu gut, um ihr paradiesisches Leben aufzugeben. Es wird keinen Krieg geben!«

Kim Jong-un blieb unterdessen von Trumps Drohung unbeeindruckt und setzte seine Raketentests munter fort. Im November 2017 wurde die Interkontinentalrakete Hwasong-15, die laut Expertenangaben in der Lage ist, mit einem großen Sprengkopf ausgestattet bis in die USA zu gelangen, erfolgreich getestet. Südkorea reagierte prompt mit Militärmanövern.

Im November 2017 lief der nordkoreanische Soldat Oh Chong-song zur südlichen Seite von Panmunjeom über. Dabei wurde der 25-jährige Oh von seinen nordkoreanischen Kameraden mit fünf Schüssen niedergestreckt. Doch Oh überlebte die Flucht schwer verletzt. Als Oh nach der Operation erwachte, fragte er die Ärzte als Erstes nach »Choco Pie«. Für den koreanischen Süßwarenhersteller Orion war dies ein gefundenes Fressen. Der Hersteller von »Choco Pie« erklärte sich daraufhin bereit, den nordkoreanischen Flüchtling bis zum Lebensende mit seinem Schokoladenkuchen zu versorgen. Die südkoreanische Regierung war darüber nicht amüsiert, weil sie Nachahmer befürchtete, wenn die Mitteilung Nordkorea erreichte. Mit dieser Vermutung lagen die südkoreanischen Behörden nicht ganz falsch. Denn nur einen Monat später flüchtete erneut ein nordkoreanischer Soldat über die Grenze wie zuvor Oh Chong-song.

Die nordkoreanischen Behörden hatten dem südkoreanischen Unternehmen einst die Vergabe von »Choco Pies« an ihre Arbeiter im gemeinsamen Industriekomplex Kaesong untersagt. Die Nordkoreaner begründeten dies damit, dass der gefährliche kalorienreiche Gegenstand das ideologische Wohlergehen ihrer Arbeiter zerstöre. »Choco Pies« werden auf dem Schwarzmarkt in Nordkorea hoch gehandelt. Doch auch Nordkorea hat kulinarische Spezialitäten zu bieten: In Seoul gibt es einige nordkoreanische Restaurants, die unglaublich leckere *Pyeongyang Wang Mandus* (*Wang* = König, *Mandus* = Maultaschen), Kartoffel-*Mandus* oder *Pyeongyang Naengmyeon* (kalte Nudeln) anbieten, dazu eine gute Flasche Paekrosul-Schnaps. Ich bin glücklich, dass man die nordkoreanischen Spezialitäten auch im Süden bekommen kann. Wer weiß, ob sonst – in der Hoffnung auf eine lebenslange *Pyeongyang-Naengmyeon*-Versorgung – nicht schon mehr Menschen den Weg in den Norden Koreas gesucht hätten.

Jedes Jahr fliehen über 1000 Nordkoreaner in den Süden. Schätzungsweise 31 000 Nordkoreaner leben bereits in Südkorea. Über fünfzig Prozent der nordkoreanischen Flüchtlinge stammen aus der Provinz Nord-Hamgyong (Hamgyongbuk-do), die im Norden an China grenzt und in der sich die Internierungslager Haengyong und Hwasong befinden. In Südkorea angekommen, werden die nordkoreanischen Flüchtlinge zunächst vom Geheimdienst registriert und über ihre Fluchtgründe verhört, da man sichergehen will, dass sich kein Spion in das Land einschleust. Danach kommen die Flüchtlinge in die zentrale Aufnahmeeinrichtung Hanawon. Die im Jahr 1999 eröffnete Einrichtung liegt in Anseong (Provinz Gyeonggi) rund achtzig Kilometer südlich von Seoul entfernt. Neben dem Wohnheim gibt es mehrere Klassenzimmer, eine Aula, ein Krankenhaus und einige Verwaltungsbüros. In einem dreimonatigen Integrationsprogramm werden die Nordkoreaner mit den Bewandtnissen des südkoreanischen Gesellschafts- und Wirtschaftssystems vertraut gemacht. Hier lernen sie alltägliche und bürokratische Dinge kennen, wie zum Beispiel die Eröffnung eines Bankkontos, den Umgang mit einem Computer, den Kauf und die Nutzung eines U-Bahn-Tickets oder einer Kreditkarte, die Handhabung einer Waschmaschine sowie den Text der südkoreanischen Nationalhymne. Während der dreimonatigen Ausbildungsphase dürfen die Nordkoreaner das Auffanglager nicht ohne Begleitung verlassen. Dies ist ihnen erst nach erfolgreicher Absolvierung des Integrationskurses und Erlangung einer südkoreanischen Identität möglich.

Die südkoreanische Regierung gewährt den Flüchtlingen monetäre Unterstützung, hilft bei der Wohnungs- und Jobsuche und organisiert Weiterbildungsmaßnahmen. Ehrenamtliche Organisationen begleiten die Nordkoreaner ebenfalls auf ihrem Weg in die südkoreanische Gesellschaft. Die Annäherung an die südkoreanische Konkurrenzgesellschaft gestaltet sich jedoch oft sehr schwierig für die Flüchtlinge aus dem Nachbarstaat. Manche fühlen sich wie Menschen zweiter Klasse behandelt, stigmatisiert als Nordkoreaner, sie leiden unter Depressionen und dem Leben in Arbeitslosigkeit und sehnen sich nach einer Rückkehr in den Norden. Doch mit südkoreanischer Identität ist ihnen jeglicher Kontakt nach Nordkorea verboten, auch Besuche in der alten Heimat sind strengstens untersagt. Eine Zuwiderhandlung wird geahndet.

Nur alle paar Jubeljahre ermöglicht ein »Wiedersehen-Programm« die Zusammenführung von süd- und nordkoreanischen Familienangehörigen, die durch den Koreakrieg getrennt wurden. Die Bewerber müssen sich dabei einem hochselektiven Auswahlprozess unterziehen. Neben einer ausführlichen Bewerbung, einem Hintergrundcheck und vorausgehenden erfolgreichen Regierungsverhandlungen zwischen den koreanischen Nachbarstaaten wird der Kandidat am Ende per Losverfahren ausgewählt. Eigens für die Familienzusammenführungen wurde eine Begegnungsstätte am Berg Kumgangsan in Nordkorea errichtet. Doch letzten Endes sind die Zusammenführungen der Familien von der Laune Nordkoreas abhängig.

In Südkorea ist die Realityshow »Now I am on my way to meet you« des Senders Channel A ein großer Erfolg. Die Primetime-Sendung, die seit 2011 ausgestrahlt wird, präsentiert ehemalige nordkoreanische Flüchtlinge als Realitystars, die von ihren eigenen zum Teil horrenden Erlebnissen in Nordkorea berichten. Die Sendung ist umstritten. Einige Organisationen, die nordkoreanische Flüchtlinge bei ihren Integrationsbemühungen unterstützen, sehen die Show mit kritischen Augen, weil sie die Menschen in die Opferrolle drängen. Es gibt noch weitere Sendeformate mit nordkoreanischen Flüchtlingen, wie zum Beispiel die Comedy-Talkshow »Moranbong Club« und die Abenteuer-Datingshow »Good Life«. Einige Teilnehmer der Shows haben mittlerweile ihre eigenen Fanklubs.

Ein Zeichen der Annäherung zwischen Süd- und Nordkorea setzte die Teilnahme nordkoreanischer Athleten an den Olympischen Winterspielen in Pyeongchang. Nach erfolgreichen Konsultationen mit Südkorea und dem Internationalen Olympischen Komitee entsandte Nordkorea eine Delegation von 280 Mitgliedern zu den Spielen, angeführt vom nordkoreanischen Sportminister Kim Il-guk. Sogar eine gemeinsame Damennationalmannschaft aus nord- und südkoreanischen Eishockeyspielerinnen wurde für das Turnier aufgestellt. So wollte es die Politik. Der südkoreanische Premierminister Lee Nak-yon hatte freimütig geäußert, dass die Eishockey-Damenmannschaft sowieso keine Chance auf eine Medaille hätte, und erntete dafür heftige Kritik. Statt des sonstigen Kaders mit 23 Spielerinnen wurde die Mannschaft um zwölf nordkoreanische Spielerinnen aufgestockt. Alle Umkleidekabinen waren allerdings für maximal 25 Spielerinnen gebaut worden. Doch Not macht erfinderisch. Und innerhalb weniger Tage vor Beginn des Turniers konnten wir die Kabine des koreanischen Teams so umbauen, dass alle 35 Spielerinnen Platz hatten.

Ich hatte gehofft, dass mein Freund Ki-chol die nordkoreanischen Spielerinnen als Trainer begleiten würde, wurde aber enttäuscht. Ki-chol war nicht auf der Liste der offiziellen Delegation der Nordkoreaner. Jeder im Stadion und selbst die gegnerischen Mannschaften fieberten dem ersten Tor der interkoreanischen Mannschaft entgegen. Im Vorrundenspiel am 14. Februar 2018 gegen Japan war es dann so weit. Angefeuert von einer rund 230 Frauen starken Cheerleadergruppe (auch »Armee der Schönen« genannt), schoss die Spielerin Randi Heesoo Griffin das erste olympische Tor einer vereinten koreanischen Mannschaft. Ich sicherte später den historischen Puck, der für die Eishockey-Ruhmeshalle bestimmt war.

Im Eisstadion war alles vertreten, was Rang und Namen hatte. Auch die Schwester von Kim Jong-un, Kim Yo-jong, stattete uns einen Besuch ab. Mit der Teilnahme der Nordkoreaner an den Olympischen Winterspielen entspannte sich die Lage auf der Halbinsel ein wenig. Wie viele andere Südkoreaner fragte ich mich, wie es wohl nach den Olympischen Spielen weitergehen würde. Schon oft war man enttäuscht und getäuscht worden.

Anders als erwartet, entwickelten sich die Beziehungen beider Länder nach dem Sportereignis jedoch besser als allgemein angenommen. Es kam zu Gesprächen mit hochrangigen Vertretern beider Länder. Am 27. April 2018 fand ein Gipfeltreffen zwischen dem südkoreanischen Präsidenten Moon Jae-in und dem nordkoreanischen Diktator Kim Jong-un in Panmunjeom statt. Moon und Kim begrüßten sich herzlich an der Schwelle aus Beton, die die Grenze markiert und die zwischen den blauen Grenzbaracken liegt. Kim Jong-un schien die Situation zu dominieren und lenkte das Geschehen. Moon ließ Kim gewähren. Selbst als Kim ihn bat, über die Schwelle auf die Nordseite zu gehen. Moon betrat damit nordkoreanischen Boden. Im Protokoll war dieser Akt nicht vorgesehen. Ins Gästebuch der Friedenshalle schrieb Kim: »Eine neue Geschichte beginnt jetzt – und eine Ära des Friedens.«

Beim innerkoreanischen Treffen einigte man sich auf eine vollständige Atomabrüstung und sprengte das Atomtestgelände in Punggye-ri in Anwesenheit internationaler (USA, China, Russland und Großbritannien) und südkoreanischer Journalisten. In Punggye-ri hatte man seit 2006 rund sechs Atomtests durchgeführt. Ein gemeinsames Militärmanöver der Südkoreaner und Amerikaner zum Zeitpunkt der Gespräche hatte der harmonischen Entwicklung zwischen den beiden Ländern allerdings einen Dämpfer verpasst. Der amerikanische Präsident Donald Trump versprach Kim, dass er »very, very happy« sein würde, wenn es zu einem guten Deal käme. Wenig später sagte Trump das Gipfeltreffen mit Kim kurzerhand ab, um sich am 12. Juni 2018 dann doch in Singapur mit ihm zu treffen.

Die Zeit wird zeigen, wie sich alles weiterentwickelt – vielleicht wird tatsächlich eine »Ära des Friedens« auf der Koreanischen Halbinsel einkehren, wie Kim schrieb. Dann wäre es nur noch eine Frage der Zeit, bis sich beide Länder so weit anpassen, dass sie eins werden, wie es die »Armee der Schönen« im Eisstadion schon in perfekter Choreografie skandierte: »Uri Hana-da!« Wir sind eins!

Daedani Gamsahamnida!

Am Ende gehört es sich, Dank auszusprechen, wem Dank gebührt. Oder wie man auf Koreanisch sagt: »Daedani Gamsahamnida!« (Vielen Dank!)

Ich danke meinen Eltern, die den Mut besaßen, 1969 beziehungsweise 1971 ihrer Familie und Heimat in Korea den Rücken zu kehren, um in Deutschland unter Tage und als Krankenschwester zu arbeiten. Die Generation meiner Eltern war ein großer Pfeiler in der raschen wirtschaftlichen Entwicklung Koreas zu einem respektierten Tigerstaat. Mögen Korea und Deutschland ihre Geschichte würdigen und in Ehren halten!

Ich danke meiner Frau Dani, die nicht nur bereitwillig meine Dissertation über koreanische Arbeitsmigranten von fast 500 Seiten mindestens fünfmal las und korrigierte, sondern stets auch eine gute Zuhörerin meiner Geschichten und Kritikerin ist. 486! *Haneul mankeum ddang mankeum saranghae!*

Ich möchte mich bei meinem Superagenten Thomas Schmidt bedanken, dass er an das Buch glaubte, sowie für die Gespräche, Ratschläge und sein Vertrauen in meinen

Schreibstil. Auch möchte ich mich bei meiner tollen Lektorin Margret Kirsch bedanken, die, obwohl sie nie im Land der Morgenstille war, die koreanischen Begriffe so ausspricht, wie es nur einheimische Koreaner können. Danke für das Vertrauen!

Ich danke Dan aka »Sailor« und Nikolay aka »Sputnik« für die zahlreichen *Chimaek*-Tage, gemeinsamen Trinkeskapaden und Gespräche über historische Ereignisse. *It was a hell of a ride*, und wir haben Korea überlebt!

Ich möchte mich bei meinem Freund Wladimir Kaminer, mit dem ich 2010 Korea bereiste, für seine stetige Unterstützung bedanken.

Zu guter Letzt möchte ich mich bei allen waghalsigen Busfahrern, Formel-1-Taxifahrern, American Football spielenden Ajummas und mit dem Motorroller fahrenden Essenslieferanten für ihre Furchtlosigkeit bedanken. Mögen sie immer sicher ans Ziel kommen, exzellente Mechaniker für ihre Bremsen und nette Kunden für gute Geschäfte finden. Bis zum nächsten Besuch!